Desafios
da gestão

Desafios da gestão

Uma introdução às mais influentes ideias da **Harvard Business Review**

Título original: *HBR's 10 Must Reads: The Essentials*

Copyright © 2011 por Harvard Business School Publishing Corporation.
Copyright da tradução © 2018 por GMT Editores Ltda.
Publicado mediante acordo com Harvard Business Review Press

Todos os direitos reservados. Nenhuma parte deste livro pode ser utilizada ou reproduzida sob quaisquer meios existentes sem autorização por escrito dos editores.

preparo de originais
Ângelo Lessa

revisão
Luis Américo Costa e Rebeca Bolite

adaptação de projeto gráfico e diagramação
DTPhoenix Editorial

capa
DuatDesign

impressão e acabamento
Pancrom Indústria Gráfica Ltda.

CIP-BRASIL. CATALOGAÇÃO NA PUBLICAÇÃO
SINDICATO NACIONAL DOS EDITORES DE LIVROS, RJ

D484   Desafios da gestão/ Clayton M. Christensen... [et al.]; [Harvard Business Review]; tradução de Harvard Business Review Brasil. Rio de Janeiro: Sextante, 2018.
256 p.; 16 x 23 cm. (Coleção Harvard: 10 leituras essenciais)

Tradução de: HBR's 10 must reads: The essentials
ISBN 978-85-431-0644-1

1. Gestão. 2. Liderança. 3. Negócios – Administração. I. Christensen, Clayton M. II. Série.

CDD: 650.1
18-49501   CDU: 005.336

Todos os direitos reservados, no Brasil, por
GMT Editores Ltda.
Rua Voluntários da Pátria, 45 – 14º andar – Botafogo
22270-000 – Rio de Janeiro – RJ
Tel.: (21) 2538-4100
E-mail: atendimento@sextante.com.br
www.sextante.com.br

Sumário

1. O desafio da inovação disruptiva — 7
   Clayton M. Christensen e Michael Overdorf

2. Competindo em analítica — 28
   Thomas H. Davenport

3. Gestão de si mesmo — 49
   Peter F. Drucker

4. O que define um líder? — 69
   Daniel Goleman

5. O balanced scorecard em ação — 89
   Robert S. Kaplan e David P. Norton

6. Inovação: as armadilhas clássicas — 117
   Rosabeth Moss Kanter

7. Liderando a mudança: por que os esforços de transformação fracassam? — 142
   John P. Kotter

8. Miopia do marketing — 159
   Theodore Levitt

9. O que é estratégia?   187
   Michael E. Porter

10. A competência essencial da corporação   225
    C. K. Prahalad e Gary Hamel

Autores   255

1

O desafio da inovação disruptiva

Clayton M. Christensen e Michael Overdorf

SÃO TEMPOS ASSUSTADORES para os líderes de grandes empresas. Mesmo antes da internet e da globalização, eles não tinham um bom histórico na relação com inovações disruptivas. Entre centenas de lojas de departamentos, por exemplo, apenas uma – a Dayton Hudson – tornou-se líder no segmento de varejo especializado em grandes descontos. Nenhuma das fabricantes de minicomputadores foi bem-sucedida na produção de computadores pessoais. Faculdades de administração e de medicina lutam, em vão, para mudar a grade curricular rapidamente e formar os médicos e administradores que o mercado quer. A lista é longa.

Não é que os gestores de grandes empresas não percebam a chegada das inovações disruptivas; normalmente eles percebem. E têm recursos para enfrentá-las. A maioria das grandes organizações conta com líderes e especialistas talentosos, ótimo portfólio, know-how tecnológico e recursos financeiros. O que falta a esses gestores é o hábito de pensar nas capacidades de sua empresa com o mesmo cuidado com que pensam nas habilidades das pessoas.

Uma das principais características de um grande gestor é a capacidade de identificar a pessoa certa para a tarefa certa e treinar os funcionários para se saírem bem em suas atribuições. Infelizmente, porém, a maioria dos líderes pressupõe que, se o profissional estiver bem sintonizado com sua função, a empresa também estará. Em geral, não é assim. Se dois grupos de pessoas com a mesma qualificação trabalharem em lugares diferentes, os resultados serão bastante diferentes. Isso acontece porque as próprias organizações têm competências distintas, independentemente de seus profissionais e de outros recursos disponíveis. Para ser continuamente bem-sucedido, o gestor precisa ter a habilidade de avaliar não só as pessoas, mas também as capacidades e deficiências da organização.

Este artigo oferece um modelo para ajudar os gestores a entender o que sua empresa é capaz de realizar. Ele mostrará como as dificuldades da empresa se tornam mais nítidas à medida que suas capacidades centrais crescem. Apresentará ainda uma forma de reconhecer diferentes tipos de mudança e formular as respostas organizacionais adequadas para as oportunidades que essas transformações suscitam. E oferecerá um conselho que vai na contramão de boa parte do que prega a cultura empresarial voltada para a eficiência: se uma organização enfrenta um grande desafio – talvez uma inovação disruptiva –, a pior abordagem possível é fazer mudanças drásticas. Ao tentar transformar a empresa, os gestores correm o risco de comprometer as capacidades que a mantêm de pé.

Antes de tomar uma atitude precipitada, os gestores precisam entender exatamente que tipos de mudança a organização é capaz de administrar. Para ajudá-los nessa empreitada, vamos primeiro lançar um olhar sistemático sobre como reconhecer as capacidades essenciais de uma empresa no nível organizacional, depois examinar como essas capacidades mudam à medida que a empresa cresce e amadurece.

Onde estão as capacidades?

Nossa pesquisa sugere que três fatores definem o que uma organização pode ou não realizar: recursos, processos e valores. Ao pensar nos tipos de inovação a serem adotados, o líder precisa avaliar como cada fator pode afetar o potencial de mudança da empresa.

Em resumo

Por que tão poucas empresas consolidadas no mercado inovam com sucesso? Entre centenas de lojas de departamentos, por exemplo, somente a Dayton Hudson tornou-se líder no segmento de varejo especializado em grandes descontos e nenhuma das fabricantes de microcomputadores foi bem-sucedida na produção de computadores pessoais.

O que está acontecendo? Afinal, a maioria das empresas de porte se gaba de contar com profissionais talentosos e finanças saudáveis, mas, quando atraídas por um novo empreendimento, colocam os funcionários para trabalhar nele utilizando a estrutura organizacional projetada para superar velhos desafios, não os que o novo empreendimento demanda.

Para evitar esse equívoco, pergunte:

- **"Minha organização dispõe dos recursos necessários para inovar?"** Os recursos para manter a rotina normal da empresa – funcionários, tecnologias, concepção de produtos, marcas, relacionamento com clientes e fornecedores – raramente atendem às necessidades dos novos empreendimentos.

- **"Minha organização dispõe dos processos certos para inovar?"** Processos que mantêm os protocolos estabelecidos – de tomada de decisões nos negócios ou de padrões de coordenação, por exemplo – podem tolher o novo empreendimento.

- **"Minha organização possui os valores certos para inovar?"** Reflita se vale a pena se aventurar em um novo empreendimento. Você pode, por exemplo, aceitar uma margem de lucro mais baixa do que o estabelecido pela empresa?

- **"Qual equipe e qual estrutura darão o melhor suporte ao esforço pela inovação?"** Sua organização deve montar uma equipe para se dedicar ao projeto ou é melhor criar uma empresa derivada (*spin-off*) para isso?

> Se você selecionar a equipe e a estrutura organizacional adequadas para realizar a inovação – e oferecer-lhes os recursos, processos e valores corretos –, terá mais chance de ser bem-sucedido.

Recursos

Quando alguém pergunta "O que esta empresa é capaz de fazer?", a maioria dos gestores inevitavelmente procura a resposta nos recursos que ela possui, sejam eles mais tangíveis (pessoas, equipamentos, tecnologias e caixa) ou menos tangíveis (projetos de produtos, conhecimento, marcas e relacionamento com fornecedores, distribuidores e clientes). É claro que dispor de recursos de alta qualidade e em grande número aumenta as chances de uma organização enfrentar a mudança, mas uma simples análise de recursos está longe de ser suficiente.

Processos

O segundo fator que afeta o que uma empresa pode ou não realizar são os processos. Por processo entendemos padrões de interação, coordenação, comunicação e tomada de decisões usados pelos funcionários para transformar recursos em produtos e serviços de valor. Entre os principais exemplos de processos estão os que comandam o desenvolvimento, a produção e a elaboração do orçamento do produto. Alguns processos são formais – bem definidos e documentados. Outros são informais – rotinas ou maneiras de trabalhar que evoluem com o tempo. Os processos formais costumam ser mais visíveis.

Um dos dilemas da gestão é que os processos são naturalmente criados para que os funcionários executem tarefas de forma consistente, dia após dia. Não se espera que eles mudem e, se for preciso mudar, isso deve ser feito por meio de procedimentos fortemente controlados. Quando se usa um processo projetado para executar determinada tarefa, o resultado esperado é um bom desempenho. Mas, quando o processo é usado para realizar uma tarefa muito diferente, a expectativa é de baixa eficiência. Empresas farmacêuticas que focam o desenvolvimento e a obtenção de licença para comercializar medicamentos se mostram ineficientes no desenvolvimento e na aprovação de instrumentos médicos, pois isso envolve

Na prática

Selecionando a estrutura certa para a inovação

Se a inovação...	Selecione este tipo de equipe...	Para trabalhar...	Porque..
se ajusta *bem* aos valores e processos da empresa	equipes funcionais que tratam os problemas sequencialmente; ou equipes peso leve – equipes multifuncionais *ad hoc* que trabalham simultaneamente em diversos problemas	dentro da organização	devido ao bom ajuste com os processos e valores da empresa, não são necessárias novas capacidades ou estruturas organizacionais
se ajusta *bem* aos valores, porém *mal* aos processos da empresa	equipe peso pesado dedicada exclusivamente ao projeto de inovação, com total responsabilidade sobre o sucesso dele	dentro da organização	o ajuste precário a processos existentes requer novos tipos de coordenação entre grupos e pessoas
se ajusta *mal* aos valores, porém *bem* aos processos da empresa	equipe peso pesado dedicada exclusivamente ao projeto de inovação, com total responsabilidade sobre o sucesso dele	dentro da organização para desenvolvimento, acompanhado pela criação de uma empresa derivada para comercialização	o desenvolvimento interno se beneficia dos processos existentes. A criação de uma empresa derivada para a fase de comercialização facilita a entrada de novos valores – por exemplo, uma nova estrutura de custos com margens de lucro mais baixas
se ajusta *precariamente* aos processos e valores da empresa	equipe peso pesado dedicada exclusivamente ao projeto de inovação, com total responsabilidade sobre o sucesso dele	numa empresa derivada ou adquirida	a criação de uma empresa derivada permite que o projeto seja dirigido por diferentes valores e assegura o surgimento de novos processos

formas muito diferentes de trabalho. Na verdade, um processo que cria a competência para executar uma tarefa define também sua ineficiência para executar outras.[1]

---

[1] Dorothy Leonard-Barton. "Core Capabilities and Core Rigidities: A Paradox in Managing New Product Development". *Strategic Management Journal*, verão, 1992.

As competências mais importantes – e as deficiências concomitantes – não são necessariamente incorporadas aos processos mais visíveis, como logística, desenvolvimento, produção ou atendimento ao cliente. É mais provável que se encontrem em processos menos visíveis, de segundo plano, que apoiam decisões sobre o destino de recursos – por exemplo, aqueles que definem como a pesquisa de mercado é feita, como essa análise se traduz em projeções financeiras, como planos e orçamentos são negociados internamente, etc. É nesses processos que costumam residir as maiores dificuldades de muitas organizações para lidar com as mudanças.

Valores

O terceiro fator que afeta a capacidade de uma organização são seus valores. Às vezes, o conceito "valores corporativos" carrega uma conotação ética: pode-se pensar nos princípios que garantem o bem-estar dos pacientes para a Johnson & Johnson ou nos que influenciam decisões sobre segurança de funcionários da Alcoa. Mas, em nossa estrutura, o termo "valores" tem um significado mais amplo: os valores de uma organização são os padrões que seus profissionais empregam para estabelecer prioridades que lhes permitam julgar se um pedido é válido, se um cliente é importante, se uma ideia de produto é atraente. Decisões de prioridade são tomadas por funcionários de todos os níveis. Nas equipes de vendas, consistem em decisões diárias, locais, sobre quais produtos devem receber destaque para atrair clientes. No nível executivo, geralmente correspondem a decisões sobre investimento em novos produtos, serviços e processos.

Quanto maior e mais complexa a empresa se torna, mais importante é para os gestores do alto escalão treinar funcionários de todos os níveis para tomarem decisões independentes e que estejam de acordo com a orientação estratégica e o modelo de negócios da organização. Uma métrica importante da boa administração é saber se esses valores claros e consistentes permeiam toda a empresa.

Mas valores consistentes e amplamente disseminados também definem o que uma organização não é capaz de fazer. Os valores refletem sua estrutura de custos ou seu modelo de negócios, pois definem as regras que os funcionários precisam seguir para o negócio prosperar. Se, por exemplo, as despesas gerais exigem que a empresa atinja margens de lucro bruto de 40%, então, provavelmente, em algum momento surgiu uma regra ou decisão encorajando executivos de nível intermediário a ignorar ideias que prometem margens de lucro bruto abaixo de 40%. Essa organização não deve ser capaz de comercializar projetos com metas em mercados de margens baixas de lucro – como o do comércio eletrônico. Uma organização com uma estrutura de custos diferente talvez consiga ser bem-sucedida no mesmo projeto.

É claro que empresas diferentes incorporam valores diferentes, mas queremos focar dois conjuntos de valores que parecem evoluir de maneira bem previsível na maioria das organizações. A evolução implacável desses valores é o que torna as empresas cada vez mais ineficientes em abordar a inovação disruptiva com êxito.

Como no exemplo anterior, o primeiro valor define como a empresa julga qual margem de lucro é aceitável. Conforme as empresas acrescentam itens e funções a seus produtos e serviços, tentando atrair clientes de padrão mais elevado, elas geralmente aumentam as despesas gerais. Como resultado, a margem de lucro bruto, que em outro momento parecia bastante atraente, perde valor. A Toyota, por exemplo, entrou no mercado americano com o modelo Corona, que mirava um público de poder aquisitivo mais baixo. À medida que o segmento foi se saturando de modelos semelhantes da Honda, da Mazda e da Nissan, a concorrência forçou uma queda nas margens de lucro da Toyota, que, para aumentá-las, desenvolveu carros mais sofisticados visando o público de classes mais altas. O processo de desenvolvimento de automóveis como o Camry e o Lexus aumentou os custos de operação da Toyota, que decidiu então abandonar o nicho de carros populares. As margens se tornaram inaceitáveis porque a estrutura de custos da fábrica e, consequentemente, seus valores tinham mudado.

Afastando-se desse padrão, a Toyota decidiu apresentar o modelo Echo, na expectativa de voltar a atrair classes mais baixas para um carro de preço acessível. Mas uma coisa é a alta administração da Toyota decidir lançar esse novo modelo; outra, totalmente diferente, é fazer os diversos setores da empresa – entre os quais as concessionárias – acreditarem que vender mais carros com margens de lucro menores é um modo mais eficaz de aumentar o lucro e o patrimônio dos acionistas do que vender mais automóveis como o Camry, o Avalon e o Lexus. Só o tempo dirá se a Toyota é capaz de administrar esse retorno à faixa de público com poder aquisitivo mais baixo.

Para garantir o sucesso do Echo, a administração terá que nadar contra uma corrente muito forte – a corrente dos próprios valores corporativos.

O segundo valor está relacionado ao tamanho da oportunidade de negócio. Tendo em vista que o valor de mercado de uma empresa representa o fluxo de caixa descontado de seus lucros futuros, muitos executivos se sentem estimulados não só a manter o crescimento, mas a mantê-lo a uma taxa constante. Para uma empresa avaliada em 40 milhões crescer 25%, por exemplo, precisa de 10 milhões em novos negócios em um ano. Já uma organização avaliada em 40 bilhões precisa realizar 10 bilhões a mais em novos negócios em um ano para crescer na mesma proporção. Por isso, uma oportunidade empolgante para uma pequena empresa pode não interessar a uma companhia de maior porte. Um dos resultados mais amargos do sucesso é que, à medida que as empresas crescem, perdem capacidade de atingir pequenos mercados emergentes. Essa deficiência não é provocada por uma mudança nos recursos internos das empresas – geralmente substanciais –, mas pela evolução dos valores.

O problema é ampliado quando, de uma hora para outra, a empresa sofre um grande crescimento por causa de fusões ou aquisições. Executivos de Wall Street precisam levar em conta esse efeito, por exemplo, ao promover megafusões entre empresas farmacêuticas por si sós gigantescas. Após a fusão, as áreas de pesquisa podem até dispor de mais recursos para investir no desenvolvimento de produtos, mas as áreas comerciais perdem o interesse por praticamente todos os medicamentos, exceto os carros-chefe. Isso constitui uma ineficiência real na gestão da inovação. O problema se repete no setor de alta tecnologia. A Hewlett-Packard decidiu se dividir em duas empresas em parte por ter percebido esse problema.

Migração de capacidades

Nos primeiros estágios de vida de uma pequena empresa, boa parte das atividades se baseia em recursos – sobretudo recursos humanos. A admissão ou dispensa de alguns funcionários-chave pode ter um impacto profundo em seu sucesso. Com o tempo, porém, o foco das capacidades da organização passa a apontar para seus processos e valores. À medida que os profissionais resolvem tarefas recorrentes, os processos se definem. E, à medida que o modelo de negócios se consolida e fica nítido que tipo de negócio deve ser considerado prioridade, os valores se aglutinam. Aliás, muitas empresas jovens, de ascensão meteórica, acabam indo à bancarrota após uma oferta pública inicial (IPO, na sigla em inglês) fundamentada num único produto de sucesso, porque esse sucesso inicial se baseia em recursos – em geral, os fundadores – e elas não conseguem desenvolver processos capazes de criar uma série de produtos de sucesso.

A Avid Technology, empresa que produz sistemas digitais de edição para televisão, é um ótimo exemplo a ser analisado. A tecnologia criada pela Avid foi bem recebida e acabou com o entediante processo de edição de vídeos. Atreladas a seu produto de maior sucesso, as ações da Avid subiram de 16 dólares a unidade em 1993 (ano da IPO) para 49 em meados de 1995, uma valorização de 210%. No entanto, à medida que a Avid começou a enfrentar o mercado saturado, os estoques cada vez maiores e as contas cada vez mais altas – tudo isso enquanto a concorrência crescia e acionistas entravam com demandas judiciais –, surgiram pressões por se tratar de um negócio baseado em apenas um produto de sucesso. Os clientes adoraram o produto, mas a falta de processos eficazes para o desenvolvimento contínuo de novos produtos e a ineficiência no controle de qualidade, na entrega e no atendimento ao cliente fizeram a empresa ficar para trás, e o valor das ações caiu.

Por outro lado, em empresas bem-sucedidas, como a consultoria McKinsey & Company, os processos e valores tornaram-se tão fortes que não importa quais profissionais são selecionados para uma equipe de projeto. Todo ano, centenas de profissionais com MBA são contratados e quase o mesmo número de pessoas deixa a empresa, mas a McKinsey obtém bons resultados ano após ano porque suas capacidades centrais estão consolidadas em processos e valores, não em recursos.

Quando os processos e valores se formam logo no início ou nos primeiros anos da empresa, normalmente é porque o fundador desempenha um papel crucial: tem opiniões fortes sobre como os funcionários devem trabalhar e sobre quais são as prioridades da organização. Se os julgamentos do fundador falharem, provavelmente a empresa fracassará. Mas, se forem confiáveis, os funcionários atestarão por si mesmos a validade dos métodos de solução de problemas e tomada de decisões do fundador. E assim se definem os processos. Da mesma forma, caso a empresa se torne financeiramente

O dilema da Digital

Diversos estudiosos da administração analisaram a repentina decadência da Digital Equipment Corporation. A maioria concluiu que a empresa simplesmente não soube interpretar o mercado. Mas, olhando o destino da companhia através das lentes do nosso modelo, o cenário é bem diferente.

Entre as décadas de 1960 e 1980, a Digital se destacou como fabricante de minicomputadores. Podia-se dizer que, quando os computadores pessoais surgiram no mercado, por volta de 1980, a principal competência da Digital era fabricar computadores. Mas, se era assim, por que ela faliu?

A Digital claramente tinha recursos para ser bem-sucedida no mercado de computadores pessoais. Seus engenheiros estavam acostumados a projetar computadores muito mais sofisticados que os PCs. A empresa tinha dinheiro, uma marca forte, tecnologia de ponta, etc. No entanto, não contava com os processos certos para ter êxito no segmento de computadores pessoais.

Os fabricantes de minicomputadores projetavam a maioria dos principais componentes internamente e depois integravam esses componentes em configurações patenteadas. Projetar uma nova plataforma de produto levava de dois a três anos. A Digital fabricava a maioria de seus componentes e os montava em lotes. Vendia seus produtos direto para grandes corporações do ramo da engenharia. Os processos utilizados funcionavam extremamente bem no negócio de minicomputadores.

---

bem-sucedida alocando recursos de acordo com critérios que refletem as prioridades do fundador, seus valores evoluirão em torno desses critérios.

À medida que empresas de sucesso amadurecem, os funcionários começam a se convencer de que os processos e as priorizações, tão bem-sucedidos antes, são a forma certa de executar seu trabalho. Quando isso acontece e os funcionários começam a acompanhar os processos e a decidir prioridades por hipóteses, não por escolha consciente, esses processos e valores passam a fazer parte da cultura da organização.[2] Quando a empresa cresce, aumentando de algumas dezenas para centenas de milhares de funcionários, o grande desafio é fazer todos concordarem sobre o que precisa ser

---

[2] Nossa descrição do desenvolvimento da cultura de uma organização baseia-se sobretudo na pesquisa de Edgar Schein, apresentada pela primeira vez em seu livro *Organizational Culture and Leadership*, Jossey--Bass Publishers, 1985.

Os fabricantes de PCs, por outro lado, compravam a maioria dos componentes dos melhores fornecedores do mundo. Novos projetos de computador levavam de 6 a 12 meses para ser montados com componentes modulares. Os computadores eram fabricados em linhas de montagem de alta produtividade e vendidos no varejo a consumidores e empresas. Esses processos não existiam na Digital. Em outras palavras, embora os funcionários fossem capazes de projetar, construir e vender computadores pessoais de forma lucrativa, estavam trabalhando numa organização incapaz disso, pois seus processos tinham sido projetados e haviam evoluído para também executar outras tarefas.

Por causa dos custos, a Digital ainda precisou adotar um conjunto de valores que pregava o seguinte: "Se gerar margens de lucro bruto de 50% ou mais, é um bom negócio. Se gerar margens de menos de 40%, não vale a pena." Os líderes precisavam garantir que todos os comandados priorizassem projetos de acordo com esses critérios – do contrário, a empresa não seria lucrativa. Como os PCs geravam baixas margens de lucro, não se adequaram aos valores da Digital. Além de tudo, na ordem de prioridades no processo de alocação de recursos, a Digital sempre colocava os minicomputadores de alto desempenho acima dos computadores pessoais.

A Digital poderia ter criado uma subsidiária para aperfeiçoar os processos e valores necessários para ser bem-sucedida no segmento de PCs, como fez a IBM, mas simplesmente não foi capaz.

feito e como. Essa é uma tarefa assustadora até para os melhores gestores. Nessas situações, a cultura é uma poderosa ferramenta de gestão. Ela permite que os funcionários ajam de forma autônoma mas consistente.

Portanto, os fatores que definem as capacidades e deficiências de uma organização mudam com o tempo. Começam com os recursos, depois passam para processos e valores visíveis e articulados, e, por fim, migram para a cultura. Administrar a organização pode ser muito simples, desde que ela continue enfrentando os mesmos tipos de problema para os quais seus processos e valores foram projetados. A questão é que, como esses fatores também definem o que uma organização não é capaz de realizar, se a essência dos problemas da empresa muda, os fatores se convertem em deficiências. Quando as capacidades da organização se fundamentam em recursos humanos, é relativamente simples alterá-las para resolver novos problemas.

Quando, porém, as capacidades estão nos processos e nos valores, sobretudo quando se entranham na cultura, a mudança pode ser extremamente difícil (veja o quadro O dilema da Digital, na página 16).

Inovação sustentável *versus* inovação disruptiva

Seja qual for a fonte de suas capacidades, as empresas bem-sucedidas reagem muito bem a mudanças evolucionárias de seus mercados. Em *O dilema da inovação,* Clayton Christensen chama essa constatação de *inovação sustentável.* O problema é quando elas querem articular ou iniciar mudanças revolucionárias em seus mercados ou precisam lidar com uma *inovação disruptiva.*

Tecnologias sustentáveis são inovações que melhoram o desempenho de um produto ou serviço em aspectos que clientes de mercados convencionais já valorizam. A decisão inicial da Compaq de substituir o chip 286 de 16 bits por seu microprocessador Intel 386 de 32 bits foi uma inovação sustentável, assim como a decisão da Merrill Lynch de criar uma conta de investimento especial que permitiu aos clientes gerenciar seus investimentos e também realizar pagamentos e emitir cheques. Essas criações retiveram os melhores clientes dessas empresas, fornecendo-lhes algo superior ao que havia disponível.

Inovações disruptivas, por outro lado, criam mercado ao apresentar um novo tipo de produto ou serviço anteriormente considerado pior, de acordo com avaliações feitas por indicadores de desempenho valorizados por clientes tradicionais. A primeira investida de Charles Schwab como corretor de valores, oferecendo apenas serviços essenciais a preços com descontos para os clientes, foi uma inovação disruptiva em relação aos corretores que prestavam serviço completo a preço fixo, como a Merrill Lynch, embora os melhores clientes da Merrill Lynch quisessem algo além dos serviços oferecidos por Schwab.

Os primeiros computadores pessoais eram uma inovação disruptiva se comparados aos computadores de grande porte e aos minicomputadores. Os PCs não eram poderosos o suficiente para rodar os programas de cálculos da época em que foram introduzidos no mercado. Essas inovações foram disruptivas, embora não atendessem às necessidades da geração seguinte de clientes líderes no mercado. Obviamente, tinham outras qualidades, que puderam ser aplicadas ao novo mercado, e evoluíram tão rápido que acabaram atendendo também às necessidades de clientes tradicionais.

As inovações sustentáveis são quase sempre desenvolvidas e introduzidas por empresas líderes de mercado bastante sólidas, mas essas mesmas empresas nunca introduzem nem lidam bem com inovações disruptivas. Por quê? A resposta está em nosso modelo de recursos-processos-valores. Líderes empresariais estão preparados para desenvolver e introduzir tecnologias sustentáveis. Mês após mês, ano após ano, lançam produtos novos e aprimorados para obter vantagem competitiva. Conseguem isso desenvolvendo processos para estimar o potencial tecnológico de inovações sustentáveis e para avaliar as necessidades de seus clientes. O investimento em tecnologia sustentável também está em consonância com os valores das empresas líderes, pois eles prometem margens mais altas a partir de produtos melhores vendidos para clientes de ponta.

As inovações disruptivas ocorrem de forma tão esporádica que nenhuma empresa dispõe de um processo rotineiro de como abordá-las. Além disso, como os produtos disruptivos quase sempre prometem margens de lucro mais baixas por unidade vendida e não são atraentes para os melhores clientes da empresa, tornam-se inconsistentes com os valores defendidos pela empresa. A Merrill Lynch dispunha dos recursos humanos, do capital e da tecnologia necessários para ser bem-sucedida diante das inovações sustentáveis (conta-corrente especial) e das inovações disruptivas (corretagem com descontos) que enfrentou em sua história recente, mas seus processos e valores apoiaram somente a inovação sustentável: eles se tornaram deficiências quando a empresa precisou entender e enfrentar o serviço de corretagem on-line e com desconto.

A razão para que grandes empresas em geral desistam de mercados emergentes em expansão se deve ao fato de empresas disruptivas, menores, na verdade estarem em melhores condições de conquistar esses mercados. As start-ups não dispõem de recursos, mas isso não importa; seus valores podem abranger pequenos mercados e sua estrutura de custos é capaz de acomodar margens de lucro baixas. Seus processos de pesquisa de mercado e de alocação de recursos permitem que os executivos atuem de forma intuitiva. Suas decisões não precisam ser endossadas por pesquisas e análises detalhadas. Todas essas vantagens se somam à capacidade de adotar e até de iniciar a inovação disruptiva. Mas como uma grande empresa consegue desenvolver essas capacidades?

Criando recursos para enfrentar mudanças

Apesar das crenças disseminadas por programas populares de gestão de mudanças e reengenharia, os processos não são tão flexíveis ou adaptáveis quanto os recursos – e os valores, ainda menos flexíveis que os processos. Por isso, quer a empresa adote inovações sustentáveis ou disruptivas, quando a necessidade de novas capacidades a incita a mudar processos e valores, os executivos devem criar um espaço organizacional que propicie o desenvolvimento dessas capacidades. Isso pode ser feito de três formas:

- criando estruturas organizacionais dentro das fronteiras da empresa, onde novos processos possam ser desenvolvidos;
- formando uma organização independente e elaborando nela os novos processos e valores necessários para resolver o problema; e
- adquirindo uma organização cujos processos e valores estejam em sintonia com as exigências da nova tarefa.

Criando capacidades internamente

Quando as capacidades de uma empresa se baseiam em processos, e quando os novos desafios exigem novos processos – isto é, quando pessoas ou grupos com diferentes competências precisam mudar a forma de interação e passar a agir num ritmo diferente –, os gestores devem selecionar as pessoas relevantes da organização existente e desenhar uma fronteira em torno desse novo grupo. Os limites organizacionais são projetados para facilitar a operação de processos existentes, e muitas vezes isso impede a criação de processos novos. As fronteiras das novas equipes facilitam o desenvolvimento de padrões de trabalho colaborativo, que podem até se tornar novos processos. Em *Revolutionizing Product Development* (Revolucionando o desenvolvimento de produtos), Steven Wheelwright e Kim Clark referem-se a essas estruturas como "equipes peso pesado".

Equipes peso pesado se dedicam completamente ao novo desafio; seus membros são alocados no mesmo espaço físico e cada um se encarrega de assumir responsabilidades para o sucesso do projeto. Na Chrysler, por exemplo, historicamente as fronteiras dos grupos da área de desenvolvimento do produto eram definidas por componente – conjunto propulsor, sistemas elétricos, etc. Mas, para acelerar o desenvolvimento do produto, a Chrysler precisava focar não em componentes, mas em tipos de veículo – minivans, carros compactos, jipes e caminhões, por exemplo. Para isso, criou equipes peso pesado. Embora não fossem muito eficientes em focar o projeto por componentes, essas unidades organizacionais auxiliaram na definição de novos processos, que se mostraram mais rápidos e eficientes na integração de vários subsistemas para criar projetos de veículo. Empresas muito diferentes, como a Medtronic (que fabrica marca-passos), a IBM (que produz hardware e software) e a Eli Lilly (cujo carro-chefe é o medicamento Zyprexa), utilizaram equipes peso pesado para criar processos e desenvolver produtos melhores em menos tempo.

Criando capacidades por meio de uma subsidiária
Quando os valores da organização principal não permitem que ela realoque recursos para um novo projeto, a empresa pode criar um novo empreendimento. Não se espera que corporações invistam recursos financeiros e humanos essenciais para criar uma posição forte em pequenos mercados emergentes. Além disso, empresas com estrutura de custos organizada para competir em mercados de produtos sofisticados têm muita dificuldade para serem lucrativas em mercados de produtos mais simples e populares. Atualmente a criação de subsidiárias está em alta entre executivos de empresas mais tradicionais que enfrentam problemas com as vendas pela internet. Mas isso nem sempre é conveniente. Quando uma inovação disruptiva requer que a empresa crie uma estrutura de custos diferente para ser lucrativa e competitiva, ou quando o tamanho da oportunidade é insignificante diante das necessidades de crescimento da organização principal, então – e só então – é necessário criar uma empresa derivada.

A divisão de impressoras a laser da Hewlett-Packard, em Boise, Idaho, foi extremamente bem-sucedida, obtendo grandes lucros e a reputação de fazer um produto de alta qualidade. Infelizmente, seu projeto de impres-

Como ajustar a ferramenta à tarefa

Suponha que uma organização precise reagir a uma inovação – ou iniciá-la. A matriz a seguir pode ajudar líderes a descobrirem que tipo de equipe se encaixa no projeto e de que estrutura organizacional ela precisa para trabalhar. O eixo vertical pede ao gestor que avalie até que ponto os processos existentes na organização são adequados à execução eficaz da nova tarefa. Já o eixo horizontal pede ao gestor que analise se os valores da organização permitem à empresa alocar os recursos necessários para a nova iniciativa.

Na região A, o projeto se ajusta bem aos processos e valores, portanto não há necessidade de novas capacidades. Uma equipe funcional ou peso leve pode atuar no projeto dentro da estrutura organizacional existente. Uma equipe funcional trata de problemas específicos da área funcional, depois passa o projeto para a área seguinte. Equipes peso leve são multifuncionais, mas seus membros permanecem sob o controle de seus respectivos gestores.

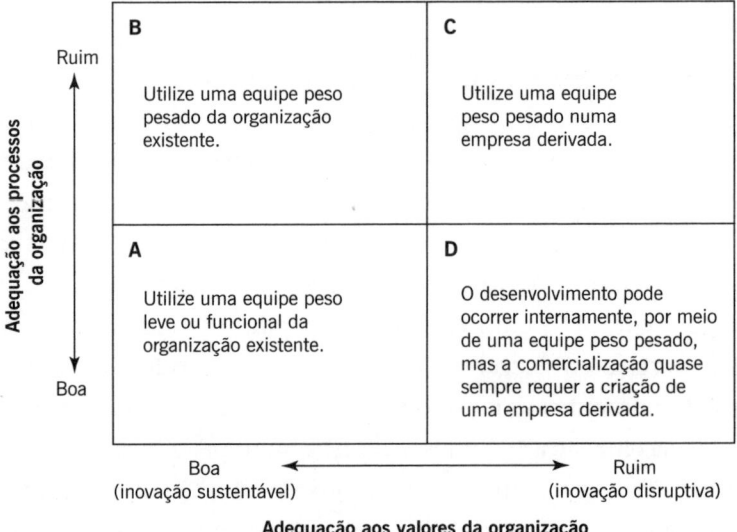

soras a jato de tinta, que representava uma inovação disruptiva, definhou dentro do negócio principal de impressoras da HP. Embora o processo para desenvolver os dois tipos de impressora fosse basicamente o mesmo, havia uma diferença em relação aos valores. Para prosperar no mercado de

Na região B, o projeto se ajusta bem aos valores da empresa, mas não a seus processos. Ele apresenta à organização novos tipos de problema, por isso requer novos tipos de interação e coordenação entre grupos e indivíduos. Assim como acontece na região A, a equipe trabalha numa inovação sustentável, não numa inovação disruptiva. Nesse caso, a equipe peso pesado é uma boa opção, mas o projeto pode ser executado dentro da empresa principal. Uma equipe peso pesado – cujos membros trabalham somente no projeto e devem se comportar como gerentes gerais, chamando para si a responsabilidade pelo sucesso do projeto – é projetada de forma a estimular a criação de processos e formas de trabalhar colaborativamente.

Na região C, o gestor enfrenta uma inovação disruptiva que não se ajusta aos processos e valores da empresa. Para garantir o sucesso, deve criar uma empresa derivada e montar uma equipe de desenvolvimento peso pesado. O fato de ser derivada permite que o projeto seja comandado por valores diferentes – por exemplo, uma estrutura de custos diferente ou margens de lucro mais baixas. Assim como na região B, a equipe peso pesado garante o surgimento de novos processos.

Da mesma forma, na região D, quando um executivo enfrenta uma inovação disruptiva que se ajusta aos processos atuais da organização, mas não a seus valores, a chave para o sucesso quase sempre está em montar uma equipe de desenvolvimento peso pesado para trabalhar na empresa derivada. Às vezes, o desenvolvimento pode ocorrer internamente, mas, de qualquer forma, para que a comercialização seja bem-sucedida é preciso criar uma derivada.

Infelizmente, a maioria das empresas emprega uma estratégia de organização que procura se ajustar a todos os casos, usando equipes peso leve ou funcionais em programas de qualquer porte e natureza. O problema é que essas equipes são apenas ferramentas para explorar capacidades já estabelecidas. E, entre as poucas empresas que compreendem a necessidade de uma equipe peso pesado, a maioria passou a organizar todas as suas equipes de desenvolvimento assim. O ideal é que cada empresa ajuste a estrutura e a localização organizacional da equipe aos processos e valores necessários a cada projeto.

impressoras a jato de tinta, a HP precisava aceitar margens de lucro bruto mais baixas e um mercado menor que o das impressoras a laser. Além disso, precisava estar disposta a adotar padrões de desempenho relativamente mais baixos. O negócio de impressoras a jato de tinta só deslanchou quando os executivos da HP decidiram transferir a unidade para uma divisão em Vancouver, no Canadá, com o objetivo de competir com o próprio negócio de impressoras a laser.

Até que ponto deve chegar esse esforço? Nem sempre é necessário haver um novo local físico para a equipe recém-montada. O principal requisito é que o projeto não seja forçado a disputar recursos com os projetos da organização principal. Como vimos, projetos inconsistentes com os valores da empresa principal naturalmente recebem menos prioridade. É mais importante a subsidiária ter independência sobre os critérios de tomada de decisões no processo de alocação de recursos do que estar fisicamente separada da organização principal. O quadro Como ajustar a ferramenta à tarefa, na página 22, mostra em detalhes que formas de estrutura organizacional combinam melhor com diferentes tipos de desafio de inovação.

Para alguns executivos, desenvolver uma nova operação significa, necessariamente, abandonar a antiga, e eles relutam em fazer isso, pois a antiga funciona. Mas, quando uma inovação disruptiva surge no horizonte, os líderes precisam reunir as capacidades necessárias para enfrentar a mudança antes que ela afete o negócio principal. Na verdade, precisam conduzir dois negócios em paralelo – um cujos processos estão voltados para o modelo de negócios existente e outro para o novo modelo. A Merrill Lynch, por exemplo, realizou uma expansão global impressionante de seus serviços financeiros institucionais por meio de uma cuidadosa execução de seus processos existentes de planejamento, aquisição e parcerias. Hoje, porém, com a ameaça da corretagem on-line, a empresa precisa planejar, adquirir e formar parcerias muito rápido. Isso significa que ela deve mudar os processos que funcionaram tão bem no negócio do banco de investimentos tradicional? Visualizando a questão através de nossa lente estrutural, fazer isso seria um desastre. Em vez disso, a Merrill deveria manter os velhos processos no negócio existente (provavelmente ainda há alguns bilhões de dólares a serem obtidos no antigo modelo de negócios!) e criar processos para lidar com o novo tipo de problema.

Um alerta: nos estudos que realizamos sobre esse desafio, nunca vimos uma empresa bem-sucedida realizar, sem a supervisão atenta do CEO, uma mudança que contrariasse seus valores – exatamente por causa do poder que os valores têm de moldar o processo normal de alocação de recursos. Só o CEO pode garantir que a nova organização obterá os recursos necessários e a liberdade de criar processos e valores adequados ao novo empreendimento. Os CEOs que consideram as empresas derivadas uma simples ferramenta para eliminar ameaças disruptivas têm grande probabilidade de fracassar. Não vimos exceção a essa regra.

Criando competências por meio de aquisições

Da mesma forma que executivos inovadores precisam avaliar separadamente as capacidades e deficiências dos recursos, processos e valores da empresa, devem fazer o mesmo diante de aquisições em busca de novas competências. Empresas bem-sucedidas na aquisição de capacidades são as que sabem onde encontrá-las e como assimilá-las. Executivos especialistas em aquisições começam esse processo com as seguintes perguntas: "O que criou o valor pelo qual acabo de pagar? Eu justifiquei o custo da aquisição com base nos recursos envolvidos? Ou grande parte do preço foi gerada pelos processos e valores da empresa?"

Se as competências que serão adquiridas estão entranhadas nos processos e valores da empresa, a última coisa que o responsável pela aquisição deve fazer é integrar a aquisição à organização principal, pois isso acabará com os processos e valores da empresa adquirida. Se os executivos da empresa adquirida forem forçados a adotar o *modus operandi* do comprador, suas capacidades desaparecerão. A melhor estratégia é permitir que a empresa adquirida continue operando de forma independente e injetar recursos da empresa controladora nos processos e valores dela. Essa é a abordagem que de fato constitui a aquisição de novas capacidades.

No entanto, se os recursos da empresa adquirida são o principal motivo de seu sucesso e de sua aquisição, talvez faça sentido integrá-la à empresa principal. Essencialmente, isso significa inserir pessoas, produtos, tecnologias e clientes nos processos da empresa controladora como forma de alavancar capacidades já existentes.

É mais fácil entender os perigos da fusão da DaimlerChrysler sob essa óptica. A Chrysler dispunha de poucos recursos que podiam ser considerados exclusivos. O sucesso no mercado, à época, era atribuído essencialmente a seus processos – sobretudo aos processos de design de produtos e de integração de esforços dos fornecedores de seus subsistemas. Como a

Daimler poderia ajudar a alavancar as capacidades da Chrysler? Wall Street estava pressionando os líderes a unir as organizações para cortar custos. Mas, se as empresas fossem integradas, os processos que tornaram a Chrysler uma aquisição tão atraente provavelmente seriam comprometidos.

A situação lembra a aquisição da empresa de comunicações Rolm pela IBM em 1984. Não havia nada no arsenal de recursos da Rolm que a IBM já não tivesse. Ou melhor, havia: um processo importante para desenvolver e encontrar novos mercados para os produtos PBX. De início, a IBM reconheceu a importância de preservar a cultura informal e pouco convencional da Rolm, que permaneceu em nítido contraste com o estilo metódico da IBM. No entanto, em 1987 a IBM encerrou o status subsidiário da Rolm e decidiu integrá-la a sua estrutura corporativa. Os gestores da IBM logo perceberam que haviam tomado a decisão errada. Quando tentaram impulsionar os recursos – produtos e clientes – da Rolm aplicando os processos desenvolvidos no negócio de grandes computadores, a resposta da Rolm foi péssima. E era impossível para uma empresa cujos valores tinham sido estimulados por margens de lucros de 18% na venda de computadores se animar diante de produtos com margens de lucro muito mais baixas. A integração da Rolm destruiu a fonte de valor original do negócio. Curvando-se ao alvoroço da comunidade investidora interessada em eficiência de lucratividade, a DaimlerChrysler se encontrou à beira do mesmo precipício. Muitas vezes, analistas financeiros parecem muito mais competentes em intuir o valor dos recursos do que o valor dos processos.

Por outro lado, as aquisições da Cisco Systems funcionaram bem porque ela manteve recursos, processos e valores dentro da perspectiva correta. Entre 1993 e 1997, a multinacional adquiriu pequenas empresas com menos de dois anos de existência – organizações em estágios iniciais, cujo valor de mercado tinha sido construído essencialmente sobre seus recursos, sobretudo seus engenheiros e produtos. A Cisco incorporou esses recursos a seus processos de desenvolvimento, logística, manufatura e marketing e se desvencilhou de quaisquer processos e valores emergentes trazidos pela aquisição, pois não fora por isso que as adquirira. Quando passou a ser dona de organizações maiores e mais maduras, principalmente a StrataCom, em 1996, a Cisco decidiu não integrá-la – pelo contrário, manteve a independência dela e injetou recursos significativos na organização da StrataCom para ajudá-la a crescer mais rápido.³

Os executivos cuja organização enfrenta mudanças precisam determinar, antes de tudo, se ela dispõe dos recursos necessários para ser bem-sucedida. Depois, devem responder à seguinte pergunta: a organização dispõe dos processos e valores necessários para alcançar o sucesso nessa situação? A maioria dos líderes não tem o instinto de se fazer essa segunda pergunta, pois os processos de execução do trabalho e os valores nos quais os funcionários baseiam suas decisões funcionaram perfeitamente no passado. O que esperamos é que essa estrutura incuta na mente dos executivos a ideia de que as capacidades que tornam sua organização eficiente definem também suas ineficiências. Nesse sentido, vale a pena fazer um exame de consciência para responder honestamente às seguintes questões: os processos que costumavam ser utilizados pela organização para executar o trabalho são adequados à nova situação? Os valores da organização darão alta prioridade a essa iniciativa ou vão impedi-la de progredir?

Se a resposta a essas perguntas for negativa, tudo bem. O passo mais importante para resolver um problema é compreendê-lo. A predisposição para atacar essas questões pode criar equipes que precisam inovar numa trilha cheia de obstáculos, críticas e frustrações. Por vezes, empresas tradicionais têm dificuldade para inovar porque empregam pessoas extremamente competentes e as colocam para trabalhar em estruturas organizacionais cujos processos e valores não foram projetados para a tarefa em questão. Numa era de transformações como a nossa, a grande responsabilidade do líder é garantir que pessoas capazes trabalhem em organizações capazes.

Publicado originalmente em março de 2000.

---

³ Charles A. Holloway, Stephen C. Wheelwright e Nicole Tempest. *"Cisco Systems Inc.: Post-Acquisition Manufacturing Integration"*. Estudo de caso publicado conjuntamente pelas faculdades de administração de Stanford e Harvard, 1998.

2

Competindo em analítica

Thomas H. Davenport

TODOS CONHECEMOS O PODER de uma *killer app* – uma aplicação inovadora, bem-sucedida e altamente desejada para um produto ou serviço. Ao longo dos anos, sistemas inovadores de empresas como a American Airlines (reservas eletrônicas), a Otis Elevator (manutenção preventiva) e a American Hospital Supply (encomendas on-line) impulsionaram de forma drástica as receitas e a reputação de seus criadores. Essas aclamadas e cobiçadas *killer apps* coletaram e utilizaram dados de uma forma que superou as expectativas dos clientes e otimizou as operações em níveis sem precedentes. Elas transformaram a tecnologia – até então uma ferramenta de apoio – em arma estratégica.

Em geral, as empresas em busca de *killer apps* concentram todo o seu poder de fogo na área que promete gerar a maior vantagem competitiva. Agora, porém, um novo tipo de empresa está elevando as apostas. Organizações como a Amazon, a Harrah's, o Capital One e o Boston Red Sox dominaram seus campos de atuação utilizando uma robusta capacidade analítica em uma ampla gama de atividades. Em suma, estão se transformando em exércitos de *killer apps* e abrindo caminho para a vitória.

As organizações estão competindo em analítica não só porque podem – hoje em dia, qualquer negócio tem acesso a centenas de dados e conta com analistas especializados –, mas porque devem. Numa época em que empresas de muitos setores oferecem produtos semelhantes e usam tecnologias similares, os processos de negócios estão entre os últimos pontos de diferenciação existentes. E os competidores analíticos extraem até a última gota de valor desses processos. Por isso, sabem quais produtos seus clientes querem, mas também que preço pagarão, quantos itens cada um comprará ao longo da vida e que estímulos os farão comprar mais. Como outras empresas, sabem os custos de remuneração e as taxas de rotatividade – mas também são capazes de calcular em que medida os funcionários contribuem para os resultados e qual a relação entre faixa salarial e desempenho individual. Por fim, sabem quando os estoques estão acabando e, com isso, conseguem antecipar problemas na demanda e nas cadeias de suprimento, obtendo baixos níveis de estoque e alto percentual de entregas perfeitas.

E os competidores analíticos fazem tudo isso de forma coordenada, como parte de uma estratégia geral promovida pelos líderes e transmitida aos tomadores de decisões em todos os níveis. Aos funcionários contratados pela habilidade com números ou treinados para reconhecer a importância dessa habilidade são fornecidos os melhores dados e as melhores ferramentas quantitativas. Como resultado, tomam as melhores decisões: grandes ou pequenas, todos os dias, uma após outra.

Embora muitas organizações estejam adotando a analítica, só algumas alcançaram esse nível de proficiência. Os competidores analíticos são líderes em seus variados campos de atuação – como os de bens de consumo, finanças, varejo, turismo e entretenimento. A analítica tem sido fundamental para o banco Capital One, cujo crescimento do lucro por ação ultrapassa 20% todos os anos desde que abriu o capital. A analítica permitiu que a Amazon dominasse o varejo on-line e lucrasse apesar dos enormes investimentos em crescimento e infraestrutura. Nos esportes, a verdadeira arma secreta não são os esteroides, mas as estatísticas, como mostram as excepcionais vitórias das equipes americanas Boston Red Sox e Oakland Athletics no beisebol e New England Patriots no futebol americano.

Nessas organizações, o virtuosismo com os dados é parte da marca. A seguradora Progressive é famosa pela análise pormenorizada de taxas de seguro individuais. Os clientes da Amazon veem como a empresa aprende seus gostos à medida que o atendimento fica mais direcionado com base nas compras frequentes. Graças ao best-seller *Moneyball: O homem que mudou o jogo*, de Michael Lewis, livro que demonstrou o poder das estatísticas no beisebol profissional americano, o Oakland Athletics é quase tão famoso por seu obsessivo processamento de números quanto por suas façanhas esportivas.

Para identificar características comuns entre competidores analíticos, eu e dois colegas do Working Knowledge Research Center, do Babson College, Massachusetts, estudamos 32 organizações comprometidas com a análise quantitativa baseada em fatos. Classificamos 11 como competidoras analíticas plenas, o que significa que seus líderes tinham anunciado que a analítica era fundamental para sua estratégia; que as empresas tinham diversas iniciativas em andamento envolvendo dados complexos e análise estatística; e que geriam a atividade analítica em nível de empresa, não de departamento.

Este artigo apresenta as características e as práticas desses mestres da estatística e descreve mudanças bastante substanciais pelas quais outras empresas precisam passar para competir no terreno quantitativo. Como seria de esperar, a transformação exige bastante investimento em tecnologia, enorme acúmulo de dados, formulação de estratégias empresariais para geri-los e, por último, mas não menos importante, o compromisso explícito e a vontade inabalável de mudar a forma como os funcionários pensam, trabalham e são tratados. Como Gary Loveman, CEO da competidora analítica Harrah's, costuma dizer: "Nós achamos que isso é verdade ou *sabemos* que é?"

A anatomia de um competidor analítico

Um competidor analítico em plena forma é a Marriott International. Ao longo dos últimos 20 anos, a empresa hoteleira aperfeiçoou seu sistema para estabelecer o preço ideal dos quartos (o processo analítico fundamental em hotéis, conhecido como gestão de receitas) em nível de ciência. Hoje, tem ambições muito maiores. Por meio do programa Total Hotel

Em resumo

É praticamente impossível diferenciar-se da concorrência apenas com base no produto. Seus rivais têm ofertas similares às suas. E, graças à mão de obra barata no exterior, você é pressionado a superar a concorrência no custo do produto.

Como ficar na dianteira? Torne-se um **competidor analítico**: use uma tecnologia sofisticada de coleta e análise de dados para extrair até a última gota de valor de todos os seus processos de negócios. Com a analítica, você descobre não só o que seus clientes querem, mas quanto estão dispostos a pagar e o que os mantém fiéis. Você olha para além dos custos de remuneração e calcula a contribuição exata de sua força de trabalho para os resultados. E, em vez de se limitar a monitorar os estoques atuais, prevê e previne problemas futuros de estoque.

Os competidores analíticos assumem a liderança em suas respectivas áreas. A iniciativa analítica do banco Capital One, por exemplo, impulsionou um crescimento anual de pelo menos 20% no lucro por ação desde a abertura do capital.

Torne a analítica parte de sua estratégia competitiva global e transmita-a aos tomadores de decisões em todos os níveis. Você vai equipar seus funcionários com as melhores evidências e ferramentas quantitativas para tomar as melhores decisões, grandes ou pequenas, todos os dias.

Optimization, a Marriott expandiu a expertise quantitativa para áreas como instalações para conferências e catering – e disponibilizou, na internet, ferramentas relacionadas para gestores de receitas e proprietários de hotéis. Desenvolveu sistemas para otimizar as ofertas a clientes regulares e avaliar a probabilidade de perdê-los para a concorrência. Deu aos gestores de receitas o poder de ignorar as recomendações do sistema quando determinados fatores locais não puderem ser previstos (como o grande número de desabrigados pelo furacão Katrina que foi de Nova Orleans para Houston). Criou até um modelo de oportunidade de receita que registra as receitas reais como porcentagem das taxas ideais que poderiam ter sido cobradas.

Na prática

Para ser um competidor analítico:

Promova a analítica a partir do topo
Reconheça e apoie as mudanças de cultura, processos e habilidades que a competição analítica significará para grande parte de sua força de trabalho. E prepare-se para liderar uma organização focada na analítica: você terá que entender a teoria por trás de vários métodos quantitativos para ser capaz de reconhecer suas limitações. Se não tiver experiência em métodos estatísticos, consulte especialistas que entendem do seu negócio e sabem como a analítica pode ser aplicada a ele.

Crie uma única iniciativa analítica
Coloque toda a atividade de coleta e análise de dados sob uma única liderança, com tecnologia e ferramentas em comum. Você facilitará o compartilhamento de dados e evitará inconsistências nos formatos de relatórios e nas definições de dados.

> **Exemplo:** A Procter & Gamble criou um supergrupo de analítica, com gestão centralizada, formado por 100 profissionais das mais diversas áreas. Ela usa essa massa crítica de expertise para levar adiante iniciativas que envolvem vários setores. Analistas de vendas e de marketing, por exemplo, fornecem dados sobre oportunidades de crescimento em mercados existentes aos analistas da cadeia de suprimento. Estes, por sua vez, podem projetar redes de suprimento mais ágeis.

Concentre seu esforço analítico
Canalize recursos para as iniciativas analíticas que servem mais diretamente à sua estratégia competitiva de maior alcance. Na Harrah's, por exemplo, grande parte da atividade analítica é voltada para a melhoria do atendimento ao cliente, o aumento da fidelização e áreas relacionadas, como preços e promoções.

Estabeleça uma cultura analítica

Introduza na empresa o respeito pelas atividades de mensurar, testar e avaliar evidências quantitativas. Estimule os funcionários a basear as decisões em fatos concretos. Use métricas inclusive para medir o desempenho e calcular remuneração e recompensas.

Contrate as pessoas certas

Busque e contrate analistas talentosos e capazes de expressar ideias complexas com simplicidade e de interagir de forma produtiva com os tomadores de decisões. Como é difícil encontrar essa combinação, inicie o processo de seleção muito antes de precisar preencher o cargo.

Use a tecnologia certa

Prepare-se para gastar recursos significativos em tecnologia – como ferramentas de gestão de relacionamento com o cliente (*customer relationship management* – CRM) ou sistemas integrados de gestão empresarial (*enterprise resource planning* – ERP). Apresente os dados de forma padronizada, integre-os, armazene-os em um banco de dados digital do tipo *data warehouse* e torne-os facilmente acessíveis. E prepare-se para passar anos reunindo dados suficientes para realizar análises significativas.

> **Exemplo:** a Dell Computer levou sete anos para criar um banco de dados de 1,5 milhão de registros de todos os seus anúncios em mídia impressa, rádio e TV. A empresa faz uma análise cruzada dos dados de vendas em cada região na qual os anúncios foram veiculados (antes e depois da veiculação). A informação lhe permite aperfeiçoar suas promoções para cada mídia em cada região.

Essa proporção cresceu de 83% para 91% quando a abordagem analítica de gestão de receita foi adotada na empresa inteira. Proprietários de hotéis e franqueados já sabem: para obter o máximo de receita, a abordagem da Marriott é o caminho.

Claramente, organizações como a Marriott não se comportam como empresas tradicionais. Os clientes notam a diferença em cada interação; funcionários e fornecedores vivem a diferença todos os dias. Nosso estudo descobriu três atributos-chave dos competidores analíticos.

Uso difundido de modelagem e otimização

Qualquer empresa é capaz de gerar estatísticas descritivas simples sobre aspectos de seus negócios, como receita média por funcionário ou tamanho médio das encomendas. Mas os competidores analíticos vão muito além do básico. As empresas dessa categoria usam a modelagem de previsão para identificar os clientes mais rentáveis, os que representam maior potencial de lucro e os que têm mais probabilidade de cancelar a conta.

Elas reúnem os dados gerados internamente e os obtidos de fontes externas (analisando-os com mais profundidade do que os concorrentes menos experientes em estatística) para obter um conhecimento abrangente dos clientes. Otimizam suas cadeias de suprimento e, com isso, podem determinar o impacto de uma restrição inesperada, simular alternativas e traçar novas rotas de remessa para evitar áreas com problemas. Estabelecem preços em tempo real para obter o melhor rendimento possível de cada transação e criam modelos complexos para verificar a relação entre custo operacional e desempenho financeiro.

As empresas líderes em analítica também usam experimentos sofisticados para medir o impacto geral de estratégias de intervenção e utilizam os resultados para melhorar continuamente as análises subsequentes. O Capital One, por exemplo, realiza mais de 30 mil experimentos por ano, com diferentes taxas de juro, incentivos, esquemas de mala direta e outras variáveis. O objetivo é maximizar a probabilidade de clientes em potencial adquirirem o cartão de crédito *e* pagarem a fatura.

A Progressive faz experimentos semelhantes usando dados amplamente disponíveis do ramo de seguros. A empresa define grupos específicos, ou células, de clientes: por exemplo, motociclistas com mais de 30 anos, formação universitária, histórico de crédito acima de determinado nível e nenhum caso de acidente. Para cada célula, faz uma análise de regressão para identificar os fatores mais estreitamente relacionados com as perdas que esse grupo gera. Depois, fixa, para as células, preços que devem lhe permitir obter lucro em toda uma carteira de grupos de clientes e usa um software de simulação para testar as implicações financeiras dessas hipóteses. Com essa abordagem, pode manter, com rentabilidade, clientes em categorias que tradicionalmente são de alto risco. Outras seguradoras rejeitam de imediato clientes de alto risco sem se dar o trabalho de analisar mais profundamente os dados (embora até concorrentes tradicionais, como a Allstate, estejam começando a adotar a analítica como estratégia).

Uma abordagem de âmbito empresarial

Os competidores analíticos sabem que a maioria das áreas de uma empresa – mesmo as que sempre dependeram mais da arte do que da ciência, como o marketing – pode evoluir com técnicas quantitativas sofisticadas. Essas organizações não obtêm vantagem com só uma *killer app*, mas com diversas aplicações que dão apoio a muitas áreas do negócio. Em alguns casos, são feitas para ser usadas por clientes *e* fornecedores.

A UPS é um exemplo da evolução de um usuário restrito da analítica para um competidor amplamente baseado na analítica. Embora a empresa esteja entre os praticantes mais rigorosos da pesquisa operacional e da engenharia industrial, até pouco tempo suas capacidades tinham um foco estreito. Hoje, porém, a UPS usa a capacidade estatística para rastrear o movimento de encomendas e prever e influenciar as ações de pessoas – calculando a probabilidade de atrito com clientes e identificando fontes de problemas. O UPS Customer Intelligence Group, por exemplo, é capaz de prever com precisão a perda de clientes ao analisar reclamações e padrões de uso. Quando os dados indicam um potencial desertor, um vendedor entra em contato com o cliente para analisar e resolver o problema, o que reduz acentuadamente a perda de contas. A UPS ainda não tem a amplitude de iniciativas de um competidor analítico pleno, mas está caminhando nessa direção.

Os competidores analíticos tratam todas as atividades desse tipo, de todas as procedências, como uma iniciativa única, coerente, muitas vezes sob uma rubrica específica, como "estratégia baseada em informações" (no Capital One) ou "gestão de clientes baseada em informações" (no Barclays Bank). Esses programas funcionam não apenas sob um só rótulo, mas também sob uma única liderança e sob as mesmas tecnologia e ferramentas.

Nas empresas tradicionais, a "inteligência de negócios" (expressão que o pessoal de TI usa para se referir à analítica e a programas e processos de elaboração de relatórios) fica geralmente a cargo de departamentos. As áreas de análise de dados escolhem as próprias ferramentas, controlam suas massas de dados e treinam seu pessoal. Essa é uma receita para o caos. A proliferação de planilhas e bancos de dados desenvolvidos pelos usuários produz, inevitavelmente, várias versões de indicadores-chave dentro da mesma organização. Além disso, estudos mostram que de 20% a 40% das planilhas contêm erros. Portanto, quanto mais planilhas circularem pela empresa, mais fértil será o terreno para equívocos.

Os competidores analíticos, por sua vez, criam grupos centralizados para que dados e outros recursos cruciais sejam bem geridos e que as diferentes áreas da organização possam compartilhar informações com facilidade, sem os obstáculos criados por formatos e definições inconsistentes.

Alguns competidores analíticos aplicam a mesma abordagem tanto para a tecnologia quanto para as pessoas. A Procter & Gamble, por exemplo, criou um supergrupo de analítica com mais de 100 analistas de áreas como operações, cadeia de suprimento, vendas, pesquisa de mercado e marketing. Embora a maioria desses profissionais esteja incorporada a diferentes unidades operacionais, o grupo tem gestão centralizada. Com essa integração, a P&G pode aplicar uma massa crítica de expertise a suas questões mais prementes. Assim, por exemplo, analistas de vendas e marketing fornecem dados sobre oportunidades de crescimento em mercados existentes a analistas que projetam redes de suprimento. Os analistas de cadeia de suprimento, por sua vez, aplicam seu conhecimento especializado de análise de decisões a áreas novas, como a da inteligência competitiva.

Dentro da empresa, o grupo P&G também aumenta a visibilidade da tomada de decisões baseada em dados e analítica. Os habilidosos analistas da P&G já haviam melhorado os processos de negócios e economizado dinheiro para a empresa, mas, como estavam isolados em áreas dispersas, muitos não sabiam que serviços eles ofereciam nem quanto poderiam ser eficazes. Agora, os mesmos executivos estão mais propensos a aproveitar em seus projetos o grande banco de expertise da empresa. Enquanto isso, a maestria na análise de números se tornou parte da história que a P&G conta aos investidores, à imprensa e ao público em geral.

Apoio da cúpula executiva

A adoção da analítica pela empresa impulsiona mudanças na cultura, nos processos, no comportamento e nas habilidades de muitos funcionários. E, como toda grande transição, requer a liderança de altos executivos que apreciem a abordagem quantitativa. O ideal é que o principal defensor dessa abordagem seja o CEO. De fato, vimos vários CEOs que comandaram a mudança para a analítica nos últimos anos, como Gary Loveman na Harrah's, Jeff Bezos na Amazon e Rich Fairbank no Capital One. Até se aposentar como CEO do Sara Lee Bakery Group, Barry Beracha manteve em sua mesa uma plaquinha que resumia sua filosofia pessoal e organizacional: "Em Deus confiamos. Todos os outros devem trazer dados." Também nos deparamos com empresas em que apenas um líder de área ou unidade de negócios tentava, sozinho, convencer a organização inteira a adotar a análise de dados. Alguns tinham certo nível de sucesso, mas constatamos que essas pessoas de menor nível hierárquico não possuíam a influência, a perspectiva e o alcance multifuncional necessários para mudar significativamente a cultura da organização.

Os CEOs que lideram a ofensiva analítica precisam não só gostar do assunto, mas estar familiarizados com ele. Não é necessário ter formação em estatística, mas devem entender a teoria subjacente aos vários métodos quantitativos para reconhecer as limitações deles – quais fatores estão sendo levados em conta e quais não. Quando necessitam de ajuda para aprender técnicas quantitativas, os CEOs recorrem a especialistas que entendem o negócio e sabem como a analítica pode ser aplicada. Entrevistamos diversos líderes que contrataram profissionais com essas características e eles ressaltaram a necessidade de encontrar alguém capaz de explicar as coisas com linguagem simples; gente confiável que não distorcerá os números. Poucos dos CEOs com quem falamos tinham se cercado de pessoas muito analíticas – como professores, consultores e profissionais formados no MIT (Massachusetts Institute of Technology). Mas essa é uma preferência pessoal, não uma prática necessária.

É claro que nem todas as decisões devem ser baseadas na análise de dados – pelo menos não totalmente. Questões de pessoal, em particular, costumam ser abordadas de forma adequada com base na intuição e em relatos. Cada vez mais organizações estão submetendo decisões de seleção e contratação à análise estatística (veja o quadro O jogo da estatística, na página seguinte), mas estudos mostram que os seres humanos são capazes de fazer avaliações de personalidade e caráter rápidas e surpreendentemente precisas com base em simples observações. Para líderes de tendência analítica, portanto, o desafio é saber quando confiar nos números e quando confiar na intuição.

Suas fontes de poder

Os competidores analíticos são mais do que simples máquinas de processar números. É claro que eles aplicam a tecnologia a vários problemas de negócios, mas também direcionam sua energia para descobrir o foco certo, construir a cultura certa e contratar as pessoas certas para fazer o melhor uso dos dados que estão sempre processando. No fim, as pessoas e a estratégia, tanto quanto a tecnologia da informação, são a força dessas organizações.

O foco certo

Embora incentivem decisões baseadas em fatos universais, os competidores analíticos precisam escolher para onde direcionar esforços que exijam muitos recursos. Em geral, optam por várias áreas ou iniciativas que, em conjunto, servem a uma estratégia abrangente. A Harrah's, por exemplo, destina grande parte de sua atividade analítica ao aumento da fidelidade do cliente e a melhorias no atendimento, além de áreas relacionadas como preços e promoções. A UPS ampliou seu foco da logística para os clientes, com o objetivo de prestar um serviço superior. Embora essas estratégias multifacetadas sejam características dos competidores analíticos, os executivos que entrevistamos alertaram as empresas para o risco de adotarem iniciativas muito difusas ou de acabarem deixando de enxergar a finalidade do negócio por trás de cada uma.

Outro ponto a levar em conta na hora de alocar recursos é entender até onde certas áreas são propícias a uma análise profunda. Existem pelo menos sete alvos comuns para a atividade analítica, e cada setor pode ter alvos próprios (veja o quadro Coisas com que se pode contar, na página 41). Modelos estatísticos e algoritmos que acenam com a possibilidade de melhoria de desempenho tornam algumas perspectivas especialmente tentadoras. O marketing, por exemplo, sempre foi difícil de quantificar, pois

O jogo da estatística

A disputa entre análise e intuição, bastante debatida pelos analistas políticos nas últimas eleições presidenciais americanas, está tomando conta dos esportes profissionais graças a vários livros best-sellers e a vitórias expressivas. No momento, a análise parece estar ganhando.

As estatísticas têm um papel especialmente importante na contratação e escalação de jogadores. O livro *Moneyball: O homem que mudou o jogo*, de Michael Lewis, aborda o uso da analítica na escolha de jogadores para o Oakland Athletics – um time que vence gastando pouco. O New England Patriots, time de futebol americano que dedica enorme atenção às estatísticas, ganhou diversos campeonatos nos últimos anos com uma folha salarial barata em comparação com a média. O Boston Red Sox adotou a "sabermétrica" (a aplicação da análise ao beisebol) a tal ponto que contratou Bill James, o famoso estatístico de beisebol que popularizou o termo.

Estratégias analíticas de RH também estão ganhando espaço no futebol europeu. O Milan, um dos principais times italianos, usa modelos de previsão de seu centro de pesquisa, o Milan Lab, para prevenir lesões analisando dados fisiológicos, ortopédicos e psicológicos de várias fontes. O Bolton Wanderers, clube de futebol inglês que vem crescendo rápido, é famoso por empregar um grande volume de dados para avaliar o desempenho dos jogadores.

Mas os técnicos esportivos – assim como os líderes empresariais – raramente se baseiam apenas nos fatos ou apenas no feeling. Tony La Russa, técnico da equipe americana de beisebol St. Louis Cardinals, combina de forma brilhante a analítica e a intuição para decidir quando substituir um jogador nervoso em campo ou se deve contratar um atleta carismático para elevar o moral da equipe. Buzz Bissinger descreve esse equilíbrio em seu livro *Three Nights in August* (Três noites em agosto): "La Russa gostava das informações geradas pelos computadores. Estudava as linhas e as colunas. Mas estava ciente também de que sua aplicação era limitada e que o excesso de análises poderia até confundir as coisas. Até onde ele sabia, não havia nenhuma maneira de quantificar o desejo. E aqueles números lhe disseram exatamente o que precisava saber quando somados a 24 anos de experiência como técnico."

Essa última frase é a chave. Seja examinando o histórico de desempenho ou observando a expressão no rosto de um funcionário, os líderes consultam a própria experiência para entender a "evidência" em todas as suas formas.

está enraizado na psicologia. Agora, porém, as empresas de bens de consumo podem aprimorar a pesquisa de mercado usando a teoria da utilidade multiatributo, instrumento para compreender e prever comportamentos e decisões dos consumidores. Da mesma forma, o setor publicitário está adotando a econometria – técnicas estatísticas para medir o efeito positivo de diferentes anúncios e promoções ao longo do tempo.

Os melhores competidores analíticos não se limitam a olhar para o próprio umbigo – eles ajudam os clientes e fornecedores a examinar os próprios umbigos. A Walmart, por exemplo, insiste com os fornecedores para que usem seu sistema Retail Link para monitorar o movimento de produtos por loja, planejar as promoções e a localização das mercadorias dentro das unidades e reduzir problemas de estoque. A vinícola E. & J. Gallo fornece aos distribuidores dados e análises sobre os custos e preços dos varejistas para que possam calcular a rentabilidade por garrafa de cada um dos 95 rótulos produzidos. Os distribuidores, por sua vez, usam essa informação para ajudar os varejistas a otimizar seu mix de produtos e convencê-los a dar mais espaço nas prateleiras aos vinhos da Gallo. A Procter & Gamble oferece dados e análises aos clientes de varejo, como parte de um programa chamado Joint Value Creation, e também aos fornecedores, para ajudá-los a melhorar a capacidade de resposta e reduzir custos. A fornecedora hospitalar Owens & Minor oferece serviços semelhantes, permitindo que os clientes e fornecedores acessem e analisem seus dados de compra e venda, monitorem padrões de pedidos em busca de oportunidades de integração de encomendas e transfiram compras avulsas para contratos de grupo que incluam produtos distribuídos tanto pela Owens & Minor quanto pelos concorrentes. A Owens & Minor pode, por exemplo, mostrar a executivos de uma rede hospitalar quanto dinheiro eles economizariam juntando as compras de vários hospitais, ou ajudá-los a perceber o que compensa mais: aumentar a frequência de entregas ou manter o estoque em nível adequado.

A cultura certa

A cultura é um conceito flexível; a analítica é uma disciplina rígida. Apesar disso, os competidores analíticos precisam incutir na empresa o respeito pela medição, pelo teste e pela avaliação de evidências quantificáveis. Os funcionários são estimulados a basear suas decisões em fatos

Coisas com que se pode contar

Os competidores analíticos fazem uso especializado de estatísticas e modelagem para aperfeiçoar diversas áreas da empresa. A seguir, alguns objetivos comuns:

Área	Descrição	Exemplos
Cadeia de suprimento	Simula e otimiza fluxos da cadeia de suprimento; mantém o estoque baixo, mas evita a falta de estoque.	Dell, Walmart, Amazon
Cliente: escolha, fidelidade e atendimento	Identifica clientes que oferecem o maior potencial de lucro; aumenta a probabilidade de quererem o produto ou serviço oferecido; fideliza os clientes.	Harrah's, Capital One, Barclays
Preço	Identifica o preço que maximizará os lucros.	Progressive, Marriott
Capital humano	Seleciona os melhores funcionários em níveis específicos de remuneração.	New England Patriots, Oakland Athletics, Boston Red Sox
Qualidade de produtos e serviços	Detecta e minimiza rapidamente problemas de qualidade.	Honda, Intel
Desempenho financeiro	Compreende melhor o que impulsiona o desempenho financeiro e os efeitos de fatores não financeiros.	MCI, Verizon
Pesquisa e desenvolvimento	Melhora a qualidade, a eficácia e, onde aplicável, a segurança de produtos e serviços.	Novartis, Amazon, Yahoo

concretos e sabem que seu desempenho é medido da mesma forma. O RH dos competidores analíticos é rigoroso quanto à aplicação de métricas para remuneração e recompensas. A Harrah's, por exemplo, fez uma mudança drástica nesse aspecto, passando de uma cultura de remuneração com base no paternalismo e no tempo de serviço para outra baseada em medições meticulosas de desempenho, como resultado financeiro e atendimento ao cliente. Altos executivos também dão exemplo de comportamento quando demonstram apetite por fatos e confiança na análise. Um caso típico desse tipo de liderança foi o de Beracha no Sara Lee Bakery Group. Ele é conhecido entre seus funcionários como "farejador de dados", pois não descansa enquanto não os obtém para embasar qualquer afirmação ou hipótese.

Não surpreende que, numa cultura analítica, às vezes haja tensão entre os impulsos inovadores ou empreendedores e a exigência de evidências. Algumas empresas dão menos ênfase ao desenvolvimento visionário, no qual designers ou engenheiros buscam concretizar o sonho de um indivíduo. Nelas, a área de pesquisa e desenvolvimento, assim como as outras, é orientada rigorosamente por métricas. Em organizações como Yahoo, Progressive e Capital One, mudanças de processos e produtos são testadas em pequena escala e colocadas em prática à medida que são validadas. Essa abordagem, utilizada em diversas disciplinas acadêmicas e de negócios (incluindo engenharia, gestão de qualidade e psicologia), pode ser adotada na maioria dos processos corporativos – mesmo para áreas menos óbvias, como recursos humanos e atendimento ao cliente. O RH, por exemplo, pode criar perfis com traços de personalidade e estilos de liderança dos gerentes e, em seguida, testar esses profissionais em diferentes situações. Depois, pode comparar os dados de desempenho desses indivíduos com os dados da personalidade para determinar quais características são mais importantes para, por exemplo, gerir um projeto atrasado ou ajudar na adaptação de um novo grupo.

Há, porém, ocasiões em que a decisão de mudar deve ser tomada rápido, sem que haja tempo para uma análise detalhada, ou em que não seja possível obter dados de antemão. Por exemplo: embora Jeff Bezos prefira quantificar rigorosamente as reações dos usuários antes de lançar novos recursos, ele não poderia testar uma ferramenta de busca de livros da Amazon sem aplicá-la a uma massa crítica de títulos (pelo menos 120 mil). Além disso, era caro desenvolvê-la, o que aumentava o risco. Nesse caso, Bezos confiou na intuição e arriscou. E o novo recurso de fato se tornou popular.

As pessoas certas

Empresas analíticas contratam pessoas com capacidade analítica – e, assim como todas as organizações que competem em talento, buscam o que há de melhor. Quando a Amazon precisava de um novo chefe para sua cadeia de suprimento global, por exemplo, recrutou Gang Yu, professor de Ciência da Administração, empreendedor do ramo do software e uma das maiores autoridades mundiais em análises de otimização.

O modelo de negócios da Amazon exige que a empresa gerencie um fluxo constante de novos produtos, fornecedores, clientes e promoções, e também que entregue os pedidos no prazo. Desde sua chegada, Yu e sua equipe estão projetando e implementando sistemas sofisticados de suprimento para otimizar esses processos. E, embora solte expressões como "processos estocásticos não estacionários", ele é bom em explicar, em termos claros de negócios, as novas abordagens aos executivos da Amazon.

Competidores analíticos tradicionais, como o Capital One, empregam esquadrões de analistas para conduzir experimentos quantitativos e, a partir dos resultados, projetam diferentes tipos de cartão de crédito e outros produtos financeiros. Isso requer um conjunto de habilidades especializadas, como se pode ver nesta descrição de requisitos para o cargo de analista da empresa:

Alta aptidão para a resolução de problemas conceituais e análises quantitativas. Formação e experiência em engenharia, finanças, consultoria e/ou outras áreas de análise quantitativa. Capacidade de aprender rapidamente a usar aplicativos. Experiência com modelos Excel. De preferência, com pós-graduação ou MBA e experiência em metodologia de gestão de projetos, ferramentas de melhoria de processos (Lean, Six Sigma) ou estatística.

Outras empresas contratam tipos semelhantes de profissional, mas os competidores analíticos empregam um número muito maior de pessoas com capacidades analíticas. Hoje, o Capital One seleciona três vezes mais analistas do que funcionários operacionais, prática nada comum para um banco. "Somos essencialmente uma empresa de analistas", comentou um executivo. "Essa é a principal tarefa aqui."

Bons analistas também precisam ter a capacidade de expressar ideias complexas de forma simples e interagir bem com os tomadores de decisões. Uma empresa de bens de consumo com 30 analistas procura profissionais que chama de "ph.D.s com personalidade" – especialistas em matemática, estatística e análise de dados capazes de falar a língua dos negócios e de ajudar a empresa a promover seu trabalho dentro e até fora da organização. O chefe de um grupo de análise de clientes do Wachovia Bank descreve a relação que sua equipe procura ter com os outros: "Estamos tentando integrar nosso pessoal à equipe de negócios. Queremos ver essas pessoas sentadas diante da mesma mesa, participando da discussão de questões principais, determinando que informações os executivos precisam ter e recomendando ações. Queremos que a equipe analítica seja não apenas um grupo de auxílio geral, mas um participante ativo e crucial do sucesso da unidade de negócios."

Claro que é difícil encontrar pessoas que reúnam habilidades de análise, negócios e relacionamento. Quando sabe que vai precisar de um especialista em sistemas de negócios de última geração, como modelagem de previsão ou particionamento recursivo (forma de análise de árvore de decisão aplicada a massas de dados muito complexas), a empresa de software SAS (uma das patrocinadoras deste estudo, juntamente com a Intel) inicia o processo de seleção até 18 meses antes de quando espera preencher a vaga.

O talento analítico pode ser hoje o que o talento para a programação foi no fim da década de 1990. Infelizmente, os mercados de trabalho nos Estados Unidos e na Europa não contam com muitos profissionais capazes de realizar análises sofisticadas. Algumas organizações contornam esse problema recorrendo a países como a Índia, com muitos peritos em estatística. Essa estratégia às vezes funciona quando analistas externos trabalham em problemas isolados, mas, no momento em que é necessário haver uma discussão contínua com tomadores de decisões, a distância pode se tornar um grande obstáculo.

A tecnologia certa

Competir em analítica significa competir em tecnologia. Os competidores mais sérios não só estudam o que há de mais recente em algoritmos estatísticos e abordagens da ciência da decisão como monitoram e pressionam constantemente a fronteira da tecnologia da informação. O grupo analítico de uma empresa de bens de consumo construiu o próprio supercomputador porque concluiu que os modelos disponíveis no mercado eram inadequados a suas necessidades. Em geral, não é preciso chegar a esse ponto, mas uma analítica séria requer os seguintes componentes:

Uma estratégia de dados. As empresas têm investido milhões de dólares em sistemas que extraem dados de todas as fontes possíveis. Sistemas integrados de gestão empresarial, gestão de relacionamento com o cliente, pontos de venda e outras ferramentas impedem que transações ou intercâmbios significativos ocorram sem deixar rastros. Mas, para competir com base nessas informações, as empresas precisam apresentá-las em formatos padronizados, integrá-las, guardá-las numa *data warehouse* e torná-las facilmente acessíveis a todos. E haja informação. Uma empresa precisa passar anos acumulando dados sobre diversas abordagens de marketing até ter uma quantidade suficiente para analisar de forma confiável a eficácia de uma campanha publicitária. A Dell recorreu à DDB Matrix, uma unidade da agência publicitária DDB Worldwide, para criar (ao longo de sete anos) um banco de dados de 1,5 milhão de registros sobre todos os seus anúncios em mídia impressa, rádio e TV (aberta e por assinatura), juntamente com dados de vendas da empresa para cada região onde os anúncios apareceram (antes e depois da veiculação). Essa informação permite à Dell aperfeiçoar suas promoções para cada mídia em cada região.

Software de inteligência de negócios. Surgido no fim da década de 1980, o termo "inteligência de negócios" abrange uma grande variedade de processos e softwares usados para coletar, analisar e difundir dados, no intuito de melhorar a tomada de decisões. As ferramentas de inteligência de negócios permitem que os funcionários extraiam, transformem e carreguem (processo conhecido pela sigla em inglês ETL) dados para análise e depois disponibilizem a análise completa em relatórios, alertas e scorecards. A popularidade da competição analítica é, em parte, uma resposta ao surgimento de pacotes integrados dessas ferramentas.

Equipamento de computação. O volume de dados necessário para programas analíticos pode sobrecarregar a capacidade de computadores e servidores menos potentes. Muitos competidores analíticos passaram a utilizar máquinas de ponta com capacidade para processar rapidamente grandes quantidades de dados.

O longo caminho pela frente

A maior parte das empresas de quase todos os setores tem ótimas razões para seguir estratégias baseadas na analítica. Praticamente todas as organizações que identificamos como competidores analíticos agressivos são

> **Você sabe que está competindo em analítica quando...**
>
> 1. Aplica sistemas sofisticados de informação e análises rigorosas não só à sua atividade central, mas também a uma série de áreas distintas, como marketing e recursos humanos.
> 2. Sua equipe de altos executivos não só reconhece a importância das capacidades analíticas como transforma o desenvolvimento e a manutenção delas em um dos principais focos da empresa.
> 3. Trata a tomada de decisões baseada em fatos não só como uma das melhores práticas, mas também como parte da cultura, que é constantemente enfatizada e comunicada pelos altos executivos.
> 4. Contrata muitos profissionais com as melhores habilidades analíticas e os considera fundamentais para o sucesso.
> 5. Não só usa a analítica em quase todas as áreas e departamentos da companhia como a considera tão importante estrategicamente a ponto de geri-la no âmbito do empreendimento.
> 6. Não só é um especialista em análise de números, mas também cria métricas próprias para processos fundamentais de negócios.
> 7. Não só usa internamente um grande volume de dados e análises como os compartilha com clientes e fornecedores.
> 8. Não só consome dados de forma ávida como aproveita todas as oportunidades de gerar informação, criando uma cultura de "teste e aprendizado" fundamentada em numerosos pequenos experimentos.
> 9. Não só se comprometeu a competir em analítica como vem desenvolvendo suas capacidades há muitos anos.
> 10. Não só enfatiza a importância da analítica dentro da empresa como transforma as capacidades quantitativas em parte da história da companhia, compartilhada no relatório anual e em conversas com analistas financeiros.

claramente líderes em seus campos de atuação e atribuem grande parte do sucesso à enorme capacidade de explorar dados. A crescente concorrência global amplia a necessidade desse tipo de competência. As empresas ocidentais incapazes de bater os concorrentes indianos ou chineses no custo do produto, por exemplo, tentam superá-los otimizando os processos de negócios.

No entanto, as empresas que só agora estão adotando essas estratégias vão descobrir que são necessários anos para colher os frutos. As organizações que estudamos descreveram uma longa e, às vezes, árdua jornada. A divisão de cartões e de crédito ao consumidor do Barclays Bank, no Reino Unido, por exemplo, passou cinco anos executando seu plano de aplicação da analítica ao marketing de cartões de crédito e de outros produtos financeiros. Precisou mudar processos em quase todos os aspectos do negócio: subscrição de risco, estabelecimento de limites de crédito, atendimento de contas, controle de fraudes, venda cruzada, etc. No lado técnico, precisou integrar dados de 10 milhões de clientes Barclaycard, melhorar a qualidade dos dados e construir sistemas para acelerar a coleta e análise de informações. Além disso, o banco iniciou uma longa série de pequenos testes para aprender a atrair e reter os melhores clientes com o menor custo. Para isso, precisou contratar mais pessoas com habilidades quantitativas.

Grande parte do tempo – e da despesa – que qualquer empresa precisa gastar para se tornar um competidor analítico será usada para tarefas tecnológicas: aperfeiçoamento dos sistemas que produzem dados sobre transações, disponibilização das informações, escolha e implementação de software de análise e, por fim, montagem do ambiente de hardware e comunicações.

Quem não estuda história está condenado a repeti-la, e as empresas que coletarem poucas informações (ou informações erradas) precisarão acumular uma grande quantidade de dados para fazer previsões confiáveis. "Estamos coletando dados há seis ou sete anos, mas eles só se tornaram utilizáveis nos últimos dois ou três, pois precisávamos de tempo e experiência para validar conclusões baseadas nos dados", explicou um gerente de análise de dados de clientes da UPS.

E, naturalmente, os novos competidores analíticos terão que reforçar e renovar o quadro de funcionários. (Quando Gary Loveman se tornou diretor de operações, e depois CEO, da Harrah's, levou para a empresa um grupo de especialistas em estatística capaz de projetar e executar campanhas de marketing e programas de fidelidade com base na análise de dados quantitativos.) Os funcionários atuais, por sua vez, necessitarão de amplo treinamento. Precisam saber quais dados estão disponíveis e conhecer todas as formas de análise de informações. E devem também aprender a reconhecer certas peculiaridades e deficiências, como a ausência ou a duplicação de dados, além de problemas de qualidade. Um executivo de mentalidade analítica da Procter & Gamble sugeriu que as empresas precisam começar a manter os gestores em seus cargos por períodos mais longos, pois é necessário tempo para dominar as abordagens quantitativas.

O patologista alemão Rudolph Virchow definiu a atividade da ciência como "a demarcação dos limites do conhecível". Os competidores analíticos têm um objetivo semelhante, embora o universo que buscam conhecer seja mais limitado: comportamento dos clientes, movimento dos produtos, desempenho dos funcionários e reações financeiras. Os avanços contínuos na técnica e nas tecnologias permitem que as empresas tenham cada vez mais controle sobre os detalhes cruciais de suas operações.

O Oakland Athletics não é o único time que está no jogo da estatística. Empresas de todo tipo também estão, e vieram para ganhar.

Publicado originalmente em janeiro de 2006.

3

Gestão de si mesmo

Peter F. Drucker

GRANDES REALIZADORES DA HISTÓRIA – Napoleão, Leonardo da Vinci, Mozart – sempre foram gestores de si mesmos. Em boa medida, foi essa a razão de seu sucesso. Mas estamos falando de exceções, de indivíduos tão excepcionais em talento e em realizações que podem ser considerados além dos parâmetros de normalidade da existência humana. Atualmente a maioria das pessoas, mesmo aquelas com atributos modestos, precisa aprender a gerenciar a própria vida. Temos que aprender a nos desenvolver, a nos posicionar onde poderemos dar a maior contribuição possível e a estar mentalmente alertas e comprometidos durante 50 anos de uma vida profissional, o que significa saber como e quando mudar o trabalho que realizamos.

Quais são meus pontos fortes?

A maioria das pessoas acha que sabe quais são seus pontos fortes ou potencialidades. Em geral, estão erradas. Com frequência, conhecem melhor suas fraquezas – e, mesmo assim, muitas se enganam. No entanto, um desempenho de alto nível depende apenas das potencialidades de cada um. Não é possível alcançá-lo com base nos pontos fracos, muito menos com base naquilo que não se consegue realizar de forma alguma.

Ao longo da história da humanidade, não houve necessidade de conhecer os próprios pontos fortes. Uma pessoa nascia numa posição social e com uma ocupação predefinida por seus antepassados: o filho do camponês seria camponês, a filha do artesão deveria se casar com um artesão e assim por diante. Mas hoje temos opções. Precisamos conhecer nossas qualidades para saber onde nos inserir.

A única forma de descobri-las é por meio de análise de feedback. Sempre que você tomar uma decisão importante ou realizar uma ação de peso, anote os resultados esperados. Nove ou 12 meses depois, compare os resultados reais com suas expectativas. Pratico esse método há mais de 20 anos e toda vez me surpreendo. A análise de feedback me mostrou, por exemplo – e para minha grande surpresa –, que tenho afinidade intuitiva com pessoas da área técnica, como engenheiros, contadores ou pesquisadores de mercado, e que realmente não me afino com pessoas de funções mais generalistas.

A análise de feedback não é um conceito novo. Foi inventada no século XIV por um teólogo alemão desconhecido e recuperada cerca de 150 anos depois por João Calvino e Inácio de Loiola, de forma independente. Ambos a incorporaram às práticas recomendadas a seus seguidores. Aliás, o foco constante em desempenho e resultados que esse hábito produz explica por que as instituições fundadas por esses dois homens – a Igreja calvinista e a Companhia de Jesus – dominaram a Europa em menos de 30 anos.

A prática consistente desse método simples lhe indicará em pouco tempo, talvez dois ou três anos, quais são seus pontos fortes – e é muito importante conhecê-los. O método mostrará o que você faz ou deixa de fazer que o impede de se beneficiar de forma plena de suas potencialidades. Também revelará em que você não é particularmente competente e, por fim, as áreas em que suas potencialidades são reduzidas e, portanto, você não produzirá bons resultados.

Várias implicações para a ação decorrem da análise de feedback. Em primeiro lugar, concentre-se em suas potencialidades. Coloque-se onde vão produzir melhores resultados.

Em resumo

Vivemos numa era de oportunidades sem precedentes: se você tem ambição, disposição e inteligência, pode chegar ao topo da carreira que escolheu – independentemente do ponto em que começou. Mas com a oportunidade vem a responsabilidade. Hoje em dia as empresas não administram a carreira dos trabalhadores do conhecimento. Cada um precisa ser seu CEO.

Em suma, cabe a você se esforçar para conseguir um lugar no mercado de trabalho e saber quando mudar de rumo. E cabe a você manter-se comprometido e produtivo durante sua vida profissional, que pode chegar a 50 anos ou mais.

Para fazer tudo isso bem, você precisa se conhecer a fundo. Quais são seus pontos fortes mais valiosos e seus pontos fracos mais perigosos? Como você aprende e trabalha com os outros? Que valores pessoais você mais preza? E em que tipo de ambiente de trabalho pode dar sua melhor contribuição?

Uma coisa é certa: somente a combinação de suas potencialidades e do autoconhecimento permitirá a você atingir a verdadeira – e duradoura – excelência.

Segundo, trabalhe para aprimorar esses pontos fortes. A análise indicará rapidamente onde você precisa melhorar ou adquirir novas habilidades e deixará claro onde estão suas lacunas de conhecimento – que, em geral, podem ser preenchidas. Algumas pessoas nascem com o dom para a matemática, mas qualquer um é capaz de aprender trigonometria.

Terceiro, descubra onde sua arrogância intelectual está gerando ignorância paralisante e supere-a. Muitos profissionais – principalmente aqueles com grande expertise em determinada área – desdenham o conhecimento de outras áreas ou acreditam que a inteligência substitui o conhecimento. Engenheiros altamente qualificados, por exemplo, costumam se orgulhar de não saber nada sobre como lidar com pessoas. Para eles, o ser humano é desorganizado demais para uma boa mente lógica. Profissionais de RH, por sua vez, em geral se orgulham de ser ignorantes em contabilidade básica ou em métodos quantitativos. Orgulhar-se dessa ignorância é um comportamento autodestrutivo. Procure se esforçar para adquirir as habilidades e o conhecimento necessários à plena realização de suas potencialidades.

É igualmente indispensável livrar-se dos maus hábitos que inibem sua eficiência e seu desempenho. Esses vícios logo aparecerão no feedback. Um especialista em planejamento, por exemplo, pode achar que seus projetos fracassam porque não os acompanha até o fim para checar os resultados. Como tantas outras mentes brilhantes, ele acredita que as ideias movem montanhas. A realidade é que escavadeiras movem montanhas. Ideias indicam onde as escavadeiras devem cavar. Esse especialista deve aprender que o trabalho não termina quando o projeto está pronto. É preciso encontrar pessoas para executá-lo; explicar o que se espera delas; fazer adaptações e mudanças durante o desenvolvimento; e, por fim, decidir quando parar.

O feedback revela também quando o problema é uma questão de falta de boas maneiras. A boa conduta funciona como o lubrificante de uma organização. A física demonstra que dois corpos, ao entrar em contato, criam atrito. Esse princípio vale para objetos inanimados e também para seres humanos. Bons modos – coisas simples, como dizer "por favor" e "obrigado", saber o nome dos colegas ou perguntar pela família deles – permitem que dois indivíduos trabalhem juntos, mesmo que não se gostem. Muitos profissionais brilhantes, sobretudo os mais jovens, não entendem isso. Se a análise mostra que o trabalho de alguém fracassa repetidamente sempre que ele precisa trabalhar em equipe, é provável que isso seja indício de falta de cortesia – isto é, falta de educação.

Comparar as expectativas com os resultados também sinaliza o que você não deve fazer. Todos contamos com áreas nas quais não temos nenhum talento ou habilidade e, consequentemente, poucas chances de sair da mediocridade. Nessas áreas o indivíduo – sobretudo o profissional do conhecimento – não deve assumir tarefas ou atribuições. Não se deve desperdiçar esforços para aprimorar áreas nas quais nossa competência é baixa. Consome-se muito mais energia e trabalho para passar da incompetência à mediocridade do que para passar do ótimo desempenho à excelência. No entanto, a maioria das empresas e dos profissionais

Na prática

Para construir uma vida de excelência, comece fazendo a si mesmo as seguintes perguntas:

"Quais são meus pontos fortes?"
Para identificar seus pontos fortes com precisão, utilize a **análise de feedback**. Depois de cada decisão importante, anote o resultado esperado. Vários meses depois, compare os resultados reais com suas expectativas. Procure padrões: que tipos de resultado você é capaz de gerar? Que habilidades precisa melhorar para obter os resultados desejados? Ao identificar uma oportunidade de aprimoramento, não perca tempo cultivando habilidades em áreas nas quais sua competência é baixa. Em vez disso, concentre-se em suas potencialidades e desenvolva-as da melhor forma possível.

"Como eu trabalho?"
De que forma você trabalha melhor? Você processa informações com mais eficiência com a leitura ou ao ouvir os outros? É mais produtivo trabalhando em equipe ou sozinho? Seu desempenho é melhor quando toma decisões ou quando dá conselhos sobre assuntos importantes? Sente-se bem nos momentos estressantes ou funciona melhor num ambiente previsível?

"Quais são meus valores?"
Qual é sua ética? Que responsabilidades você precisa assumir para viver uma vida digna e ética? A ética de sua organização está em sintonia com seus valores? Sem isso, sua carreira provavelmente será marcada por frustração e desempenho insatisfatório.

"Que carreira devo seguir?"
Analise seus pontos fortes, estilo de trabalho preferido e valores. Com base nesses aspectos, descubra onde se encaixa melhor e você deixará de ser um funcionário mediano para se tornar um profissional de alto nível.

> **"Qual deve ser minha contribuição?"**
> No passado as empresas diziam aos executivos qual deveria ser sua contribuição. Atualmente, você tem escolhas. Para decidir como melhorar o desempenho de sua organização, primeiro entenda o que a situação exige. Em seguida, com base em seus pontos fortes, estilo de trabalho e valores, pergunte-se como poderia dar sua melhor contribuição para os esforços de sua organização.

– sobretudo professores – se esforça para transformar profissionais incompetentes em medíocres. Em vez disso, os recursos, o tempo e a energia deveriam ser gastos para transformar uma pessoa competente em um astro do desempenho.

Como desenvolvo meu trabalho?

Curiosamente, pouca gente sabe de que forma cumpre as próprias tarefas. Na verdade, a maioria de nós não entende sequer que cada um trabalha e funciona de um jeito. Muitos trabalham de uma forma diferente da que é a natural para eles, o que é quase uma garantia de desempenho insatisfatório. Para profissionais do conhecimento, a pergunta "Como desenvolvo meu trabalho?" pode ser ainda mais importante que "Quais são meus pontos fortes?".

Da mesma maneira que nossas potencialidades, nosso jeito de desempenhar o trabalho é único. É uma questão de personalidade. Quer a personalidade seja algo inato ou aprendido, o fato é que ela certamente se forma muito antes do início da vida profissional. E o modo de agir é característico de cada indivíduo, assim como seus pontos fortes e fracos. É possível mudar um pouco o jeito de uma pessoa trabalhar, mas é improvável que mude por completo – e a mudança certamente não será nada fácil. Da mesma forma que as pessoas conseguem bons resultados fazendo algo em que são boas, também conseguem bons resultados trabalhando em condições que propiciem melhor desempenho. Em geral, alguns traços comuns de personalidade determinam sua forma de trabalhar.

Sou um leitor ou um ouvinte?

A primeira coisa é saber se você é leitor ou ouvinte. Pouquíssimas pessoas sabem que essas categorias existem e que raramente alguém se encaixa nas duas. Alguns exemplos evidenciam como essa falta de conhecimento pode ser prejudicial.

Quando Dwight Eisenhower era comandante supremo das Forças Aliadas na Europa, a imprensa o adorava. Suas entrevistas eram famosas pelo estilo – o general Eisenhower demonstrava total domínio sobre qualquer pergunta e capacidade de descrever uma situação e explicar uma política em duas ou três frases elegantes e bem elaboradas. Dez anos depois, com o militar na presidência dos Estados Unidos, os mesmos jornalistas que o admiravam passaram a desprezá-lo. Segundo eles, o presidente Eisenhower nunca abordava um assunto de fato, apenas divagava sobre outras coisas. Eles o ridicularizavam por assassinar a língua inglesa com respostas incoerentes e gramaticalmente incorretas.

Eisenhower, ao que parece, ignorava que era um leitor, não um ouvinte. Quando foi comandante supremo na Europa, seus assistentes exigiam que todas as perguntas da imprensa fossem apresentadas por escrito pelo menos meia hora antes da entrevista. Dessa forma, Eisenhower se sentia no controle da situação. Ao se tornar presidente, ele sucedeu Franklin D. Roosevelt e Harry Truman. Os dois sabiam que eram ouvintes e preferiam dar entrevistas coletivas sem regras prévias, e talvez Eisenhower tenha pensado que deveria seguir o exemplo dos antecessores. Resultado: ele nem sequer ouvia as perguntas dos jornalistas. E Eisenhower nem é um exemplo extremo de não ouvinte.

Alguns anos depois, Lyndon Johnson arruinou sua presidência em grande medida por não saber que era um ouvinte. Seu antecessor, John Kennedy, era um leitor que contava com a assistência de um brilhante grupo de redatores que enviava a ele por escrito o que seria discutido depois, pessoalmente. Johnson manteve esses profissionais em sua equipe – e eles continuaram com o mesmo estilo de trabalho. Ao que parece, ele nunca entendia uma palavra do que os redatores escreviam. Como senador, porém, Johnson foi brilhante, porque parlamentares precisam, acima de tudo, ouvir.

Poucos ouvintes podem se converter ou ser convertidos em leitores competentes, e vice-versa. O ouvinte que tentar ser leitor terá o mesmo destino de Lyndon Johnson, e o leitor que tentar ser ouvinte terá o mesmo destino de Dwight Eisenhower. Não alcançarão bom desempenho nem realização.

Como eu aprendo?

O segundo aspecto que influencia o desempenho profissional é a forma como a pessoa aprende. Muitos redatores excepcionais – Winston Churchill, por exemplo – tiveram baixo desempenho escolar. Para eles, foi uma época de tortura. Seus colegas de turma, no entanto, não guardam a mesma lembrança. Talvez não tenham gostado muito da escola, mas para eles o pior de tudo era o tédio. Acontece que em geral redatores não aprendem ouvindo ou lendo, mas escrevendo. O problema é que as escolas não permitem que eles aprendam dessa forma, por isso suas notas são baixas.

Todas as escolas são estruturadas a partir do pressuposto de que existe apenas uma forma certa de ensino e que ela deve ser a mesma para todos. Mas quem aprende de um jeito diferente vive um verdadeiro suplício ao ser obrigado a se adaptar. E existe uma meia dúzia de modos de aprender.

Assim como Churchill, algumas pessoas aprendem escrevendo. Outras, tomando extensas notas. Beethoven, por exemplo, deixou uma enorme quantidade de cadernos de rascunho, embora tenha afirmado que nunca olhava para eles ao compor. Quando lhe perguntaram por que guardava os cadernos, teria respondido: "Se eu não escrever imediatamente, esqueço tudo. Se escrevo num caderno, não esqueço e nunca mais preciso olhar para ele." Algumas pessoas aprendem fazendo. Outras, ouvindo a si mesmas repetir a informação em voz alta.

Conheço um CEO que aprendia falando; ele transformou uma pequena empresa familiar num negócio líder do ramo. Uma vez por semana, tinha o hábito de reunir toda a equipe de executivos em sua sala para que o ouvissem falar durante duas ou três horas. Levantava questões sobre políticas da empresa e analisava três pontos de vista diferentes. Raras vezes permitia comentários ou perguntas dos colaboradores – só precisava de uma plateia que o ouvisse falar. Era assim que ele aprendia. E, embora seja um caso um tanto radical, aprender falando é um método bastante comum. Advogados bem-sucedidos que atuam em tribunais também aprendem falando, assim como muitos médicos especialistas em diagnósticos (e eu também).

De todos os aspectos importantes do autoconhecimento, entender como se aprende é o mais fácil de descobrir. Quando pergunto "Como você aprende?", a maioria das pessoas sabe a resposta. Mas, se pergunto "Você age de acordo com esse conhecimento?", poucas respondem que sim. No entanto, agir de acordo com esse conhecimento é fundamental para o desempenho. Ou melhor, *não* agir de acordo condena o profissional a um desempenho medíocre.

As primeiras perguntas que você deve se fazer são "Sou leitor ou ouvinte?" e "Como eu aprendo?", mas certamente não são as únicas. Para gerenciar a si mesmo com eficiência você também precisa se perguntar: "Eu trabalho bem em equipe ou prefiro atuar sozinho?" Se trabalha bem com pessoas, pergunte-se: "Em que tipo de relação?"

Algumas pessoas trabalham melhor como subordinadas. O general George Patton, maior herói militar americano da Segunda Guerra, é um ótimo exemplo. Patton era comandante geral das tropas do país. No entanto, quando seu nome foi proposto para um comando independente, o general George Marshall, chefe do Estado-Maior – e provavelmente o mais bem-sucedido recrutador da história dos Estados Unidos –, observou: "Patton é o melhor subordinado que o exército americano já teve, mas seria o pior comandante."

Algumas pessoas funcionam melhor como parte de uma equipe; outras trabalham melhor sozinhas. Algumas são excepcionalmente talentosas como conselheiras e mentoras; outras, simplesmente ineptas nessas funções.

Outra pergunta crucial é: "Produzo resultados como tomador de decisões ou como mentor?" Muitas pessoas atuam melhor como conselheiras, mas não conseguem suportar o fardo e a pressão da tomada de decisões. Por outro lado, várias outras precisam de um mentor que as obrigue a pensar. Só então são capazes de tomar decisões e agir com rapidez, autoconfiança e coragem.

A propósito, é por isso que o segundo executivo mais importante de uma organização frequentemente fracassa quando promovido ao topo. Para estar no posto máximo é preciso ser um tomador de decisões. Geralmente bons tomadores de decisões colocam no segundo lugar da hierarquia alguém de sua confiança como mentor – e nessa posição a pessoa é excelente. Mas, na primeira posição, fracassa. Ela sabe qual deve ser a decisão, mas não assume a responsabilidade de tomá-la.

Outras perguntas importantes a fazer são: "Eu trabalho bem sob pressão ou preciso de um ambiente altamente estruturado e previsível? Trabalho melhor numa grande organização ou numa empresa pequena?" Poucas pessoas são capazes de ter um bom desempenho em qualquer ambiente para o qual sejam designadas. É comum que pessoas vitoriosas em grandes organizações se saiam muito mal ao se mudarem para empresas menores. E vice-versa.

Não custa repetir: não tente mudar quem você é – provavelmente não será bem-sucedido. Mas trabalhe com afinco para aprimorar a forma como desenvolve seu trabalho e procure não assumir uma função que não consiga executar ou que executará de maneira precária.

Quais são meus valores?

Por fim, para gerenciar a si mesmo, você precisa se perguntar: "Quais são meus valores?" Essa não é uma questão sobre ética. Com relação à ética, as regras são as mesmas para todos, e o teste é simples. Eu o chamo de "teste do espelho".

No início do século XX, o diplomata mais respeitado por todas as grandes potências mundiais era o embaixador da Alemanha em Londres. Predestinado a grandes conquistas, ele teria condições para se tornar, no mínimo, ministro do Exterior ou chanceler de seu país. No entanto, em 1906, pediu demissão de uma hora para outra em vez de presidir um jantar oferecido pelo corpo diplomático a Eduardo VII. O rei era um mulherengo notório e deixou claro o tipo de jantar que queria. Comenta-se que o embaixador teria dito: "Eu me recuso a ver um cafetão no espelho ao me barbear pela manhã."

Esse é o teste do espelho. A ética exige que você se pergunte: "Que tipo de pessoa quero ver no espelho pela manhã?" O que é comportamento ético numa organização ou situação também o é em outra. Mas a ética é só parte de um sistema de valores – sobretudo do de uma organização. Trabalhar numa organização cujo sistema de valores é inaceitável ou incompatível com o seu leva a um péssimo desempenho e a frustração.

Veja o caso da bem-sucedida diretora de RH cuja empresa foi comprada por uma organização maior. Depois da aquisição, ela foi promovida para realizar o trabalho que fazia melhor – selecionar pessoas para posições de alto nível. A executiva defendia veementemente que para esses cargos a empresa só deveria contratar pessoas de fora depois de esgotar todas as possibilidades internas. Mas a filosofia da nova empresa era primeiro procurar "sangue novo" no mercado. Aqui preciso fazer uma observação sobre as duas abordagens: na minha experiência, o mais correto é adotar um sistema misto. No entanto, elas são fundamentalmente incompatíveis – não como políticas, mas como valores. Revelam visões opostas sobre a relação entre organizações e pessoas, sobre a responsabilidade da organização com as pessoas e sobre o desenvolvimento delas e a contribuição mais importante do profissional para a companhia. Apesar de ter um salário bastante elevado, depois de vários anos de frustração a executiva pediu demissão. Seus valores não eram compatíveis com os da organização.

De forma semelhante, se uma empresa farmacêutica tenta obter resultados com diversas pequenas melhorias ou promovendo avanços ocasionais altamente dispendiosos e arriscados, não se trata apenas de uma questão econômica. Os resultados de cada estratégia podem ser praticamente os mesmos. No fundo, existe um conflito entre dois sistemas de valores: em um, a empresa quer ajudar os médicos a realizarem melhor o que já fazem bem, e em outro, o sistema de valores é orientado para as descobertas científicas.

Decidir se uma empresa deve operar visando resultados de curto ou de longo prazo também é uma questão de valores. Analistas financeiros acreditam que é possível focar ambos simultaneamente. Executivos bem-sucedidos sabem disso melhor que ninguém. É evidente que toda empresa deve produzir resultados de curto prazo. Mas, em caso de conflito entre resultados de curto prazo e crescimento de longo prazo, a empresa precisa determinar suas prioridades. Não se trata de uma divergência sobre economia, mas de um conflito de valores relacionado à função de um negócio e à responsabilidade de seus líderes.

Conflitos de valores não se restringem às organizações. Uma das igrejas de crescimento mais acelerado nos Estados Unidos mede seu sucesso pelo número de novos paroquianos. Sua liderança acredita que o importante é a forma como muitos recém-chegados são integrados à comunidade. O bom

Deus atenderá a suas necessidades espirituais ou, pelo menos, às necessidades de grande parte deles. Já outra acredita que o importante é o crescimento espiritual do fiel. Ela acolhe os recém-chegados, mas não interfere em sua vida espiritual.

Novamente, não se trata de uma questão de números. À primeira vista, parece que a segunda igreja cresce mais devagar. No entanto, ela retém um percentual muito maior de adeptos que a primeira. Seu crescimento, em outras palavras, é mais sólido. Também não se trata de um problema teológico – ou, caso se trate, esse aspecto é secundário. Na verdade, esse é um problema de valores. Num debate público, um líder da igreja argumentava: "Se você não vier primeiro à igreja, nunca encontrará o caminho para o reino dos céus." "Não", retrucou o da outra. "Se você não procurar primeiro o caminho para o reino de céus, não fará parte da igreja."

Assim como as pessoas, as organizações têm valores. Para que um indivíduo seja produtivo numa empresa, os valores da organização precisam ser compatíveis com os dele. Não precisam ser idênticos, mas devem ser próximos o bastante para a coexistência ser possível. Do contrário, o profissional não só se sentirá frustrado como também não produzirá resultados.

As potencialidades e a forma de agir de uma pessoa raramente entram em conflito – são complementares. Mas, às vezes, existe um conflito entre seus valores e suas potencialidades. O que alguém faz bem – ou até muito bem e com êxito – pode não estar em harmonia com seu sistema de valores. Nesse caso, talvez pareça que não vale a pena devotar a vida (ou boa parte dela) ao trabalho.

Permita-me fazer um comentário pessoal. Há vários anos, eu também precisei decidir entre meus valores e o que fazia com excelência. Estava me saindo muito bem como um jovem corretor de ações em Londres em meados da década de 1930 e o trabalho se ajustava perfeitamente às minhas potencialidades. No entanto, eu me sentia insatisfeito com minha contribuição como gestor de ativos. Percebi que o que eu valorizava eram as pessoas e que não via sentido em ser o sujeito mais rico do cemitério. Eu não tinha dinheiro nem outra perspectiva de trabalho e, apesar da crise econômica, pedi demissão – e fiz a coisa certa. Em outras palavras, os valores são e devem ser o teste final.

Que carreira devo seguir?

Poucas pessoas sabem desde cedo a resposta para essa pergunta. Matemáticos, músicos e cozinheiros, por exemplo, normalmente são matemáticos, músicos e cozinheiros aos 4 ou 5 anos. Em geral, os médicos decidem seguir essa carreira por volta da adolescência, ou pouco antes. Mas a maioria das pessoas, sobretudo as altamente dotadas, não tem ideia do que fazer profissionalmente até bem depois dos 25 anos. Nessa idade, no entanto, elas já devem estar em condições de responder a três perguntas: "Quais são meus pontos fortes?", "Como desenvolvo meu trabalho?" e "Quais são meus valores?". Só então devem escolher a carreira a seguir.

Ou melhor, elas deveriam ser capazes de decidir que caminho *não* seguir. Quem sabe que não funciona bem numa grande organização não deve aceitar um emprego numa delas. Quem sabe que não é bom em tomar decisões não deve assumir uma posição que lhe exigirá isso. O general Patton provavelmente nunca soube que foi considerado para chefiar um comando independente, mas, se tivesse recebido o convite, deveria ter dito não.

Saber responder a essas perguntas permite que a pessoa receba uma oportunidade, proposta ou nomeação e diga: "Sim, aceito. Mas vou fazer desse jeito. É assim que deve ser estruturado. Assim devem ser os relacionamentos. Esses são os resultados que você deve esperar de mim e dentro desse prazo, porque é assim que eu sou."

Carreiras bem-sucedidas não são planejadas. Elas se desenvolvem quando o profissional está preparado para as oportunidades, pois ele tem consciência de seus pontos fortes, métodos de trabalho e valores. Saber seu lugar pode transformar uma pessoa comum – esforçada e competente, mas mediana – num profissional de altíssimo nível.

Qual deve ser minha contribuição?

Ao longo da história, poucos indivíduos precisaram se perguntar: "Qual deve ser minha contribuição?" Eles sempre ouviram o que precisavam fazer e suas tarefas eram ditadas pelo próprio trabalho (como no caso do camponês e do artesão) ou por um patrão (como no caso de empregados domésticos). E até pouco tempo era normal aceitar que a maioria dos funcionários era de subordinados que deviam obedecer a seus superiores. Até as décadas de 1950 e 1960, os novos profissionais do conhecimento se apoiavam no RH da empresa para planejarem a carreira.

Ao fim da década de 1960, porém, ninguém mais queria que lhe dissessem o que fazer. Os jovens começaram a se perguntar: "O que *eu* quero fazer?" Como resposta, ouviam que deviam contribuir fazendo "aquilo que tivessem vontade". Essa solução, porém, estava tão equivocada quanto a da geração anterior. Quase ninguém que acreditava que fazer o que quisesse traria contribuição, autorrealização e sucesso experimentou qualquer uma dessas sensações.

Mas não se pode voltar ao passado e fazer apenas o que foi dito ou designado. Os profissionais do conhecimento, em especial, precisam aprender a fazer uma pergunta que ainda não foi feita: "Qual deve ser minha contribuição?" Para responder a ela, precisam considerar três aspectos: "O que a situação exige?"; "Dadas as minhas potencialidades, meu jeito de atuar e meus valores, como contribuir da melhor forma possível?"; e "Que resultados precisam ser atingidos para fazer a diferença?".

Pense na experiência de um administrador hospitalar que acabou de ser contratado. O hospital é grande e prestigiado, mas se vale apenas dessa reputação há mais de 30 anos. O novo administrador decidiu que sua contribuição seria estabelecer em dois anos um padrão de excelência numa área importante do hospital. Resolveu focar o pronto-socorro, que era maior, mais visível e se encontrava em estado deplorável. Então determinou que cada paciente que chegasse ao pronto-socorro teria que ser avaliado por alguém qualificado do setor de enfermagem em 60 segundos. Em 12 meses, o atendimento de emergência do hospital tornou-se um modelo para todos os hospitais dos Estados Unidos, e dois anos depois a instituição tinha sofrido uma transformação total.

Como sugere o exemplo, quase nunca é possível – que dirá proveitoso – vislumbrar um horizonte muito distante. Em geral, um plano não deve se estender por mais de 18 meses e precisa ser claro e específico. Então, em muitos casos a pergunta a ser respondida deve ser: "Onde e como posso obter resultados que farão a diferença nos próximos 18 meses?" A resposta deve ponderar vários aspectos. Primeiro, não devem ser fáceis de atingir – precisam exigir "flexibilidade". Mas também devem ser possíveis. Mirar resultados inatingíveis ou quase impossíveis não é ser ambicioso: é ser tolo. Segundo, os resultados devem ser significativos, fazer a diferença. Por fim, devem ser visíveis e, se possível, mensuráveis. Com base em tudo isso, surgirá a linha de ação: o que fazer, onde e como começar e que metas e prazos fixar.

Responsabilidade pelos relacionamentos

Poucas pessoas trabalham sozinhas e atingem resultados sozinhas – somente alguns grandes artistas, cientistas e atletas. A maioria trabalha em equipe e é eficiente coletivamente. Isso vale tanto para funcionários de uma organização quanto para autônomos. Gerenciar a si mesmo exige assumir responsabilidade pelos relacionamentos, o que implica duas coisas.

A primeira é aceitar que outras pessoas são tão únicas quanto você e vão se comportar como seres humanos. Isso significa que elas também têm seus pontos fortes, um jeito próprio de fazer as coisas e valores específicos. Portanto, para ser eficiente você precisa conhecer essas características de seus colegas de trabalho.

Parece óbvio, mas poucos dão a devida importância a isso. O normal é a pessoa ser treinada para redigir relatórios no primeiro emprego porque o chefe era leitor. E ela continua a redigi-los mesmo que o chefe seguinte seja ouvinte e os relatórios não sirvam para nada. Em geral, o chefe pensa que o funcionário é estúpido, incompetente e preguiçoso, destinado ao fracasso. Mas isso pode ser evitado se o funcionário observar o novo chefe para descobrir como ele trabalha.

Chefes não são títulos no organograma nem "funções". São pessoas designadas para o cargo graças ao bom desempenho. É obrigação de quem trabalha com eles observá-los para descobrir como agem e adaptar-se ao que os torna mais eficientes. Esse é, na verdade, o segredo de "gerenciar" o chefe.

O mesmo raciocínio vale para todos os colegas. Cada um trabalha de um jeito, e de um jeito que não é o seu. E todos deveriam ter o direito de trabalhar como quiserem, pois o que importa são o desempenho e os valores. O primeiro segredo da eficiência é entender as pessoas com quem você trabalha e de quem depende, para perceber como pode aproveitar seus pontos fortes, estilos e valores. Os relacionamentos profissionais baseiam-se tanto nas pessoas quanto no trabalho em si.

A segunda parte da responsabilidade pelo relacionamento é assumir a responsabilidade da comunicação. Sempre que começo a trabalhar como consultor em uma organização, as primeiras queixas que ouço se referem a conflitos de personalidade. A maioria decorre do fato de que as pessoas não sabem o que os colegas estão fazendo e como trabalham, ou que contribuição estão se concentrando em oferecer e quais os resultados esperados. Se as pessoas não sabem é porque não perguntaram e ninguém as informou.

Essa falha de comunicação reflete mais a história da humanidade que a estupidez do ser humano. Até pouco tempo não era preciso dizer isso às pessoas. Na época medieval, a população inteira de uma aldeia tinha o mesmo tipo de atividade. Na zona rural, todos os habitantes de um mesmo vale cultivavam o mesmo produto. As poucas pessoas que se dedicavam a atividades menos "comuns" trabalhavam sozinhas, por isso não precisavam contar a ninguém o que estavam fazendo.

Atualmente a grande maioria trabalha com outras pessoas, que realizam diferentes tarefas e têm diferentes responsabilidades. A vice-presidente de marketing pode ter vindo do setor de vendas e entender tudo sobre o assunto, mas nada sobre funções que nunca exerceu – fixação de preços, propaganda, embalagem, etc. Por isso os encarregados dessas atividades precisam garantir que a vice-presidente de marketing entenda o que elas estão fazendo, por que estão fazendo, como vão continuar fazendo e quais os resultados esperados.

Se a vice-presidente de marketing não entende o que esses especialistas de alto nível de conhecimento fazem, a culpa é deles, não dela. Eles não a instruíram. Por outro lado, é responsabilidade dela garantir que todos os seus colaboradores entendam sua visão de marketing: quais são suas metas, como ela trabalha e o que espera de si mesma e de cada um deles.

Muitas vezes, mesmo aqueles que entendem a importância de assumir responsabilidades pelos relacionamentos não se comunicam de forma eficiente com os colegas. Temem ser tachados de arrogantes, enxeridos ou estúpidos. Mas estão errados. Sempre que alguém chega até um dos colegas e diz "É nisso que eu sou bom. É assim que eu trabalho. Esses são meus valores. Essa é a contribuição em que planejo me concentrar e esses são os resultados que esperam que eu produza", a resposta é "Isso é muito importante, mas por que não me contou antes?".

Pela minha experiência, se você insiste em fazer perguntas como "E o que preciso saber sobre suas maiores qualidades, seu estilo de trabalho, seus valores e sua contribuição?", a reação é sempre a mesma. A verdade, porém, é que profissionais do conhecimento deveriam exigir essas respostas de todos os colegas de trabalho – quer sejam subordinados, superiores, pares ou membros da equipe.

As organizações não são mais construídas sobre força, mas sobre confiança. O fato de haver confiança entre as pessoas não significa necessariamente que elas gostam umas das outras, apenas que se entendem. Assumir responsabilidades pelos relacionamentos, portanto, é imprescindível. É um dever. Se um profissional participa de uma organização como consultor, fornecedor ou distribuidor, ele tem a mesma responsabilidade para com todos os colaboradores da empresa – com aqueles de quem seu trabalho depende e com aqueles que dependem de seu trabalho.

A segunda metade da sua vida profissional

Na época em que trabalho significava tarefas braçais para a maioria das pessoas, não era preciso se preocupar com a segunda metade da vida profissional. Continuava-se a fazer o que sempre tinha sido feito. Aqueles com sorte suficiente para sobreviver a 40 anos de trabalho duro num moinho ou numa estrada de ferro ficariam muito felizes de poder passar o resto da vida sem fazer nada. Atualmente, no entanto, a maior parte das atividades laborais é trabalho de conhecimento, e os profissionais do conhecimento não estão "acabados" após 40 anos de atividade – apenas entediados.

É comum ouvir falar da crise de meio de carreira do executivo. Trata-se sobretudo de tédio. Aos 45 anos, a maioria deles atinge o pico da carreira e sabe disso. Após 20 anos fazendo praticamente as mesmas coisas, desenvolveram suas potencialidades a tal ponto que são ótimos no que fazem, porém não estão mais aprendendo, contribuindo, aceitando desafios ou obtendo satisfação no trabalho. No entanto, é provável que ainda tenham 20 anos – talvez 25 – de atividades pela frente. É por isso que, cada vez mais, gerenciar a si mesmo tem levado os profissionais a começarem uma segunda carreira.

Há três formas de desenvolver uma segunda carreira: a primeira é agir e começar. Em geral, isso consiste em sair de um tipo de organização e ir para outro: um chefe de divisão de uma corporação, por exemplo, torna-se chefe de um hospital de médio porte. Há também um número cada vez maior de profissionais que muda totalmente de linha de trabalho: o executivo ou o servidor público que entra para o clero aos 45 anos, por exemplo. Ou o gerente de nível intermediário que abandona a vida corporativa depois de 20 anos para cursar uma faculdade de direito e tornar-se advogado em uma cidade do interior.

Hoje é comum encontrar pessoas buscando novos ares após atingirem um nível moderado de sucesso na primeira carreira. Elas costumam ter habilidades notáveis e sabem trabalhar. Precisam não só participar de uma comunidade – a casa está vazia porque os filhos já se emanciparam – como também ter uma fonte de renda. Acima de tudo, precisam de desafios.

A segunda forma de se preparar para a outra metade da vida profissional é desenvolver uma carreira paralela. Muitas pessoas bem-sucedidas na primeira carreira permanecem na atividade em tempo integral, parcial ou oferecendo consultoria, mas arranjam trabalhos paralelos, por vezes numa organização sem fins lucrativos, aos quais dedicam cerca de 10 horas semanais. Podem assumir a secretaria da igreja que frequentam, por exemplo, ou presidir o conselho local dos escoteiros. Podem administrar abrigos para mulheres que sofreram maus-tratos, trabalhar na ala infantil da biblioteca pública local, participar do conselho escolar, etc.

Por fim, há os empreendedores sociais. Em geral, são pessoas que tiveram uma primeira carreira muito bem-sucedida. Elas adoram seu trabalho, mas não se sentem mais desafiadas. Em muitos casos, continuam fazendo o que sempre fizeram, mas passam cada vez menos tempo nessa atividade. Também começam uma nova carreira, quase sempre numa organização sem fins lucrativos. Meu amigo Bob Buford, por exemplo, fundou uma empresa de televisão de sucesso, onde ainda atua. Além disso, fundou uma organização sem fins lucrativos que trabalha com igrejas protestantes e está formando outra ONG para ensinar empreendedores sociais a gerir iniciativas sem fins lucrativos sem deixar a administração de seus negócios.

Pessoas que gerenciam a segunda metade da carreira ainda são minoria. A maioria costuma "aposentar-se no emprego" e contar os anos até a aposentadoria de fato. Mas é essa minoria, homens e mulheres que entendem uma longa expectativa de vida profissional como uma oportunidade para si e para a sociedade, que se tornará líder e modelo.

Existe um pré-requisito para quem deseja gerenciar a segunda metade da carreira: você precisa começar muito antes. Quando se percebeu, 30 anos atrás, que a expectativa de vida profissional estava aumentando rapidamente, muitos observadores (entre os quais me incluo) acreditavam que os aposentados se tornariam, cada vez mais, voluntários em instituições sem fins lucrativos. Isso não aconteceu. Se o indivíduo não começar no voluntariado por volta dos 40 anos, não será depois dos 60 que começará.

Da mesma forma, todos os empreendedores sociais que conheço começaram a trabalhar na segunda atividade muito antes de terem atingido o ápice no negócio original. Veja o caso de um advogado bem-sucedido, assessor jurídico de uma grande corporação, que criou um negócio para instalar escolas-modelo em seu estado. Ele começou a trabalhar como voluntário em assuntos legais para as escolas com cerca de 35 anos. Foi eleito para o conselho escolar aos 40 anos e, aos 50, já milionário, fundou a própria empresa para instalar e administrar escolas-modelo. No entanto, ainda trabalha praticamente em tempo integral como principal assessor na empresa que ajudou a fundar quando era um jovem advogado.

Há ainda outra razão para que um profissional deva começar cedo a desenvolver um interesse por outra área. É muito improvável que alguém passe décadas no mesmo ramo e não sofra um grande revés na profissão ou na vida pessoal. É o caso de um competente engenheiro cuja promoção foi negada aos 45 anos. Ou da conceituada professora universitária que percebeu, aos 42, que nunca integraria o corpo docente de uma grande universidade, apesar de altamente qualificada. Tragédias familiares ocorrem, como um casamento desfeito ou a perda de um filho. Nesses momentos, um segundo grande interesse – não apenas um hobby – pode fazer toda a diferença. O engenheiro, por exemplo, agora sabe que, se não foi muito bem-sucedido em seu emprego, em sua segunda atividade – como tesoureiro da igreja, por exemplo – é competente. A família pode se dissolver, mas na atividade extra que a pessoa escolher ainda existe o sentimento de pertencer a uma comunidade.

Numa sociedade em que o sucesso se tornou tão importante, ter opções é cada vez mais fundamental. Historicamente, não havia o conceito de "sucesso". A esmagadora maioria das pessoas não esperava nada além de permanecer em "seu lugar". A única mobilidade possível era para baixo.

Numa sociedade do conhecimento, porém, esperamos que todos sejam bem-sucedidos, mas isso é impossível. Para a grande maioria, o que existe, no melhor dos casos, é a ausência de fracasso. Para haver sucesso é preciso haver fracasso. É importante ter uma área na qual seja possível contribuir, ajudar a fazer a diferença e ser *alguém*. Isso significa encontrar uma segunda área de atuação – seja numa carreira nova, numa atividade paralela ou em um projeto social – que ofereça a oportunidade de ser líder, ser respeitado ou alcançar o sucesso.

Os desafios de gerenciar a si mesmo podem parecer óbvios, até elementares, e as respostas talvez pareçam autoexplicativas a ponto de soarem ingênuas. Mas gerenciar a si mesmo exige que a pessoa faça coisas novas e sem precedentes. Sobretudo no caso de profissionais do conhecimento, gerenciar a si mesmo requer que você pense e se comporte como um CEO. Além do mais, a mudança de trabalhadores braçais, que apenas cumprem ordens, para profissionais do conhecimento, que precisam administrar a própria carreira, abala profundamente a estrutura social. Todas as sociedades, até as mais individualistas, admitem duas coisas como certas, mesmo que apenas de forma inconsciente: as organizações sobrevivem aos funcionários e a maioria das pessoas permanece onde está.

Atualmente, porém, está ocorrendo o contrário. Os profissionais do conhecimento sobrevivem às organizações e têm mobilidade. A necessidade de gerenciar a própria carreira está provocando uma revolução nos relacionamentos.

Publicado originalmente em janeiro de 1999.

4

O que define um líder?

Daniel Goleman

TODO PROFISSIONAL DO MUNDO CORPORATIVO conhece um caso de um funcionário extremamente qualificado e inteligente que foi alçado a uma posição de liderança e acabou fracassando. Também conhece histórias de pessoas com sólidas (porém não extraordinárias) capacidades intelectuais e habilidades técnicas que foram promovidas a uma posição de liderança e construíram uma carreira brilhante.

Esses exemplos corroboram a conhecida crença de que identificar líderes em potencial é mais uma arte do que uma ciência. Afinal, o estilo pessoal de líderes de excelência varia muito: alguns são contidos e analíticos, enquanto outros proclamam suas ideias aos quatro ventos. Porém o mais importante é que situações diferentes exigem tipos diferentes de liderança. Para realizar fusões, muitas vezes é preciso que um negociador sensível esteja no comando, ao passo que uma empresa passando por muitas mudanças radicais precisa de uma autoridade mais enérgica.

Em minha experiência, porém, notei que os líderes mais eficazes geralmente têm um ponto crucial em comum: todos mostram elevado grau do que se tornou conhecido como *inteligência emocional*. Não é que o QI e a competência técnica não sejam relevantes; eles são, mas como "qualidades iniciais", ou seja, pré-requisitos no início da carreira do executivo. Minha pesquisa, juntamente com outros estudos, prova que a inteligência emocional, por sua vez, é uma condição *sine qua non* de liderança. Sem ela, a pessoa pode ter a melhor formação do mundo, uma mente analítica e incisiva e um arcabouço infinito de ideias brilhantes, mas ainda assim não se tornará um grande líder.

Ao longo do ano passado, meus colegas e eu estudamos o peso que a inteligência emocional pode ter no trabalho. Examinamos as relações entre inteligência emocional e desempenho, sobretudo de líderes, e observamos como a inteligência emocional é mostrada no dia a dia. Como você pode afirmar, por exemplo, que alguém tem inteligência emocional? Como reconhecê-la em si mesmo? Nas próximas páginas, exploraremos essas questões abordando isoladamente cada componente da inteligência emocional: autoconhecimento, autocontrole, motivação, empatia e destreza social.

Avaliando a inteligência emocional

Atualmente, muitas grandes empresas contratam psicólogos capazes de desenvolver o que é conhecido como modelos de gestão por competências para ajudá-las a identificar, treinar e promover prováveis líderes em potencial. Nos últimos anos, analisei modelos de competência de 188 empresas, a maioria grandes multinacionais como a Lucent Technologies, a British Airways e o Credit Suisse.

Meu objetivo foi determinar quais competências individuais são responsáveis pelo excelente desempenho do profissional dentro dessas organizações e em que medida. Agrupei as capacidades em três categorias: habilidades estritamente técnicas (como contabilidade e planejamento de negócios), habilidades cognitivas (como raciocínio analítico) e competências que revelam inteligência emocional (como capacidade de trabalhar em equipe e eficácia em liderar mudanças).

Para criar alguns modelos de gestão por competências, psicólogos pediram aos altos executivos que identificassem as capacidades típicas dos líderes mais proeminentes da organização. Para criar outros modelos, usaram

Em resumo

O que distingue o grande líder de um líder apenas bom? Segundo Daniel Goleman, não é seu QI nem são suas habilidades técnicas, mas sua **inteligência emocional**: o conjunto de cinco habilidades que permite aos melhores líderes maximizar o próprio desempenho e o de seus subordinados. Ele observou que, quando os altos executivos de uma empresa contavam com as habilidades de IE corretas, sua unidade superava a meta de receita anual em 20%.

As habilidades da IE são:

- *Autoconhecimento* – conhecer seus pontos fortes e fracos, suas motivações e valores e o impacto que esses fatores causa nos outros.
- *Autocontrole* – controlar ou redirecionar impulsos e estados de ânimo problemáticos.
- *Motivação* – ter prazer na conquista profissional em si, sem segundas intenções.
- *Empatia* – entender a estrutura emocional de outras pessoas.
- *Destreza social* – construir relações com as pessoas para conduzi-las na direção desejada.

Cada um de nós nasce com certos níveis de habilidades de inteligência emocional, mas podemos fortalecê-las com persistência, treinamento e o feedback de colegas e coaches.

critérios objetivos – como lucratividade da divisão – a fim de diferenciar os líderes mais notáveis dos medianos. Os que se encaixavam no primeiro grupo foram, então, exaustivamente entrevistados e testados e tiveram as capacidades comparadas. Desse processo nasceram listas de atributos de líderes altamente eficientes, que continham de 7 a 15 itens, como iniciativa e visão estratégica.

Quando analisei os dados, cheguei a resultados surpreendentes. Não havia dúvida de que o intelecto era o motor do desempenho de alto nível. Habilidades cognitivas, como percepção do quadro geral e visão de longo

Na prática

Entendendo os componentes da inteligência emocional

Componente da inteligência emocional	Definição	Características	Exemplos
Autoconhecimento	Conhecer seus sentimentos, seus pontos fortes e fracos, suas motivações e os objetivos – e o impacto que tudo isso provoca nos outros.	• Autoconfiança • Capacidade de fazer uma autoavaliação realista • Senso de humor autodepreciativo • Sede de crítica construtiva	Um gestor sabe que não lida bem com prazos apertados, por isso administra o tempo para concluir a tarefa com antecedência.
Autocontrole	Controlar ou redirecionar impulsos e estados de espírito nocivos.	• Confiabilidade • Integridade • Tranquilidade diante da ambiguidade e das mudanças	Quando uma equipe faz uma apresentação desastrosa, seu líder resiste à vontade de esbravejar. Em vez disso, reflete sobre as possíveis razões do mau desempenho, explica para a equipe as consequências do fracasso e explora soluções em conjunto.
Motivação	Ser motivado por conquistas.	• Paixão pelo trabalho e por novos desafios • Disposição incansável para melhorar • Otimismo diante do fracasso	Um gestor de portfólio de uma grande empresa de investimentos vê seus fundos despencarem durante três trimestres seguidos. Grandes clientes abandonam o barco. Em vez de culpar circunstâncias externas, ele decide aprender com a experiência e planeja uma reviravolta.

Componente da inteligência emocional	Definição	Características	Exemplos
Empatia	Levar em conta os sentimentos dos outros, sobretudo ao tomar decisões.	• Expertise em atrair e reter talentos • Capacidade de desenvolver profissionais • Sensibilidade para diferenças culturais	Uma consultora americana e sua equipe lançaram um projeto para um cliente em potencial no Japão. A equipe interpreta o silêncio do cliente como desaprovação e prepara-se para sair da sala. A consultora faz uma leitura da linguagem corporal do cliente e percebe o interesse. Continua a reunião e sua equipe consegue o contrato.
Destreza social	Administrar relacionamentos para conduzir as pessoas na direção desejada.	• Eficácia em conduzir mudanças • Poder de persuasão • Extensa rede de contatos • Expertise em formar e liderar equipes	Um gestor deseja que sua empresa adote uma estratégia mais eficaz para a internet. Encontra pessoas que pensam como ele e forma uma equipe para criar o protótipo de um site. Convence seus aliados em outras unidades a financiar a participação da empresa numa convenção importante. Como resultado, a empresa cria uma divisão de internet e o coloca no comando.

Fortalecendo a inteligência emocional

Use a experiência e o feedback dos outros para fortalecer habilidades específicas de inteligência emocional.

Exemplo: Por meio do feedback de outros profissionais, uma executiva descobriu que lhe faltava empatia, sobretudo a capacidade de ouvir. Para resolver o problema, pediu a um coach que a avisasse quando demonstrasse incapacidade de ouvir. Em seguida, encenou incidentes para treinar formas de dar respostas mais eficientes – por exemplo, não interrompendo a pessoa que está falando. Além disso, começou a observar executivos considerados excelentes ouvintes e passou a imitar os comportamentos deles.

prazo, se mostraram fundamentais. Mas quando calculei em que proporção as habilidades técnicas, o QI e a inteligência emocional respondiam pelo alto desempenho, a inteligência emocional provou ser duas vezes mais importante que os outros em todos os níveis hierárquicos.

Minha análise também mostrou que a inteligência emocional desempenha um papel preponderante nos cargos de nível mais alto, em que a importância das habilidades técnicas é mínima. Em outras palavras, quanto mais elevada a posição do profissional no ranking de desempenho, mais evidentes eram seus atributos de inteligência emocional que explicavam essa eficiência. Quando comparei profissionais brilhantes com medianos em cargos de alta liderança, praticamente 90% da diferença nos perfis foram atribuídos a fatores da inteligência emocional, não a habilidades técnicas.

Outros pesquisadores confirmaram que a inteligência emocional não só distingue líderes notáveis como pode ser associada a um bom desempenho.

Cinco componentes da inteligência emocional no trabalho

	Definição	Características
Autoconhecimento	• Capacidade de reconhecer e entender seu estado de espírito, suas emoções e iniciativas – e os efeitos nos outros	• Autoconfiança • Autoconhecimento realista • Senso de humor autodepreciativo
Autocontrole	• Capacidade de controlar ou redirecionar impulsos nocivos e seu estado de espírito • Propensão a evitar julgamentos precipitados, pensando antes de agir	• Confiabilidade e integridade • Tranquilidade diante da ambiguidade • Abertura para mudanças
Motivação	• Paixão pelo trabalho motivada por algo que transcende salário e status • Disposição para perseguir metas com energia e empenho	• Ímpeto para a realização • Otimismo diante do fracasso • Comprometimento organizacional
Empatia	• Capacidade de entender a estrutura emocional das outras pessoas • Habilidade de tratar os outros de acordo com suas reações emocionais	• Expertise em formar e reter talentos • Sensibilidade para diferenças culturais • Dedicação aos clientes
Destreza social	• Habilidade de administrar relações e construir redes de relacionamento • Capacidade de encontrar um denominador comum e estabelecer uma relação de confiança	• Eficácia em liderar mudanças • Poder de persuasão • Expertise em formar e liderar equipes

As descobertas do falecido David McClelland, renomado analista do comportamento humano e organizacional, são um bom exemplo. Num estudo realizado em 1996 com uma empresa global do setor de alimentos e bebidas, McClelland descobriu que, quando altos executivos apresentavam uma massa crítica de capacitação em inteligência emocional, suas unidades batiam a meta de ganhos anuais em 20%. O curioso é que as descobertas de McClelland valiam para unidades da empresa localizadas nos Estados Unidos, na Ásia e na Europa.

Resumindo, os números estão começando a contar uma história persuasiva que prova a relação entre o sucesso de uma companhia e a inteligência emocional de seus líderes. Outro resultado até mais importante é que, ao adotar a abordagem correta, as pessoas são capazes de desenvolver a inteligência emocional (veja o quadro É possível aprender a ter inteligência emocional?, na página seguinte).

Autoconhecimento

O autoconhecimento é o primeiro componente da inteligência emocional – o que faz sentido, se considerarmos que milênios atrás o oráculo de Delfos já sugeria: "Conhece-te a ti mesmo." Ter autoconhecimento significa demonstrar uma profunda compreensão de suas emoções, seus pontos fortes e fracos, suas necessidades e motivações. Pessoas com elevado nível de autoconhecimento não são nem críticas nem otimistas em excesso, mas honestas consigo mesmas e com os outros.

Pessoas com grau elevado de autoconhecimento sabem como seus sentimentos afetam a si mesmas, os outros e seu desempenho profissional. Sabem que, quando prazos apertados pioram sua performance, precisam organizar seu tempo cuidadosamente e concluir as tarefas bem antes do fim do prazo. Pessoas com grau elevado de autoconhecimento são capazes de trabalhar com clientes exigentes. Entendem o impacto do cliente em seu humor e as razões de sua frustração. Talvez expliquem: "As demandas do dia a dia nos impedem de realizar o trabalho que precisa ser feito." E são capazes de canalizar a raiva para transformá-la em algo construtivo.

Autoconhecimento implica conhecer seus valores e metas. Quem tem grau elevado de autoconhecimento sabe aonde vai e por quê. Por isso, é firme

É possível aprender a ter inteligência emocional?

Durante muitos anos, especialistas discutiram se líderes nascem líderes ou são treinados para isso. O mesmo ocorre com a inteligência emocional. As pessoas nascem com certos níveis de empatia ou ela se desenvolve a partir das experiências de vida? A resposta é: as duas coisas. Pesquisas científicas sugerem que há um componente genético na inteligência emocional. Estudos desenvolvimentistas e psicológicos indicam que a criação também tem papel importante. Talvez não seja possível quantificar a contribuição de cada componente, mas a pesquisa e a prática provam que a inteligência emocional pode ser aprendida.

Uma coisa é certa: a inteligência emocional aumenta com a idade. Existe uma palavra fora de moda para o fenômeno – maturidade. Mesmo maduras, porém, algumas pessoas ainda precisam treinar para desenvolver a inteligência emocional. Infelizmente, muitos programas que supostamente ensinam habilidades de liderança – como inteligência emocional – são um desperdício de tempo e dinheiro. O problema é simples: eles focam a parte errada do cérebro.

A inteligência emocional origina-se, acima de tudo, nos neurotransmissores do sistema límbico do cérebro, que comanda sentimentos, impulsos e potencialidades. Pesquisas mostram que o sistema límbico aprende melhor quando está motivado, passa por treinamento intensivo e recebe feedback. Esse tipo de aprendizagem se assemelha ao que ocorre no neocórtex, parte do cérebro que comanda as habilidades analíticas e técnicas. O neocórtex domina os conceitos e a lógica. É a parte do cérebro que aprende a usar o computador ou a praticar marketing agressivo lendo um livro. Não surpreende – mas deveria – que seja também a parte do cérebro visada pela maioria dos programas de treinamento que objetivam aprimorar a inteligência emocional. Minha pesquisa em parceria com o Consórcio para Pesquisa em Inteligência Emocional em Organizações mostrou que, quando esses programas procuram atuar no neocórtex, podem até impactar negativamente o desempenho do profissional.

Para aprimorar a inteligência emocional, as organizações precisam redirecionar o foco do treinamento para o sistema límbico. Precisam ajudar seus profissionais a abandonar antigos hábitos comportamentais e criar novos. Isso não só exige muito mais tempo que os programas de treinamento convencionais, mas também uma abordagem individualizada.

Imagine uma executiva que, segundo os colegas, tem pouca empatia. Parte desse déficit é atribuída à sua incapacidade de ouvir; ela interrompe as pessoas e não presta muita atenção ao que dizem. Para resolver o problema, a executiva precisa ser motivada a mudar e depois precisa praticar dar e receber feedback. Um colega ou o coach pode se encarregar de alertá-la sempre que ela não ouvir as pessoas. Quando isso acontecer, ela terá que repetir o incidente e dar uma resposta mais adequada, isto é, demonstrar capacidade de assimilar o que ouve. Além disso, pode ser orientada a observar executivos considerados bons ouvintes e imitar seu comportamento.

Com persistência e prática, esse processo pode gerar resultados permanentes. Conheço um executivo de Wall Street que procurou melhorar sua empatia – mais especificamente, a capacidade de interpretar as reações das pessoas e compreender o ponto de vista delas. Antes do início da pesquisa, seus subordinados tinham pavor dele. Chegavam a omitir más notícias. A dura realidade o surpreendeu. Quando chegou em casa e contou a situação à família, apenas recebeu a confirmação do que tinha ouvido no trabalho: quando havia divergência de opinião em casa, seus entes queridos também tinham medo de suas reações.

Com a ajuda de um coach e por meio de feedback e de uma mudança de atitude, o executivo começou a trabalhar para melhorar sua empatia. O primeiro passo foi tirar férias num país cujo idioma não entendesse. Durante a viagem, ele monitorou suas reações diante do desconhecido e sua abertura a pessoas diferentes. Quando voltou para casa, sentindo-se pequeno após a semana de férias, o executivo pediu ao coach que o seguisse como uma sombra durante partes do dia, várias vezes por semana, para observar e analisar seu modo de tratar pessoas com perspectivas novas ou diferentes. Ao mesmo tempo, utilizou conscientemente suas interações profissionais como oportunidades para aprender a "ouvir" ideias diferentes. No fim, pediu que sua participação em reuniões fosse gravada e solicitou que seus subordinados e colegas fizessem comentários críticos sobre sua capacidade de reconhecer e entender os sentimentos alheios. Após vários meses, a inteligência emocional do executivo finalmente evoluiu, e esse aperfeiçoamento se refletiu em seu desempenho profissional como um todo.

Vale salientar que a formação da inteligência emocional não ocorre nem pode ocorrer sem o consentimento e o esforço do interessado. Um seminário rápido não resolve o problema, tampouco a leitura de um manual. É muito mais difícil aprender a sentir empatia – ou seja, internalizá-la como uma resposta natural – do que, por exemplo, praticar análise de regressão. Mas é possível. "Nada importante jamais foi alcançado sem dedicação", escreveu Ralph Waldo Emerson. Se sua meta é se tornar um verdadeiro líder, esses conselhos podem servir como uma referência durante seus esforços para desenvolver uma inteligência emocional elevada.

ao recusar uma oferta de trabalho financeiramente tentadora mas que não está de acordo com seus princípios ou suas metas de longo prazo. Uma pessoa com baixo grau de autoconhecimento, por outro lado, pode tomar decisões que provocam um caos emocional. É comum ouvir pessoas assim dizerem: "O salário parecia bom, por isso aceitei a oferta de trabalho. Mas agora, dois anos depois, o trabalho significa tão pouco para mim que vivo entediado." As decisões de profissionais com grau elevado de autoconhecimento se entrelaçam com seus valores. Logo, para eles o trabalho é sempre estimulante.

Como identificar o autoconhecimento? Para começar, ele se apresenta como franqueza e capacidade de fazer autoavaliações realistas. Pessoas com elevado grau de autoconhecimento são capazes de expressar de maneira clara e aberta – embora não necessariamente em tom efusivo ou confessional – suas emoções e o impacto delas no desempenho profissional. Uma gestora que conheço, por exemplo, estava cética quanto a um novo cargo – "*personal shopper*" – que sua empresa, uma grande cadeia de lojas de departamentos, estava prestes a criar. Sem que sua opinião fosse solicitada pela equipe ou por seu chefe, ela comentou: "Para mim, é difícil estar por trás da proposta desse novo cargo porque eu realmente queria estar à frente do projeto, mas não fui selecionada. Sejam pacientes comigo enquanto lido com isso." A executiva de fato refletiu sobre seus sentimentos e uma semana depois já estava apoiando incondicionalmente o projeto.

O autoconhecimento em geral é avaliado no processo de contratação. Peça ao candidato que descreva uma ocasião em que se deixou levar pelos sentimentos ou fez algo de que se arrependeu. Candidatos com autoconhecimento serão francos ao admitir o erro e contarão a história com um sorriso no rosto. Uma das características do autoconhecimento é ter senso de humor autodepreciativo.

O autoconhecimento também pode ser identificado durante avaliações de desempenho. Profissionais com autoconhecimento elevado têm consciência de seus pontos fortes e suas limitações (e não se constrangem com isso) e valorizam críticas construtivas. Já as pessoas com baixo autoconhecimento interpretam a mensagem de que precisam melhorar como ameaça ou sinal de fracasso.

Outra característica de pessoas com elevado grau de autoconhecimento é a autoconfiança. Elas têm forte domínio de suas capacidades e são menos propensas a falhar, por exemplo, por fazer algo além do que devem. Também sabem quando precisam pedir ajuda, assumem riscos calculados, não aceitam desafios que sabem não ser capazes de vencer e apostam em suas qualidades.

Veja o caso da funcionária de nível intermediário que foi convidada a participar de uma reunião estratégica com altos executivos da empresa. Embora fosse a pessoa menos qualificada da reunião, ela não ficou sentada à mesa com uma postura passiva, apenas ouvindo em silêncio, intimidada ou assustada. Ela estava consciente de seu raciocínio lógico, de que devia apresentar ideias de forma persuasiva e oferecer sugestões convincentes sobre estratégias. Seu autoconhecimento também a impedia de perambular por territórios que ela sabia não dominar.

Além de mostrar a importância de ter profissionais com autoconhecimento na empresa, minha pesquisa indica que altos executivos em geral não atribuem ao autoconhecimento o valor que ele merece ao procurar líderes em potencial. Muitos confundem sinceridade com fraqueza e se equivocam por não tratar com o devido respeito funcionários que reconhecem abertamente seus defeitos. Essas pessoas são demitidas por "não serem fortes o bastante" para se tornarem líderes.

Acontece, porém, que a verdade é o contrário. Acima de tudo, as pessoas geralmente admiram e respeitam a sinceridade. Além disso, líderes são frequentemente convocados a dar opiniões que requerem uma avaliação honesta de capacidades suas e dos outros. Temos a expertise de gestão para adquirir a empresa concorrente? Podemos lançar um novo produto em seis meses? Profissionais que se autoavaliam de forma honesta – isto é, têm elevado nível de autoconhecimento – estão em condições de agir da mesma maneira nas organizações que comandam.

Autocontrole

Nossas emoções são estimuladas por impulsos biológicos. Não podemos ignorá-las, mas podemos administrá-las. O autocontrole, que nada mais é que uma conversa contínua que temos com nós mesmos, é o componente da inteligência emocional que evita que nos tornemos prisioneiros de nossos sentimentos. A pessoa que pratica essa reflexão interior está sujeita a sentir mau humor e a ter impulsos emotivos como qualquer outra, mas sempre encontra formas de se controlar e até de canalizar os sentimentos de forma mais proveitosa.

Imagine um executivo que acaba de assistir a uma péssima apresentação de seus subordinados para a diretoria da empresa. O clima constrangedor deixa o executivo com vontade de esmurrar a mesa, chutar uma cadeira, se levantar de repente, gritar com o grupo ou permanecer em silêncio, lançar um olhar fulminante ao grupo e sair da sala.

Mas, se tivesse o dom do autocontrole, ele poderia optar por outra abordagem. Escolheria cuidadosamente as palavras e reconheceria o mau desempenho do grupo, mas sem se precipitar com um comentário impetuoso. Em seguida, analisaria os motivos do fracasso. Seriam eles pessoais? Falta de esforço? Existiriam fatores atenuantes? Qual seria sua parcela de culpa no fiasco? Após considerar todos esses fatores, ele deveria reunir o grupo, explicar as consequências do incidente e expor o que sente. Então faria uma análise do problema e apresentaria uma solução ponderada.

Por que o autocontrole é tão importante para os líderes? Antes de tudo, o profissional que está no controle de seus sentimentos e impulsos – ou seja, que é racional – é capaz de criar um ambiente de confiança e imparcialidade. Nesse ambiente, politicagem e conflitos internos são reduzidos e a produtividade cresce. Profissionais talentosos buscam essas organizações e não se sentem tentados a deixá-las. E o autocontrole tem um efeito indireto: sabendo que o chefe é conhecido por sua calma, ninguém quer ser visto como o colega irritado. Ter poucos mal-humorados no topo da empresa significa ter poucos mal-humorados em toda a organização.

Em segundo lugar, o autocontrole é importante por questões competitivas. Atualmente, o ambiente corporativo é dominado por ambiguidade e mudanças. Empresas estão sempre se fundindo e se dividindo. A tecnologia altera o trabalho num ritmo alucinante. As pessoas que conseguem dominar suas emoções são capazes de lidar com as mudanças. Quando os líderes de uma empresa anunciam que vão mudar o software usado nos computadores, elas não entram em pânico. Em vez disso, evitam fazer julgamentos precipitados, buscam informações e ouvem atentamente os executivos. E, à medida que a iniciativa avança, conseguem acompanhá-la e, às vezes, até apontar o caminho.

Imagine uma gestora em uma grande indústria. Assim como seus colegas, ela usou um software durante cinco anos. O programa controlava o sistema de coleta de dados, a produção de relatórios e o modo como ela pensava a estratégia da empresa. Certo dia, a diretoria anunciou que trocariam o software, o que poderia mudar radicalmente a coleta e avaliação de informações. Diversos funcionários se queixaram de que a mudança poderia ser prejudicial, mas a gestora ponderou as razões para a escolha do novo programa e se convenceu de seu potencial para melhorar o desempenho da organização. Compareceu entusiasmada ao treinamento (alguns de seus colegas se recusaram a ir) e acabou sendo promovida para chefiar várias divisões, em parte porque aprendeu a usar a nova tecnologia com eficácia.

Quero reforçar a importância do autocontrole na liderança e argumentar que ele também aumenta a integridade, que não é apenas uma virtude pessoal, mas uma força organizacional. Muitos problemas nas empresas são consequência de comportamentos impulsivos. As pessoas raramente planejam exagerar na projeção de lucros, aumentar as despesas, roubar a empresa ou cometer abuso de poder, mas, quando surge uma oportunidade, não controlam o impulso.

Por outro lado, pense no comportamento de um alto executivo de uma grande empresa alimentícia. Ele é honesto no trato com os distribuidores locais e costuma expor em detalhes sua estrutura de custos, permitindo que os distribuidores tenham uma compreensão realista dos preços praticados pela empresa. Por adotar essa abordagem, o executivo nem sempre conseguia obter um bom negócio. Certa vez, ele se sentiu tentado a aumentar os lucros da empresa alterando uma informação sobre os custos. No entanto, acabou refreando o impulso, pois percebeu que a longo prazo fazia mais sentido agir corretamente. Seu autocontrole emocional foi recompensado com relacionamentos fortes e duradouros com distribuidores que trouxeram mais benefícios à empresa que quaisquer outros ganhos financeiros de curto prazo.

É fácil perceber os sinais de autocontrole emocional: tendência à reflexão e à ponderação, tranquilidade diante da ambiguidade e da mudança e integridade – capacidade de dizer não a impulsos.

Assim como o autoconhecimento, o autocontrole não costuma receber os louros devidos. Às vezes, os profissionais que conseguem controlar as emoções são considerados moscas-mortas – suas respostas ponderadas são vistas como sinal de falta de entusiasmo. Profissionais impetuosos geralmente são considerados líderes clássicos – seus rompantes são vistos como marca registrada de carisma e poder. Mas, quando essas pessoas chegam ao topo, essa impulsividade trabalha contra elas. Minha pesquisa indica que exibir emoções negativas de forma ostensiva nunca foi considerado pré-requisito para ser um bom líder.

Motivação

Uma característica comum a praticamente todos os verdadeiros líderes é a motivação. Eles são orientados a superar as expectativas – próprias ou alheias. São movidos por conquistas. Muitos são estimulados por fatores externos – como um bom salário ou cargo – ou por trabalhar em uma empresa de prestígio. Por outro lado, pessoas com potencial de liderança são motivadas pelo desejo de realização, o simples prazer da conquista.

Se você está procurando líderes, como identificar profissionais motivados pelo simples desejo de conquistar, e não por recompensas externas? O primeiro sinal é a paixão pelo trabalho: eles buscam desafios criativos, adoram aprender e se orgulham de um trabalho bem-feito. Também mostram uma disposição incansável para executar tarefas cada vez melhor. Pessoas assim costumam parecer descontentes com o status quo. Estão sempre questionando por que as coisas são feitas de determinada forma, e não de outra, e buscam explorar novas abordagens para seu trabalho.

Um gerente de uma companhia de cosméticos, por exemplo, estava frustrado por ter que esperar duas semanas para obter os resultados das vendas de sua equipe externa. Ele então descobriu um sistema de telefonia automático que lhe permitia enviar mensagens aos vendedores todos os dias às 17 horas, lembrando-os de introduzir seus dados – quantos clientes tinham visitado e quantas vendas haviam concluído no dia. O sistema reduziu de semanas para horas o tempo de feedback do resultado das vendas.

Esse caso ilustra duas outras características comuns a pessoas cuja meta é a conquista. Elas estão sempre buscando melhorar o desempenho e gostam de saber como estão se saindo. Durante avaliações de desempenho, podem querer que os superiores "exijam" mais delas. Um profissional que combina autoconhecimento com motivação conhece seus limites, mas não se contenta com metas fáceis.

É natural que pessoas que buscam se superar também queiram saber uma forma de avaliar o progresso – o próprio, o de sua equipe e o da empresa. Enquanto pessoas desmotivadas geralmente não ligam para os resultados, os motivados sabem como estão indo e monitoram parâmetros difíceis de medir, como lucratividade ou participação no mercado. Conheço um gerente financeiro que começa e termina o dia na internet, conferindo o desempenho de seu fundo de ações em quatro referências estabelecidas pelo setor.

O curioso é que pessoas motivadas continuam otimistas quando não vão bem. Nesses casos, o autocontrole se associa à motivação para superar a frustração e a tristeza decorrentes de um revés ou fracasso. Veja o caso de uma gestora de portfólio de uma grande firma de investimentos. Após vários anos de sucesso, os fundos despencaram por três trimestres consecutivos, o que levou três grandes clientes a transferirem as contas para outra empresa.

Alguns atribuíram a queda súbita a circunstâncias alheias. Outros entenderam o revés como evidência de fracasso profissional. No entanto, a gestora viu uma oportunidade de provar que poderia liderar uma reviravolta. Dois anos depois, quando foi promovida a um cargo sênior, ela descreveu a experiência: "Foi a melhor coisa que já me aconteceu. Aprendi muito com aquele episódio."

Executivos que tentam identificar altos níveis de motivação em seus subordinados podem buscar uma última evidência: comprometimento com a organização. Quando as pessoas amam o trabalho que fazem, geralmente se sentem comprometidas com a organização que possibilita isso. Funcionários comprometidos quase sempre permanecem na empresa, mesmo quando recebem propostas com salários mais altos.

Não é difícil entender como e por que a motivação por conquistas se traduz em uma liderança forte. Se você estabelece padrões altos para si, provavelmente fará o mesmo para a organização quando ocupar um cargo que lhe permita isso. O desejo de bater metas e saber como está se saindo pode ser contagiante. Líderes com essas características em geral montam uma equipe de gestores com esses traços. E, claro, otimismo e comprometimento são fundamentais para a liderança – tente se imaginar comandando uma empresa sem essas qualidades.

Empatia

De todas as dimensões da inteligência emocional, a empatia é a mais fácil de reconhecer. Todos notamos a empatia de um amigo ou professor bem-humorado e já sofremos com a falta de empatia de um coach ou chefe insensível. Mas, no mundo dos negócios, raramente ouvimos as pessoas elogiarem a empatia. Recompensá-la, nem pensar. A própria palavra parece desvinculada dessa área, deslocada entre as duras realidades do mercado.

Mas ter empatia não significa ser sentimentalista. Para um líder, não quer dizer levar em conta as emoções alheias e tentar agradar a todos. Isso seria um pesadelo e inviabilizaria qualquer ação. Empatia significa estar atento aos sentimentos dos funcionários – e a outros fatores – no processo de tomada de decisões inteligente.

Pense no que pode acontecer durante a fusão de duas grandes corretoras de valores. O processo gera empregos redundantes em todas as unidades. Um chefe de unidade então reúne a equipe e faz um discurso sombrio enfatizando o número de funcionários que em breve serão dispensados. O chefe de outra, no entanto, faz um discurso diferente. É franco ao falar sobre as próprias preocupação e perplexidade, mas promete manter os subordinados informados e tratá-los imparcialmente.

O que diferencia o comportamento desses executivos é a empatia. O primeiro está preocupado demais com o próprio destino para pensar nos sentimentos dos colegas abatidos e ansiosos, enquanto o segundo sabe intuitivamente o que seu pessoal está sentindo, e suas palavras evidenciam o medo da equipe. Não foi nenhuma surpresa quando o primeiro executivo viu sua unidade afundar conforme vários funcionários desanimados, principalmente os mais talentosos, saíam da empresa. O segundo, pelo contrário, permaneceu como um líder forte, as pessoas mais talentosas ficaram e sua unidade permaneceu produtiva.

Atualmente a empatia é um componente fundamental da liderança por pelo menos três motivos: a tendência crescente do trabalho em equipe, a globalização cada vez mais presente e a necessidade cada vez maior de reter talentos.

Pense no desafio que é liderar uma equipe. Qualquer profissional que já tenha feito parte de uma pode comprovar que equipes são caldeirões de emoções em ebulição. Geralmente elas recebem a incumbência de chegar a um consenso – e, se isso já é bem difícil entre duas pessoas, que dirá quando o número aumenta. Mesmo em grupos com apenas quatro ou cinco membros, alianças se formam e surgem conflitos de interesse. Um líder de equipe precisa ser capaz de sentir e compreender todos os pontos de vista.

Foi exatamente isso que fez a gerente de marketing de uma grande empresa de TI ao ser indicada para liderar uma equipe complicada. O grupo estava desorganizado, sobrecarregado e perdendo prazos. Havia muita tensão entre os integrantes e medidas paliativas não bastaram para manter o grupo unido e torná-lo parte efetiva da companhia.

Então a gestora decidiu agir por etapas. Marcou uma série de conversas com cada funcionário separadamente e perguntou o que os frustrava, como avaliavam os colegas, quando achavam que tinham sido ignorados. Em seguida, estabeleceu uma estratégia para manter a equipe unida: encorajou os subordinados a expor suas frustrações e os ajudou a apresentar suas reivindicações de forma construtiva durante as reuniões. Em resumo, a empatia lhe permitiu entender a estrutura emocional da equipe. O resultado foi não só o aumento da colaboração em equipe, mas do escopo, tendo em vista que cada vez mais outros setores passaram a solicitar sua ajuda.

A globalização é outro componente que torna a empatia cada vez mais importante para os líderes. Num diálogo entre pessoas de culturas diferentes podem surgir equívocos e mal-entendidos. A empatia é o antídoto para isso. Pessoas empáticas estão atentas às sutilezas da linguagem corporal, conseguem ouvir a mensagem por trás das palavras e têm consciência das diferenças étnicas e culturais.

Veja o caso de uma consultora americana cuja equipe apresentou um projeto para um cliente em potencial do Japão. Nas negociações com outras empresas americanas, a equipe estava acostumada a ser bombardeada com perguntas, mas dessa vez a reação foi um longo silêncio. Pensando que o silêncio era sinal de desaprovação, alguns membros da equipe estavam prontos para pegar a pasta e sair da sala; foi quando a consultora líder fez um gesto pedindo que permanecessem. Embora não estivesse familiarizada com a cultura japonesa, ela fez uma leitura do rosto e da postura do cliente e sentiu que não havia rejeição, mas interesse – até profunda aceitação. E ela estava certa: quando o cliente finalmente falou, confirmou que o projeto estava aprovado.

Por fim, a empatia desempenha um papel importante na retenção de talentos, sobretudo na economia da informação. Os chefes sempre precisaram ter empatia para desenvolver e manter pessoas talentosas na empresa, mas atualmente há muito mais em jogo: quando profissionais de talento pedem demissão, levam consigo o conhecimento da empresa.

É aí que entram o coaching e a mentoria. Têm surgido cada vez mais provas de que essas duas ferramentas se traduzem não só em melhor desempenho, mas em satisfação cada vez maior com o trabalho e em diminuição da rotatividade de funcionários. Mas o que faz o coaching e a mentoria funcionarem melhor é a natureza do relacionamento. Os coaches e mentores competentes penetram a mente do profissional com quem trabalham, pressentem qual é a melhor forma de oferecer um feedback eficaz e sabem até que ponto podem pressionar para obter melhor desempenho. Na forma de motivar seus protegidos, dão um exemplo prático de empatia.

Posso estar me repetindo, mas reafirmo que a empatia deveria ser mais valorizada no mundo dos negócios. As pessoas se perguntam como os líderes são capazes de tomar decisões difíceis se sentindo mal pelas pessoas que serão afetadas. Mas os líderes que têm empatia fazem mais que se solidarizar com seu pessoal: eles usam o conhecimento que têm para melhorar a empresa de maneiras sutis porém significativas.

Destreza social

Os três primeiros componentes da inteligência emocional são habilidades de autogestão. Os dois últimos – a empatia e a destreza social – estão ligados à capacidade de administrar relacionamentos interpessoais. Como componente da inteligência emocional, ter destreza social não é tão fácil quanto parece. Não é uma simples questão de cordialidade, embora pessoas com alto nível de destreza social raramente sejam mal-intencionadas. Na verdade, a destreza social é a cordialidade com um propósito: fazer as pessoas seguirem na direção que você deseja, seja um acordo numa nova estratégia de marketing, seja o entusiasmo por um novo produto.

Quem possui destreza social costuma ter um grande círculo de relacionamentos e um jeito especial de chegar a um consenso com pessoas de todos os tipos – uma aptidão para costurar acordos. Isso não significa que socialize a todo momento, apenas que trabalha segundo o pressuposto de que não conseguirá concretizar nada de importante sozinho. Quando precisa agir, então, conta com uma rede à sua disposição.

A destreza social é a culminação de outras dimensões da inteligência emocional. Em geral, as pessoas administram melhor os relacionamentos quando compreendem e controlam as próprias emoções e sentem empatia pelos outros. Até a motivação contribui para a destreza social: lembre-se de que pessoas orientadas para a conquista geralmente são otimistas, mesmo diante de fracassos. Quando estão felizes, animam as conversas e os encontros sociais. São populares, e por um bom motivo.

Por ser o resultado de outras dimensões da inteligência emocional, a destreza social se manifesta de diversas formas no ambiente de trabalho. Profissionais com grande destreza social são, por exemplo, competentes em administrar equipes – a empatia na prática. Também são mestres na arte da persuasão – uma manifestação de autoconhecimento, autocontrole e empatia. Com essas habilidades, pessoas persuasivas sabem, por exemplo, quando é melhor apelar para o emocional e quando apelar para a razão. E pessoas motivadas são excelentes colaboradoras, pois objetivam encontrar soluções e contagiam os colegas com sua paixão.

A destreza social fica evidente em situações em que outros componentes da inteligência emocional não aparecem. Às vezes, temos a impressão de que os profissionais com essa habilidade não estão trabalhando, apenas batendo papo – conversando com colegas nos corredores ou brincando com gente que não está relacionada a seu "verdadeiro" trabalho. Para eles, não faz sentido limitar arbitrariamente o âmbito de seus relacionamentos. Eles formam vínculos com pessoas de diversas áreas pois sabem que amanhã poderão precisar da ajuda delas.

Veja o caso do chefe do departamento de estratégia de uma fabricante global de computadores. Por volta de 1993, ele se convenceu de que o futuro da empresa dependia da internet. Ao longo do ano seguinte, conheceu na empresa pessoas que pensavam da mesma forma e usou sua destreza social para formar uma comunidade virtual que transcendesse níveis hierárquicos, unidades e nações. Depois, com o auxílio do grupo, criou o site da corporação, um dos primeiros de uma grande empresa. E, por iniciativa própria, sem orçamento nem o status formal de um cargo, inscreveu a empresa em uma convenção empresarial anual sobre a internet. Por fim, convocando seus aliados e persuadindo várias divisões a doar fundos, recrutou mais de 50 pessoas em cerca de 10 unidades para representar a empresa na convenção.

A diretoria percebeu seu esforço e, um ano depois da convenção, formou a base da primeira divisão de internet da empresa, dando a ele o comando formal do setor. Para chegar aonde chegou, o executivo ignorou os limites convencionais de seu setor, forjando e mantendo conexões com pessoas de todos os cantos da organização.

A maioria das empresas considera a destreza social uma competência importante, sobretudo quando comparada a outros componentes da inteligência emocional. As pessoas parecem saber por intuição que os líderes precisam administrar bem os relacionamentos profissionais. Nenhum líder é uma ilha – afinal, seu papel é possibilitar que o trabalho seja feito pelos subordinados, e a sensibilidade social permite isso. Um líder incapaz de expressar empatia pode simplesmente não ter empatia. E a motivação de um líder é inútil se ele não consegue transmitir sua paixão para a organização. A destreza social permite que líderes ponham a inteligência emocional em funcionamento.

Seria tolice afirmar que o bom e velho QI e as habilidades técnicas não são importantes para uma liderança forte, mas a receita não estaria completa sem a inteligência emocional. No passado, acreditava-se que "seria bom" que os gestores possuíssem componentes da inteligência emocional, mas hoje sabemos que, para se saírem bem, eles *precisam* desses componentes.

Com tudo isso em vista, saber que é possível aprender e desenvolver a inteligência emocional é uma ótima notícia. Claro que o processo não é fácil – leva tempo e, acima de tudo, exige comprometimento –, mas os benefícios de ter uma inteligência emocional bem desenvolvida, tanto para o próprio líder quanto para a organização, fazem o esforço valer a pena.

Publicado originalmente em junho de 1996.

5
O balanced scorecard em ação

Robert S. Kaplan e David P. Norton

OS GESTORES ATUAIS RECONHECEM o impacto dos indicadores de desempenho, mas raramente pensam neles como parte essencial de sua estratégia. Às vezes, os executivos introduzem estratégias e processos operacionais inovadores para tentar fazer seus subordinados alcançarem um desempenho fantástico, mas continuam se valendo dos mesmos indicadores financeiros de curto prazo que usam há décadas, como o retorno sobre o investimento, o crescimento das vendas e o lucro operacional. Esses gestores erram não só por deixar de introduzir novos indicadores para monitorar novas metas e novos processos, mas também por não se questionar se os velhos indicadores funcionam nas iniciativas mais recentes.

Uma mensuração eficaz, porém, deve ser parte do processo de gestão. O balanced scorecard (também conhecido como BSC ou indicadores balanceados de desempenho), proposto originalmente na edição de janeiro-fevereiro de 1992 da *HBR*, fornece aos executivos um quadro abrangente que traduz os objetivos estratégicos de uma empresa em um conjunto coerente de indicadores de desempenho. Muito mais do que um exercício de medição, o scorecard é um sistema de gestão que pode proporcionar enormes melhorias em áreas críticas da empresa, como produtos, processos, clientes e desenvolvimento de mercado.

O scorecard apresenta aos gestores quatro perspectivas para a escolha de indicadores. Complementa os tradicionais indicadores financeiros com métricas de desempenho com clientes, de processos internos e de atividades de inovação e aprimoramento. Essas métricas diferem das tradicionalmente utilizadas pelas empresas em alguns aspectos, que serão explicados a seguir.

É claro que muitas empresas já contam com uma vasta gama de indicadores operacionais e físicos para atividades locais. Mas esses indicadores locais são definidos de baixo para cima no organograma da empresa e derivam de processos *ad hoc*. Os indicadores do scorecard, por outro lado, baseiam-se nos objetivos estratégicos e nas demandas competitivas da organização. E, ao exigir que os gestores selecionem um número limitado de indicadores cruciais em cada uma das quatro perspectivas, o scorecard ajuda a focar essa visão estratégica.

Enquanto os indicadores financeiros tradicionais mostram o que aconteceu no período selecionado sem indicar como os gestores podem melhorar o desempenho no futuro, o scorecard se mostra fundamental para o sucesso atual *e* o sucesso futuro da empresa. Por fim, ao contrário das métricas convencionais, a informação que surge das quatro perspectivas proporciona um equilíbrio entre indicadores externos, como o lucro operacional, e internos, como o desenvolvimento de produtos. Esse conjunto equilibrado de medidas não só revela os trade-offs ou as concessões que os gestores já fizeram ao privilegiar certos indicadores de desempenho em detrimento de outros, mas também os encoraja a alcançar as metas futuras sem ter que escolher entre fatores-chave de sucesso.

Por fim, muitas empresas que estão tentando implementar programas de melhorias locais – como reengenharia de processos, qualidade total e empoderamento de funcionários – não têm um senso de integração. Nesse caso, o scorecard pode servir como ponto focal para os esforços da organização, definindo e comunicando as prioridades aos gestores, funcionários, investidores e até clientes. Como disse o alto executivo de uma grande empresa: "Antes, o orçamento anual era o nosso principal dispositivo de gestão. Agora, o scorecard é usado como o idioma, o comparativo com a

> ## Em resumo
>
> O que torna um scorecard especial? Quatro características se destacam:
>
> 1. **Reflete a missão e a estratégia da empresa a partir de uma programação estruturada por seus líderes.** Em contraste, os indicadores usados pela maioria das empresas vão de baixo para cima no organograma – decorrentes de atividades locais ou processos *ad hoc* e comumente irrelevantes para a estratégia geral da empresa.
> 2. **Olha para a frente.** Aborda o sucesso atual e o futuro. Indicadores financeiros tradicionais descrevem como foi o desempenho da empresa no último período sem indicar como os gestores podem melhorar.
> 3. **Incorpora indicadores externos e internos.** Isso auxilia os gestores a ver onde fizeram concessões entre indicadores de desempenho no passado e ajuda a garantir que o sucesso futuro em um indicador não venha à custa de outro.
> 4. **Ajuda o profissional a se concentrar.** Muitas empresas monitoram mais indicadores do que são capazes de usar. Já o scorecard requer que o gestor reflita sobre quais são os indicadores mais importantes para o sucesso da estratégia da empresa. Em geral, um conjunto de 15 a 20 é suficiente, cada um personalizado para a unidade à qual se aplica.

concorrência, o ponto de referência que nos ajuda a avaliar todos os novos projetos e negócios."

O scorecard não é um simples *template* que empresas ou mesmo indústrias podem utilizar indiscriminadamente. Diferentes situações de mercado, estratégias de produto e ambientes competitivos exigem scorecards específicos. Unidades de negócios criam scorecards personalizados para se ajustarem a suas missão, estratégia, tecnologia e cultura. Um teste crucial do sucesso de um scorecard é sua transparência: com base nas 15 a 20 medidas que ele reúne, é possível enxergar a estratégia competitiva da unidade. Alguns exemplos ilustrarão como o scorecard combina de forma única gestão e indicadores em diferentes empresas.

Na prática

Vincular os indicadores à estratégia é o ponto central do processo de desenvolvimento do scorecard. Eis as três perguntas-chave que devem ser feitas:

1. Se formos bem-sucedidos em nossa visão e estratégia, como pareceremos diferentes...
   - diante dos acionistas e clientes?
   - em relação aos processos internos?
   - em relação à capacidade de inovar e crescer?

2. Quais são os fatores cruciais para o sucesso em cada uma das quatro perspectivas do scorecard?

3. Quais indicadores-chave nos dirão se estamos lidando com esses fatores de sucesso da forma planejada?

O scorecard também proporciona foco organizacional a programas de mudanças locais. Ele funciona como algo além de um simples sistema de medição de desempenho – serve como base para a avaliação de todos os novos projetos. Nas palavras do executivo da FMC Corp. Barry Brady, ele se torna "a pedra angular da maneira como você conduz o negócio", ou seja, "o núcleo do sistema de gestão" propriamente dito.

Exemplo: A Rockwater elaborou uma estratégia de cinco vertentes: prestar serviços que superem as expectativas e as necessidades dos clientes; proporcionar aos clientes altos níveis de satisfação; aprimorar continuamente a segurança, a confiabilidade do equipamento, a capacidade de resposta e a eficácia de custo; recrutar e reter os melhores profissionais; e cumprir as expectativas dos acionistas. Usando o scorecard, a diretoria executiva da empresa traduziu a estratégia em metas e ações concretas.

- Os indicadores financeiros que eles escolheram incluíam o retorno sobre o capital investido e o fluxo de caixa, porque os acionistas haviam manifestado preferência por resultados de curto prazo.

- Nos indicadores relativos aos clientes, o foco foi em relacionamentos de alto valor agregado.

- A empresa introduziu novos parâmetros que enfatizavam a integração de processos-chave internos e acrescentou um índice de segurança como forma de controlar os custos indiretos associados a acidentes.

- As metas de aprendizado e crescimento enfatizaram a porcentagem de receita proveniente de novos serviços, assim como indicadores relacionados à melhoria da segurança e à redução do retrabalho.

Rockwater: reagindo a um setor em transformação

A Rockwater, subsidiária da Brown & Root/Halliburton, é líder mundial em engenharia e construção subaquática. Contratado no fim de 1989 como CEO da empresa, Norman Chambers sabia que o cenário competitivo do setor tinha sofrido profundas mudanças. "Na década de 1970, éramos um punhado de caras em trajes de mergulho saltando com lanternas de barcaças no mar do Norte", relembra Chambers. Mas a concorrência se intensificou na década de 1980 e muitas empresas menores deixaram o setor. Além disso, o foco da concorrência havia mudado. Várias petroleiras de destaque queriam desenvolver parcerias de longo prazo com os fornecedores em vez de escolhê-los com base no preço mais baixo.

Com sua experiente equipe de gestão, Chambers desenvolveu uma visão: "Como fornecedor preferido dos nossos clientes, devemos ser o líder do setor em fornecimento dos padrões mais elevados de segurança e qualidade." Chambers também criou uma estratégia para implementar a visão. Os cinco elementos da estratégia eram: 1) serviços que superassem as expectativas e necessidades dos clientes; 2) altos níveis de satisfação do cliente; 3) aprimoramento contínuo da segurança, da confiabilidade do equipamento, da capacidade de resposta e da eficácia de custo; 4) contratação e retenção de funcionários de alta qualidade; e 5) cumprimento das expectativas dos acionistas. Esses elementos foram, por sua vez, transformados em objetivos estratégicos (veja o quadro Objetivos estratégicos da Rockwater, na página 95), mas, para criar valor para a empresa, os objetivos estratégicos precisavam ser traduzidos em metas e ações concretas.

A administração da Rockwater transformou sua visão e sua estratégia nos quatro conjuntos de indicadores presentes em seu scorecard (veja o quadro Scorecard da Rockwater, na página 96).

Indicadores financeiros

A perspectiva financeira tinha três indicadores importantes para os acionistas. Dois deles, o de retorno sobre o capital investido e o de fluxo de caixa, refletiam a preferência pelos resultados de curto prazo, enquanto o de confiabilidade da previsão de lucro sinalizava o desejo da empresa controladora de reduzir a histórica incerteza causada pelas variações inesperadas de desempenho da empresa controlada. A administração da Rockwater acrescentou dois indicadores financeiros: o de lucratividade do projeto permitiu o foco no projeto como unidade básica de planejamento e controle, enquanto o de demanda não atendida ajudou a reduzir a incerteza do desempenho.

Satisfação do cliente

A Rockwater queria reconhecer a distinção entre seus dois tipos de cliente: os de Nível I (as petroleiras que queriam um relacionamento com alto valor agregado) e os do Nível II (as que escolhiam os fornecedores com base apenas no preço). A diretoria decidiu, então, incluir no scorecard um índice de preços que incorporava as melhores informações disponíveis sobre a posição competitiva da empresa, garantindo que ela continuasse negociando com clientes do Nível II quando as condições competitivas fossem favoráveis a isso.

A estratégia da empresa, porém, foi enfatizar os negócios baseados no valor. Uma organização independente realizou uma pesquisa anual para descobrir a visão dos clientes da Rockwater e compará-la à dos clientes da concorrência. Além disso, os clientes do Nível I foram convidados a fornecer avaliações mensais de satisfação e desempenho. Os executivos da Rockwater sentiram que a adoção dessas avaliações lhes forneceu um vínculo direto com os clientes e um nível de feedback do mercado insuperável na maioria dos setores. Por fim, os dados de participação de mercado por contas-chave

O BALANCED SCORECARD EM AÇÃO   95

Objetivos estratégicos da Rockwater

Finanças
- Retorno sobre o capital
- Fluxo de caixa
- Lucratividade do projeto
- Confiabilidade do desempenho

Clientes
- Custo-benefício (Nível I)
- Preço competitivo (Nível II)
- Relacionamento sem complicações
- Profissionais de qualidade
- Inovação

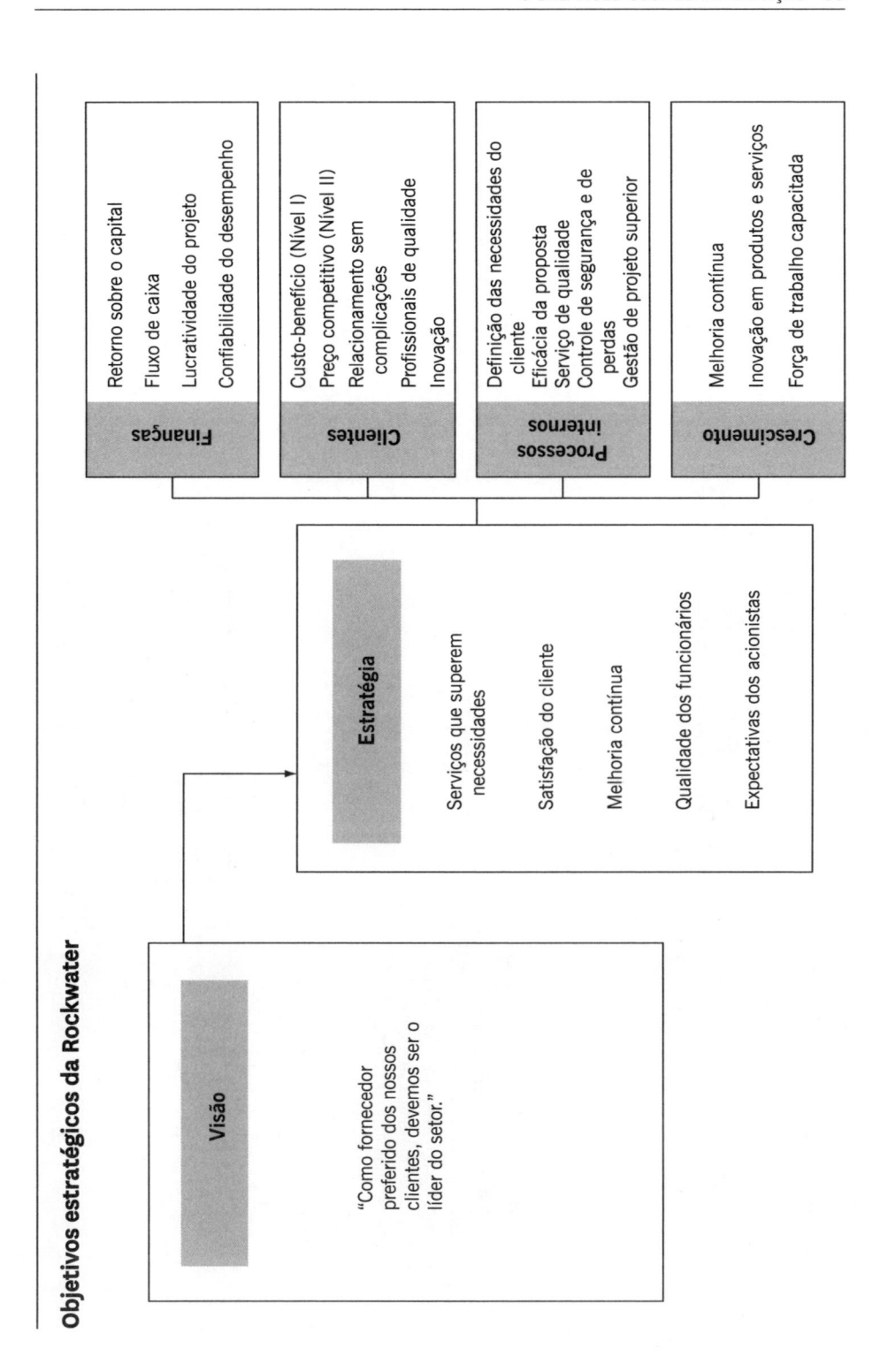

Processos internos
- Definição das necessidades do cliente
- Eficácia da proposta
- Serviço de qualidade
- Controle de segurança e de perdas
- Gestão de projeto superior

Crescimento
- Melhoria contínua
- Inovação em produtos e serviços
- Força de trabalho capacitada

Estratégia
- Serviços que superem necessidades
- Satisfação do cliente
- Melhoria contínua
- Qualidade dos funcionários
- Expectativas dos acionistas

Visão
"Como fornecedor preferido dos nossos clientes, devemos ser o líder do setor."

Scorecard da Rockwater

Perspectiva financeira
- Retorno sobre o capital investido
- Fluxo de caixa
- Lucratividade do projeto
- Confiabilidade da previsão de lucro
- Demanda não atendida

Perspectiva interna do negócio
- Horas com clientes no novo trabalho
- Taxa de sucesso da proposta
- Retrabalho
- Índice de incidentes de segurança
- Índice de desempenho do projeto
- Ciclo de conclusão do projeto

Perspectiva dos clientes
- Índice de preços (clientes do Nível II)
- Pesquisa de classificação do cliente
- Índice de satisfação do cliente
- Participação de mercado
- Segmento de negócio, clientes do Nível I, contas-chave

Perspectiva de inovação e aprendizado
- % de receita vinda de novos serviços
- Índice de aprimoramento
- Pesquisa de comportamento dos funcionários
- Número de sugestões dos funcionários
- Receita por funcionário

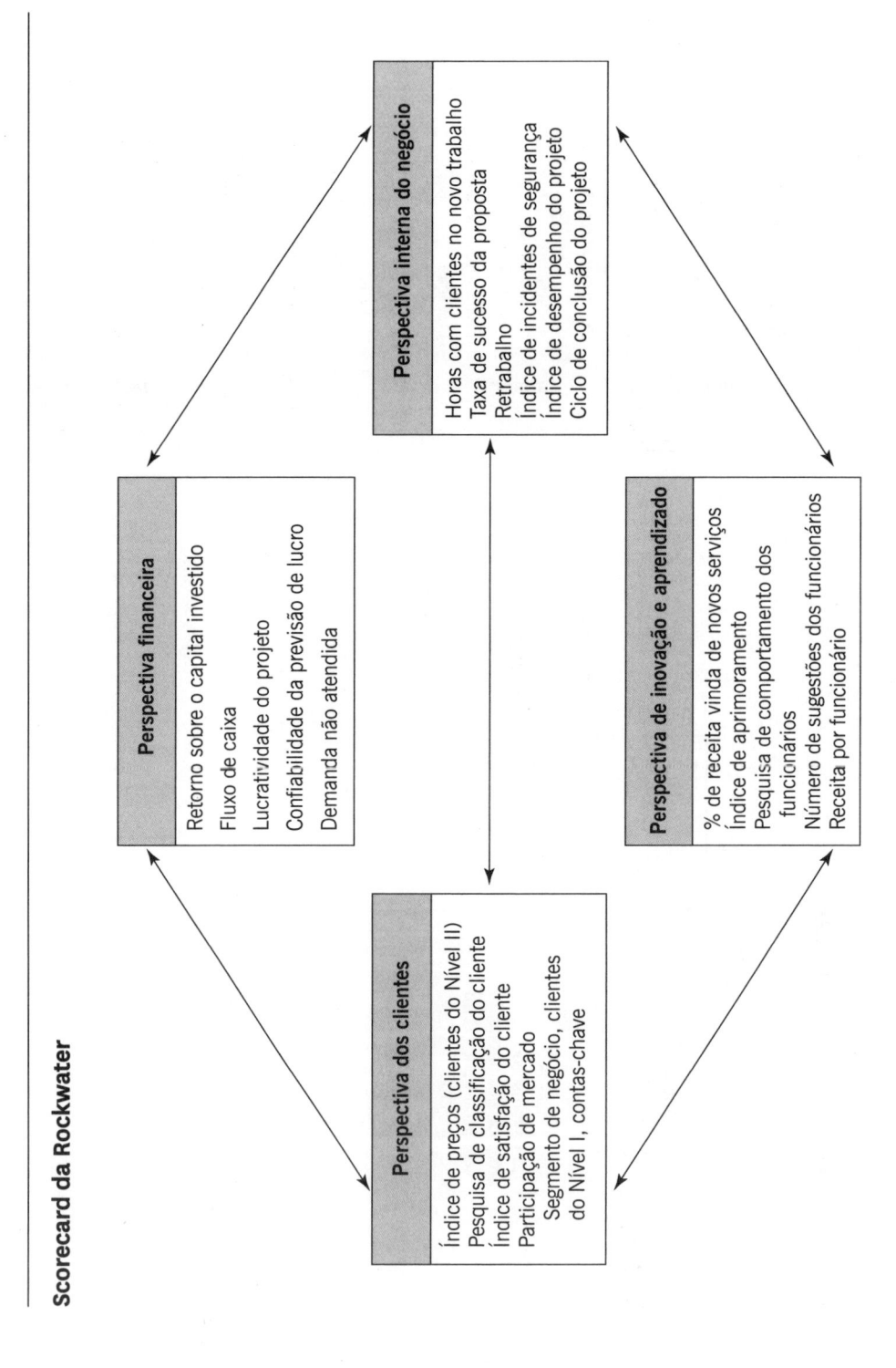

forneceram à empresa uma evidência objetiva de que as melhorias na satisfação dos clientes estavam se traduzindo em benefícios concretos.

Processos internos

Para desenvolver indicadores de processos internos, os executivos definiram o ciclo de vida de um projeto, do lançamento (quando a necessidade do cliente é identificada) à conclusão (quando ela é atendida). Foram formulados indicadores para cada uma das cinco fases do processo de negócio nesse ciclo de projeto (veja o quadro Como a Rockwater atende às necessidades do cliente, na página seguinte):

- *Identificar:* Número de horas discutindo um novo trabalho com possíveis clientes.
- *Aprovar:* Índice de sucesso da proposta.
- *Preparar e entregar:* Índices de eficácia de desempenho do projeto, de controle de perdas/danos e de retrabalho.
- *Concluir:* Duração do ciclo de conclusão do projeto.

Os indicadores internos enfatizavam uma grande mudança na forma de pensar da Rockwater. Antes, a empresa destacava o desempenho de cada área. O novo foco enfatizou indicadores que integravam processos-chave de negócios. O desenvolvimento de um índice de eficácia de desempenho do projeto era visto como competência essencial crucial para a empresa. A Rockwater também considerava a segurança um importante fator competitivo. Estudos internos tinham revelado que os custos indiretos de um acidente poderiam ser de 5 a 50 vezes maiores do que os diretos. A partir daí, o scorecard passou a contar com um índice de segurança, derivado de um amplo sistema de indicadores de segurança capaz de identificar e classificar todas as ocorrências indesejáveis de acordo com o potencial de danos para pessoas, bens ou processos.

A equipe da Rockwater demorou a escolher indicadores para a fase de identificação. Reconheceu que as horas gastas com possíveis clientes de peso na discussão de um novo trabalho eram uma medida de insumo ou de processo, não de produto. A equipe de gestão queria um indicador que transmitisse claramente a todos a importância de desenvolver o

Como a Rockwater atende às necessidades do cliente

Necessidade do cliente identificada	1 Identificação	2 Aprovação	3 Identificação	4 Preparação	5 Conclusão	Necessidade do cliente atendida
	Ciclo de desenvolvimento		Ciclo de fornecimento			

relacionamento com os clientes – e de satisfazê-los. Segundo a equipe, dedicar tempo de qualidade a clientes-chave era um pré-requisito para influenciar os resultados. Esse indicador de insumo foi escolhido especificamente para mostrar aos funcionários a importância de identificar e satisfazer as necessidades do cliente.

Inovação e melhoria

Os objetivos de inovação e aprendizado buscam promover a melhoria do desempenho nas áreas de finanças, clientes e processos internos. Na Rockwater, essas melhorias surgiram de inovações de produtos e serviços que geraram fontes de receita e expansão de mercado, mas também do aperfeiçoamento contínuo dos processos internos. O primeiro objetivo foi medido pela porcentagem de receita de novos serviços, e o segundo, por um índice de melhoria contínua representando a taxa de evolução de várias métricas operacionais importantes, como as de segurança e de retrabalho. Mas, para impulsionar tanto a inovação de produtos/serviços quanto as melhorias operacionais, era necessário um clima propício, com funcionários empoderados e motivados. Uma pesquisa de comportamento do pessoal e uma métrica do número de sugestões feitas por funcionários verificaram se o clima estava sendo criado. Por último, a receita por funcionário mediu os resultados do empenho dos funcionários e dos programas de treinamento.

O scorecard ajudou os executivos da Rockwater a enfatizar a visão do processo operacional, a motivar os funcionários e a incorporar a opinião do cliente às suas operações. Desenvolveu um consenso sobre a necessidade de criar parcerias com clientes-chave, sobre a importância de uma redução drástica no número de incidentes de segurança e sobre a necessidade de melhorar a gestão de cada fase de projetos plurianuais. Chambers considera o scorecard uma ferramenta valiosa para ajudar sua empresa a alcançar sua missão: ser a número um do setor.

Apple Computer: ajustando o desempenho de longo prazo

A Apple desenvolveu um scorecard para ajudar seus executivos a se concentrarem em uma estratégia que ampliasse as discussões para além do resultado bruto, do retorno sobre o patrimônio líquido e da participação de mercado. Um pequeno comitê familiarizado com as decisões e o pensamento estratégico da alta administração da Apple optou por se concentrar em categorias de medição dentro de cada uma das quatro perspectivas e selecionar múltiplas medições em cada categoria. Para a perspectiva financeira, a Apple enfatizou o valor para o acionista; para a perspectiva do cliente, a participação de mercado e a satisfação do cliente; para a perspectiva dos processos internos, as competências essenciais; e, para a perspectiva da inovação e melhoria, o comportamento dos funcionários. A empresa destacou essas categorias na seguinte ordem:

Satisfação do cliente

Historicamente, a Apple era uma empresa focada na tecnologia e no produto que competia no mercado projetando computadores cada vez melhores. Os indicadores de satisfação do cliente estão sendo adotados no intuito de orientar os funcionários a tornar a Apple uma empresa voltada para o cliente. Agora, a J. D. Power & Associates, empresa de pesquisa de satisfação de clientes, trabalha para a indústria de computadores. Reconhecendo que sua base de clientes não era homogênea, a Apple resolveu ir além da J. D. Power & Associates: criou pesquisas independentes para acompanhar seus segmentos-chave de mercado no mundo todo.

Competências essenciais

Os executivos da empresa queriam que os funcionários focassem algumas competências fundamentais, como interfaces amigáveis para o usuário, poderosas arquiteturas de software e sistemas eficazes de distribuição.

No entanto, reconheceram que seria difícil medir o desempenho com base nessas dimensões de competência. Por isso, atualmente a empresa faz testes buscando obter indicadores para essas capacidades, que são difíceis de medir.

Compromisso e alinhamento dos funcionários

A cada dois anos, a Apple realiza uma ampla pesquisa com todos os funcionários; pesquisas com funcionários escolhidos aleatoriamente são feitas com mais frequência. As perguntas buscam verificar até que ponto eles compreendem a estratégia da empresa e se são orientados a produzir resultados condizentes com essa estratégia. As conclusões da pesquisa são mostradas tanto em termos do nível das respostas como da tendência geral destas.

Participação de mercado

Alcançar o máximo de participação de mercado era importante para a alta administração da Apple, não só pelos benefícios óbvios do crescimento das vendas, mas também para atrair e reter desenvolvedores de software para as plataformas da empresa.

Valor para o acionista

O valor para o acionista foi incluído como um indicador de desempenho, embora essa medida seja um resultado do desempenho, não um fator propulsor. Essa decisão foi tomada para compensar a ênfase anterior no resultado bruto e no crescimento das vendas, métricas que ignoravam os investimentos necessários no presente para gerar crescimento no futuro. Em contraste, o indicador do valor para o acionista quantifica o impacto dos investimentos propostos na criação e no desenvolvimento de negócios. A maioria dos negócios da Apple é organizada numa base funcional – vendas, design de produto, fabricação e operações globais –, por isso o valor para o acionista só pode ser calculado na empresa inteira, não de forma descentralizada. Essa medição, porém, ajuda os altos executivos de todas as grandes unidades organizacionais a avaliar novos empreendimentos e a calcular o impacto de suas atividades na valorização da empresa como um todo.

Embora tenham sido desenvolvidos recentemente, esses cinco indicadores de desempenho ajudaram, de várias maneiras, a alta cúpula da

Apple a dar um foco à sua estratégia. Antes de mais nada, o scorecard funciona como um dispositivo de planejamento em vez de um dispositivo de controle. Em outras palavras, a Apple usa essas medições para ajustar a "onda longa" de desempenho corporativo, não para impulsionar mudanças operacionais. Além disso, as métricas na Apple, exceto a do valor para o acionista, podem ser analisadas tanto horizontal quanto verticalmente em cada unidade funcional. Analisando os indicadores verticalmente, podemos dividi-los em seus vários componentes e avaliar como cada parte contribui para o funcionamento do todo. Considerados horizontalmente, os indicadores podem identificar, por exemplo, como o projeto e a fabricação contribuem para uma área como a de satisfação do cliente. Além de tudo, o scorecard ajudou a Apple a desenvolver uma linguagem de resultados mensuráveis sobre como lançar e impulsionar programas.

Na Apple, os cinco indicadores de desempenho são comparados aos das melhores organizações de seu setor, usados para construir planos de negócios e incorporados aos planos de remuneração dos altos executivos.

Advanced Micro Devices: consolidando a informação estratégica

A Advanced Micro Devices (AMD), empresa de semicondutores, fez uma transição rápida e tranquila para o scorecard. Já possuía uma missão claramente definida, uma declaração de estratégia e uma compreensão, por parte de seus altos executivos, sobre seu nicho competitivo. Também tinha muitas métricas de desempenho oriundas de diversas fontes e sistemas de informação. O scorecard consolidou e focou essas métricas em um livreto trimestral de informação com as seguintes seções: indicadores financeiros; indicadores baseados no cliente (como entrega no prazo, tempo de execução e cumprimento do cronograma); indicadores de processos cruciais na fabricação, montagem e teste de wafers de semicondutores, no desenvolvimento de produtos e no desenvolvimento de tecnologias de processos (por exemplo, gravação com precisão de submícrons); e, por fim, indicadores de qualidade corporativa. Além disso, o aprendizado organizacional foi medido por meio da imposição de índices-alvo de melhoria de parâmetros

Construindo um balanced scorecard

Cada organização é única, por isso segue o próprio caminho na construção de um scorecard. Na Apple e na AMD, por exemplo, um alto executivo do financeiro ou de desenvolvimento de negócios familiarizado com o pensamento estratégico dos líderes cria o scorecard inicial sem fazer longas deliberações. Na Rockwater, porém, os executivos ainda não tinham definido a estratégia da organização, tampouco as principais alavancas de desempenho que impulsionam e medem o sucesso da estratégia. Empresas como a Rockwater podem seguir um plano de desenvolvimento sistemático para criar o scorecard e incentivar o compromisso dos executivos superiores e de nível médio. O que vem a seguir é um exemplo de perfil de projeto.

1. Preparação

Em primeiro lugar, a organização deve definir em qual unidade de negócios aplicará o scorecard. Em geral, ele é apropriado para unidades que tenham os próprios clientes, canais de distribuição, instalações de produção e indicadores de desempenho financeiro.

2. Entrevistas: primeira rodada

Todos os altos executivos da unidade – geralmente entre 6 e 12 profissionais – recebem material de apoio sobre o scorecard, além de documentos descrevendo a visão, a missão e a estratégia da empresa.

O profissional facilitador do scorecard (um consultor externo ou o executivo encarregado do trabalho) realiza entrevistas de aproximadamente 90 minutos com cada alto executivo para obter a visão desse profissional sobre os objetivos estratégicos da empresa e desenvolver propostas preliminares de métricas. O facilitador também pode entrevistar alguns dos principais acionistas (para saber quais são suas expectativas quanto ao desempenho financeiro da unidade de negócios) e alguns clientes especiais (para ficar a par de suas expectativas de desempenho em relação aos fornecedores mais bem avaliados).

3. Workshop executivo: primeira rodada

A alta administração se reúne com o facilitador para participar do processo de desenvolvimento do scorecard (veja o quadro Comece vinculando os indicadores à estratégia, na página 105). O grupo debate as declarações de missão e de estratégia propostas até chegar a um consenso. Depois, responde à seguinte pergunta: "Se eu for bem-sucedido com minha visão e minha estratégia, de que forma meu desempenho será diferente no que diz respeito a acionistas, clientes, processos de negócios internos e capacidade de inovar, crescer e evoluir?"

Para obter uma perspectiva externa, o grupo pode assistir a vídeos de entrevistas com representantes dos acionistas e dos clientes. Após definir os fatores mais determinantes para o sucesso, o grupo formula um indicador preliminar com indicadores operacionais para os objetivos estratégicos. Em geral, propõe bem mais que quatro ou cinco itens para cada perspectiva. Nesse momento, não é preciso afunilar as escolhas, embora seja possível fazer sondagens informais para ver se o grupo considera alguns itens de baixa prioridade.

4. Entrevistas: segunda rodada

O facilitador revisa, consolida e documenta o resultado do workshop e entrevista cada um dos altos executivos para obter os insights que eles tiveram sobre o esboço de scorecard. Também pede opiniões sobre a implementação da ferramenta.

5. Workshop executivo: segunda rodada

Em um segundo workshop com a diretoria executiva, seus subordinados diretos e um grande número de executivos de nível médio, são debatidas as declarações de visão e estratégia da organização e o esboço do scorecard. Em grupos, os participantes comentam os indicadores propostos e, vinculando-os a mudanças já em andamento, começam a desenvolver um plano de implementação. No fim do workshop, os participantes são convidados a formular objetivos ambiciosos para cada indicador sugerido, incluindo metas de melhoria.

6. Workshop executivo: terceira rodada

A equipe executiva se reúne para chegar a um consenso sobre a visão, os objetivos e os indicadores desenvolvidos nos dois primeiros workshops; para estabelecer metas ambiciosas para cada item do scorecard; e para identificar programas preliminares de ação no intuito de atingir as metas. A equipe deve chegar a um acordo sobre um programa de implementação, inclusive um plano de comunicação do scorecard aos funcionários, a integração dessa ferramenta em uma filosofia de gestão e o desenvolvimento de um sistema de informações de apoio ao scorecard.

7. Implementação

Forma-se uma equipe para desenvolver um plano de implementação do scorecard. Nesse momento, vinculam-se os indicadores às bases de dados e aos sistemas de informações da empresa, comunica-se o scorecard a toda a organização e ocorre o incentivo ao desenvolvimento de indicadores de segundo nível para unidades descentralizadas. Um dos resultados desse processo pode ser, por exemplo, a criação de um sistema totalmente novo de informações executivas, vinculando os indicadores de alto nível das unidades ao chão de fábrica e aos indicadores operacionais específicas de cada local.

8. Avaliações periódicas

Todo mês ou trimestre, cria-se um informe sobre os indicadores do scorecard. Ele é revisado pela diretoria executiva e discutido com chefes de departamentos e de divisões descentralizadas. As métricas são reavaliadas anualmente como parte dos processos de planejamento estratégico, definição de metas e alocação de recursos.

---

de operação fundamentais, como tempo de ciclo e rentabilidade de cada processo.

Atualmente, a AMD enxerga seu scorecard como um repositório sistemático de informações estratégicas que facilita a análise de tendências de longo prazo para planejamento e avaliação de desempenho.

Impulsionando o processo de mudança

As experiências dessas e de outras empresas revelam que o scorecard é mais bem-sucedido quando usado para impulsionar o processo de mudança. A Rockwater, por exemplo, nasceu da fusão de duas empresas. Os funcionários vieram de duas culturas diferentes, falavam línguas distintas e tinham diferentes conhecimentos e experiências operacionais. O scorecard ajudou a empresa a se concentrar no que precisava fazer bem para se tornar líder do setor.

Comece vinculando os indicadores à estratégia

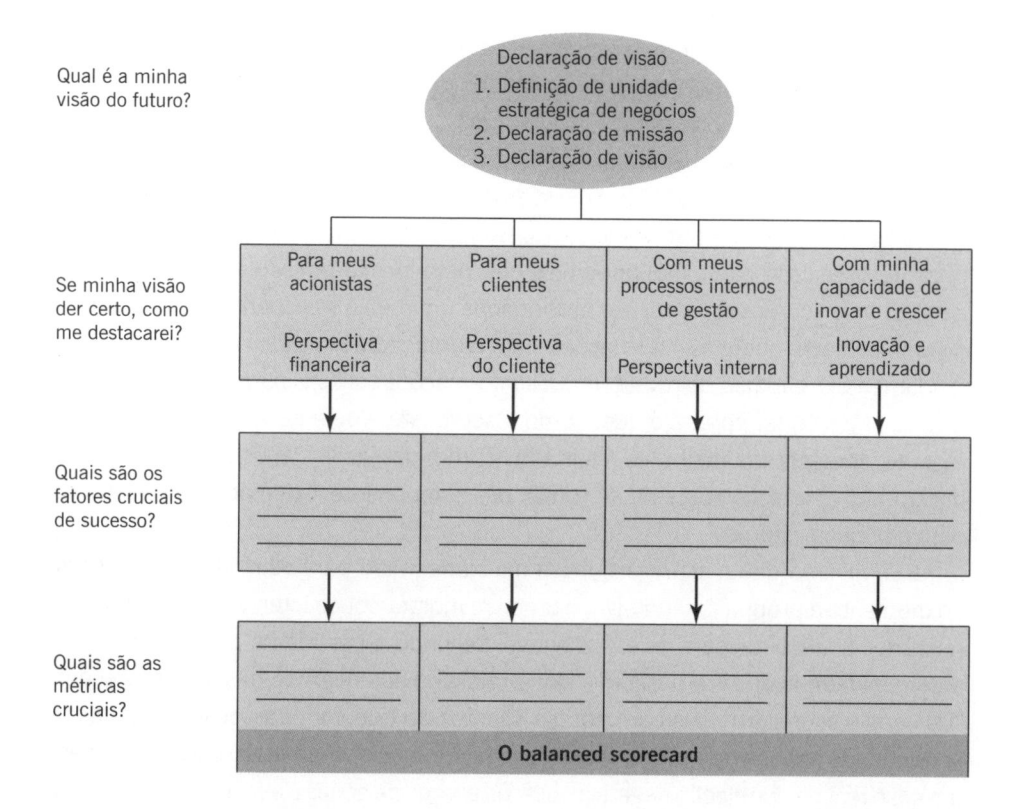

Qual é a minha visão do futuro?

Declaração de visão
1. Definição de unidade estratégica de negócios
2. Declaração de missão
3. Declaração de visão

Se minha visão der certo, como me destacarei?

Para meus acionistas	Para meus clientes	Com meus processos internos de gestão	Com minha capacidade de inovar e crescer
Perspectiva financeira	Perspectiva do cliente	Perspectiva interna	Inovação e aprendizado

Quais são os fatores cruciais de sucesso?

Quais são as métricas cruciais?

O balanced scorecard

Da mesma forma, Joseph de Feo, CEO da Service Businesses, uma das três divisões operacionais do Barclays Bank, precisou transformar aquela que havia sido uma fornecedora interna de serviços numa competidora global. O scorecard destacou as áreas em que, apesar do aparente consenso quanto à estratégia, ainda havia discordâncias consideráveis sobre a forma de operacionalizá-la. Com a ajuda do scorecard, a divisão acabou chegando a um acordo quanto às áreas que deveriam ser prioritárias para melhorias e identificou outras que precisavam de atenção, como qualidade e produtividade. Avaliando o impacto do scorecard, De Feo afirmou: "Ele nos ajudou a promover uma grande mudança: tornou toda a organização mais voltada para o mercado. Fez com que a empresa como um todo compreendesse quais são as metas e o que é necessário para alcançá-las."

O impacto do scorecard nos relatórios externos

Muitos gestores perguntam se o scorecard pode ser apropriado para relatórios externos. Se o scorecard impulsiona o desempenho de longo prazo, essa informação não seria relevante para a comunidade investidora?

Na verdade, não é fácil traduzir o scorecard para a comunidade investidora. Ele faz sentido sobretudo para unidades e divisões de negócios com uma estratégia definida. A maioria das empresas tem várias divisões, cada uma com missão e estratégia próprias, e esses scorecards não podem se unir para formar um scorecard corporativo geral. E, se o scorecard realmente proporciona uma visão transparente da estratégia de uma unidade, então as informações e até os indicadores usados podem ser dados fundamentais, capazes de revelar muitas informações valiosas para os concorrentes. O mais importante, porém, é que, como o scorecard é uma inovação relativamente recente, apresentaria melhores resultados com o passar dos anos de experimentos dentro das empresas antes de se tornar um componente sistemático de relatórios para o público externo.

Aliás, mesmo que o scorecard fosse mais adequado para os relatórios externos, no momento a própria comunidade financeira mostra pouco interesse em mudar dos relatórios financeiros para os estratégicos. Segundo o presidente de uma empresa, a comunidade financeira desconfia dos princípios nos quais se baseia o scorecard: "Usamos o scorecard mais com nossos clientes do que com nossos investidores. A comunidade financeira é cética quanto a indicadores de longo prazo e às vezes relata um caso real de correlação negativa entre os preços de ações e a atenção à qualidade total e aos processos internos."

Entretanto, a comunidade investidora começou a se concentrar em alguns indicadores-chave de desempenho de novos produtos. Será que esse é um sinal inicial de mudança para o pensamento estratégico?

A Analog Devices, empresa de semicondutores, serviu de protótipo para o scorecard e agora usa essa ferramenta anualmente para atualizar as metas e os objetivos dos gerentes de divisão. Jerry Fishman, presidente da Analog, disse: "No início, o scorecard orientou uma mudança considerável e significativa. Ele também faz isso quando nos concentramos em áreas específicas, como os resultados brutos sobre novos produtos, mas hoje seu principal impacto é ajudar a sustentar programas nos quais nosso pessoal trabalha há anos." Ultimamente a empresa vem tentando integrar os indicadores do scorecard ao planejamento *hoshin*, procedimento que concentra a empresa inteira na busca de um ou dois objetivos essenciais por ano. Na Analog os objetivos *hoshin* são o atendimento ao cliente e o desenvolvimento de produtos, que já contam com indicadores no scorecard.

Mas o scorecard nem sempre estimula mudanças tão drásticas. O da AMD ainda não exerce grande impacto porque a empresa não o usou para impulsionar o processo de mudança. Antes de passar a utilizar o scorecard, seus executivos já haviam formulado a missão, a estratégia e os principais indicadores da empresa. A AMD concorre em um único segmento industrial. Os 12 principais gestores da empresa estão intimamente familiarizados com mercados, engenharia, tecnologia e outros recursos fundamentais do segmento. Eles não consideravam o sumário e os dados contidos no scorecard algo novo ou surpreendente, e os chefes de unidades descentralizadas de produção também já tinham informações suficientes sobre suas operações. O scorecard possibilitou, porém, que eles enxergassem a amplitude e a totalidade das operações da empresa, tornando-os melhores profissionais para a companhia. No fim das contas, o scorecard sintetizou o conhecimento que os gestores já tinham.

O limitado sucesso da AMD com o scorecard demonstra que o impacto dessa ferramenta é maior quando usada para impulsionar um processo de mudança. Algumas empresas vinculam a remuneração dos altos executivos ao cumprimento de metas ambiciosas para os indicadores do scorecard. A maioria desses profissionais tenta traduzi-lo em métricas operacionais que se tornem o foco para atividades de melhoria em unidades locais. O scorecard não é apenas um sistema de medição, mas um sistema de gestão para incentivar um desempenho competitivo inovador.

Implementando o scorecard na FMC Corporation: uma entrevista com Larry D. Brady

A FMC Corporation é uma das empresas mais diversificadas dos Estados Unidos. Conta com mais de 300 linhas de produtos em 21 divisões organizadas em cinco segmentos de negócio: químicos industriais, químicos de desempenho, metais preciosos, sistemas de defesa e máquinas e equipamentos. Com sede em Chicago, seu faturamento global é superior a 4 bilhões de dólares.

Desde 1984, todo ano a empresa gera retornos sobre o investimento acima de 15%. Junto com uma grande recapitalização em 1986, esses retornos, significativamente maiores que as médias do setor, resultaram em um valor crescente para os acionistas. Em 1992, a empresa concluiu uma revisão estratégica com o objetivo de determinar o melhor caminho para maximizar o valor para o acionista. Como resultado, adotou uma estratégia de crescimento para complementar seu forte desempenho operacional. Essa estratégia exigia mais foco externo e a valorização dos trade-offs operacionais.

Para ajudar na mudança, a empresa decidiu usar o scorecard. Em entrevista dada a Robert S. Kaplan, Larry D. Brady, vice-presidente executivo da FMC, fala sobre a experiência da companhia na implementação do scorecard.

Robert S. Kaplan: Qual é a situação do balanced scorecard na FMC?

Larry D. Brady: Ainda estamos concluindo a fase piloto de implementação, mas acho que o scorecard se tornará a pedra angular do sistema de gestão na FMC. Ele nos permite traduzir as estratégias das unidades em um sistema de medições que se entrelaça com todo o nosso sistema de gestão.

Por exemplo, um gestor relatou que no passado sua divisão media muitas variáveis operacionais, mas agora, com o scorecard, escolheu 12 parâmetros como os principais para a implementação de sua estratégia. Sete dessas variáveis são métricas totalmente novas para a divisão. Segundo ele, essa descoberta comprova aquilo que muitos outros gerentes relatavam: o scorecard melhorou a compreensão e a coerência da execução da estratégia. Outro afirmou que perderia sua vantagem competitiva se um rival visse seu scorecard, mas não seus relatórios financeiros mensais ou até seu plano estratégico.

É raro uma iniciativa corporativa gerar tanto entusiasmo entre chefes de divisão. O que os levou ao scorecard?

A FMC tinha uma missão claramente definida: tornar-se a melhor fornecedora de seus clientes. Já havíamos iniciado muitos dos programas de melhoria – qualidade total, gestão por objetivos, eficácia organizacional, construção de uma organização de alto desempenho –, mas esses esforços não davam resultado. Toda vez que promovíamos um novo programa, os funcionários de cada divisão perguntavam: "Como vamos combinar isso com todas as outras coisas que precisamos fazer?"

Os gerentes operacionais achavam que os altos executivos estavam forçando as divisões a adotar seu programa preferido. A diversidade de iniciativas, cada uma com o próprio slogan, causava confusão e enviava sinais contraditórios sobre onde se concentrar e como os vários programas se relacionavam. Apesar de todas essas novas iniciativas, continuávamos pedindo que os chefes de divisão alcançassem um desempenho financeiro de curto prazo consistente.

Que tipos de indicador vocês estavam usando?

Como a maioria das sedes corporativas, a equipe executiva da FMC analisa uma vez por mês o desempenho financeiro de cada divisão operacional. Em se tratando de uma empresa altamente diversificada que remaneja ativos de setores geradores de caixa altamente desenvolvidos para divisões com grandes oportunidades de crescimento, o retorno sobre o capital investido era fundamental. Éramos uma das poucas empresas a ajustar os indicadores financeiros pela inflação, para termos uma visão mais precisa da rentabilidade econômica de cada divisão.

No fim do ano, recompensávamos os chefes de divisão que haviam apresentado um desempenho financeiro previsível. Nos 20 anos anteriores tínhamos administrado a empresa com pulso forte e vínhamos sendo bem-sucedidos, mas estava cada vez mais difícil saber de onde viria o crescimento futuro e onde buscar inovações. A empresa obtinha alto retorno sobre o investimento, porém com menos potencial de crescimento. Nossos relatórios financeiros não mostravam se estávamos fazendo progresso na implementação de iniciativas de longo prazo. Além de tudo, os questionamentos da sede sobre a relação entre gastos e orçamento reforçavam o foco no curto prazo e nas operações internas.

O problema era ainda mais profundo. Pense: qual é o valor agregado por uma sede que procura tornar os chefes de divisão responsáveis por resultados financeiros que podem ser acumulados entre divisões? Combinamos um negócio que está indo bem com outro que está indo mal e temos um desempenho geral mediano. Por que não dividir a empresa em empresas independentes e deixar o mercado realocar o capital? Se queríamos criar valor gerindo um grupo de empresas diversificadas, precisávamos entender e fornecer um foco estratégico para suas operações. Precisávamos ter certeza de que cada divisão tinha uma estratégia que lhe proporcionasse uma vantagem competitiva sustentável. Além disso, precisávamos ser capazes de avaliar, por meio da medição de suas operações, se as divisões estavam cumprindo os objetivos estratégicos.

Se você vai pedir a uma divisão, ou mesmo à corporação inteira, que mude de estratégia, é melhor passar a usar um sistema de medição coerente com a nova estratégia.

De que forma o scorecard surgiu como a solução para as limitações impostas pela medição de resultados financeiros exclusivamente de curto prazo?

No início de 1992, formamos uma força-tarefa para integrar nossas diversas iniciativas corporativas. Queríamos entender o que precisava mudar para alcançarmos melhorias expressivas na eficácia geral da organização. Reconhecíamos que, em seus indicadores, a empresa possivelmente havia se tornado muito voltada para o curto prazo e para si mesma. O mais difícil foi definir o que substituiria o foco financeiro. Queríamos que os executivos mantivessem a busca pela melhoria contínua, mas também que identificassem as oportunidades para um desempenho inovador.

Quando as divisões não atingiam metas financeiras, os motivos em geral não eram internos. Normalmente a chefia da divisão havia errado na estimativa das necessidades do mercado ou não tinha conseguido prever as reações da concorrência. Era necessário um novo sistema de métricas que levasse os gerentes operacionais para além do cumprimento de metas internas, que os fizesse buscar inovações competitivas no mercado global. O sistema teria de se concentrar em indicadores de atendimento ao cliente, posição de mercado e novos produtos capazes de gerar valor a longo prazo. Usamos o scorecard como o ponto focal para a discussão. Ele forçou os chefes de divisão a responder às seguintes perguntas: como podemos nos tornar o melhor fornecedor de nossos clientes? Como podemos ter um foco mais externo? Qual é a vantagem competitiva da minha divisão? Qual é a vulnerabilidade competitiva da minha divisão?

Como vocês lançaram a iniciativa do scorecard na FMC?

Decidimos experimentar um programa piloto. Selecionamos seis chefes de divisão e pedimos que desenvolvessem protótipos de scorecard para suas operações. Cada divisão precisaria fazer uma análise estratégica para identificar suas fontes de vantagem competitiva. O conjunto de 15 a 20 métricas do scorecard tinha de ser específico para a organização e precisava comunicar claramente quais indicadores de desempenho de curto prazo eram coerentes com uma trajetória de longo prazo bem-sucedida do ponto de vista estratégico.

Esses chefes de divisão tinham liberdade para desenvolver scorecards próprios?

Queríamos que eles fizessem a própria análise estratégica e desenvolvessem seus indicadores. Essa era uma parte essencial da criação de consenso entre a diretoria executiva e os chefes de divisão, no que diz respeito aos objetivos operacionais. A diretoria executiva, porém, impôs algumas condições quanto aos resultados.

Em primeiro lugar, queríamos que os indicadores fossem objetivos e quantificáveis. Os chefes de divisão deveriam ser tão responsáveis por melhorar os indicadores do scorecard quanto haviam sido por utilizar análises financeiras mensais. Em segundo lugar, queríamos indicadores de produção, não indicadores voltados para os processos. Muitos dos programas de melhoria em andamento enfatizavam medições de tempo, qualidade e custo. Mas, quando o gestor se concentra nessas métricas, sente-se incentivado a buscar pequenas melhorias nos processos em vez de metas de produção inovadoras. Ao se concentrarem na produção, os chefes de divisão são forçados a entender seu segmento e sua estratégia e aprendem a quantificar o sucesso estratégico por meio de metas.

Pode ilustrar a diferença entre indicadores de processo e indicadores de produção?

É preciso entender bem seu setor de atividade para criar a conexão entre a melhoria dos processos e os resultados. Veja três exemplos de medição do tempo de ciclo em uma divisão, uma métrica comum de processo.

Na maior parte do nosso negócio de sistemas de defesa, não ganhamos nada ao antecipar uma entrega. Além disso, os contratos permitem o reembolso dos custos de manutenção do estoque. Portanto, as tentativas de reduzir o estoque ou os tempos do ciclo do negócio não produzem um benefício pelo qual o cliente esteja disposto a pagar. Os únicos benefícios da redução do ciclo ou do estoque surgem quando a redução da complexidade no chão da fábrica leva a reduções reais no custo do produto. As metas de desempenho de produção devem ser economias reais de dinheiro, não redução dos níveis do estoque ou dos tempos do ciclo.

Por outro lado, foi possível alcançar reduções significativas do tempo do ciclo para nosso negócio de máquinas de embalagem, e essa melhoria possibilitou uma redução do estoque e uma opção de acesso a uma fatia adicional de 35% do mercado. A redução do tempo do ciclo pôde ser vinculada a metas específicas de aumento das vendas e participação de mercado. Não era linear, mas a produção parecia melhorar cada vez que aumentávamos a produtividade.

Em um de nossos negócios de máquinas agrícolas, todo ano os pedidos de compra chegam numa janela de tempo bastante estreita. O atual ciclo de fabricação é mais longo que essa janela, por isso todas as unidades devem ser fabricadas de forma antecipada, com base na previsão de vendas. Produzir com base na estimativa de demanda gera um grande estoque – maior que o dobro do nível do estoque de nossos outros negócios – e a frequentes excessos de estoque e obsolescências de equipamento. Reduções graduais no tempo total entre o pedido e a entrega não ajudam a mudar o aspecto econômico da operação, mas, se o tempo do ciclo de fabricação passasse a ser menor que a janela de seis semanas para pedidos de compra, quer fosse para todo o cronograma de fabricação ou apenas para parte dele, então ocorreria um avanço. A divisão poderia adotar um planejamento de fabricação sob encomenda e eliminar o excesso de estoque causado pela fabricação baseada na previsão de demanda. Nesse caso, o benefício da redução do tempo do ciclo é uma função escalonada que só se aplica quando o tempo do ciclo é menor que determinado valor.

Então, aqui temos três negócios, três diferentes processos que poderiam ter sistemas elaborados para medir qualidade, custo e tempo, mas que sentiram o impacto das melhorias de formas radicalmente diferentes. Com toda a diversidade de nossas unidades de negócios, a diretoria executiva não pode compreender em detalhes o impacto relativo de melhorias de tempo e qualidade em cada unidade. Todos os nossos altos executivos, porém, compreendem as metas de produção, sobretudo quando exibidas com tendências históricas e metas futuras.

Os chefes de divisão foram capazes de desenvolver indicadores voltados para a produção?

Houve algumas dificuldades. Como antes a ênfase era em indicadores de produção e o foco, em indicadores operacionais e financeiros, as perspectivas do cliente e da inovação foram as mais difíceis. Essas foram também as duas áreas em que o processo do scorecard foi mais útil para o aperfeiçoamento e a compreensão de nossas estratégias existentes.

O problema inicial foi que as equipes de gerência violaram as duas condições: as métricas que propuseram tendiam a não ser quantificáveis e eram mais voltadas para o insumo do que para o produto. Várias divisões queriam realizar pesquisas com clientes e fornecer um índice de resultados. Consideramos que um índice único teria pouco valor e optamos por indicadores mais concretos, como nossos preços em relação à concorrência.

Concluímos que uma pesquisa completa com os clientes seria um excelente veículo para promover o foco externo e resolvemos usar os resultados da pesquisa como ponto de partida para as discussões em nossas análises operacionais anuais.

Houve problemas ao lançar os seis projetos piloto?

No início, vários chefes de divisão não estavam entusiasmados com a liberdade adicional que receberam da sede. Eles sabiam que a visibilidade e a transparência proporcionadas pelo scorecard acabariam com as concessões que já estavam acostumados a fazer. Interpretaram o aumento da visibilidade do desempenho das divisões como uma nova tentativa da diretoria de se intrometer em seus processos de negócios internos.

Para acabar com essa preocupação, fixamos metas em torno de objetivos de longo prazo. Além disso, examinamos atentamente as estatísticas mensais e trimestrais, mas com uma diferença: essas estatísticas focam o progresso da realização de objetivos de longo prazo e ajudam a manter o equilíbrio entre os desempenhos de curto e longo prazos.

Também queríamos transferir rapidamente o foco de um sistema de métricas para a obtenção de resultados de desempenho. A orientação para os indicadores reforça as preocupações com controle e com foco de curto prazo. Ao nos concentrarmos em objetivos em vez de em indicadores, demonstramos o desejo de alcançar um desempenho inovador.

Mas o processo não foi fácil. Após receber a notícia de que precisaria criar um scorecard, um chefe de divisão descreveu seu processo de implementação em três etapas da seguinte forma: negação ("Tomara que o scorecard desapareça."), remédio ("Ele não vai desaparecer, então vamos fazer rapidamente e acabar logo com isso.") e propriedade ("Vamos fazer isso pelo nosso bem.").

No fim, conseguimos. Agora temos seis profissionais convertidos ao scorecard e nos ajudando a disseminar a mensagem por toda a organização.

Estou entendendo que a empresa começou a aplicar o scorecard não só nas unidades operacionais, mas também em grupos de funcionários.

Aplicar a abordagem do scorecard em grupos de funcionários tem sido ainda mais revelador do que nosso trabalho inicial com as divisões operacionais. Pouco temos feito para definir nossa estratégia de utilização do pessoal corporativo. Duvido que muitas empresas possam responder prontamente à pergunta: "Como os funcionários podem lhe proporcionar uma vantagem competitiva?" Pensando em nossas operações de linha, nós nos fazemos essa pergunta todos os dias. Recentemente, começamos a pedir que os departamentos nos expliquem se estão oferecendo serviços de baixo custo ou diferenciados. Se não estiverem oferecendo nenhum dos dois, provavelmente é melhor terceirizar a função. Essa área tem enorme potencial para o desenvolvimento da organização e a melhoria de sua capacidade estratégica.

Conversando com os chefes do financeiro de algumas organizações, eles revelaram certa preocupação com o aumento das responsabilidades causado pelo desenvolvimento e pela manutenção de um scorecard. Que mudanças ocorrem no cargo de controller financeiro quando a empresa troca seu principal sistema de métrica, passando de um puramente financeiro para o scorecard?

Historicamente, tínhamos dois departamentos envolvidos na supervisão do desempenho das unidades de negócios. O departamento de desenvolvimento corporativo estava encarregado da estratégia e o financeiro mantinha os registros históricos, fazia o orçamento e media o desempenho de curto prazo. Os estrategistas apresentavam planos de 5 e 10 anos, enquanto os controllers mostravam orçamentos de um ano e previsões de curto prazo. Os dois grupos mal interagiam, mas agora estão unidos pelo scorecard. A perspectiva financeira se baseia na função tradicional desempenhada pelos controllers. As outras três perspectivas tornam mensuráveis os objetivos estratégicos de longo prazo das divisões.

Em nosso antigo ambiente, os chefes de divisão tentavam equilibrar lucros de curto prazo com crescimento de longo prazo, enquanto recebiam sinais contraditórios, dependendo de se estavam analisando planos estratégicos ou orçamentos. Essa estrutura dificultava o equilíbrio entre lucros de curto prazo e crescimento de longo prazo e, francamente, tirava da alta administração a obrigação de dividir a responsabilidade pelos trade-offs.

Talvez o controller devesse assumir a responsabilidade por toda a definição de métricas e metas, incluindo os sistemas necessários para implementar esses processos. Ele poderia ser um excelente administrador de sistemas, com bastante conhecimento sobre os vários trade-offs e habilidade para relatá-los e apresentá-los. Esse papel não elimina a necessidade de um planejamento estratégico, apenas torna os dois sistemas mais compatíveis. O scorecard pode servir para motivar e avaliar o desempenho, mas, a meu ver, seu principal valor é a aptidão para unir capacidades fortes, mas até então separadas, de desenvolvimento estratégico e controle financeiro. É a solução de desempenho operacional que as corporações nunca deram.

Com que frequência se deve analisar o scorecard de uma divisão?

Acho que vamos pedir aos gerentes que analisem um informe mensal de cada uma de suas divisões, mas é provável que a diretoria executiva analise os scorecards trimestralmente em sistema de rodízio. Assim, vamos analisar até sete ou oito scorecards de divisão por mês.

Não é incoerente avaliar a estratégia de uma divisão a cada mês ou trimestre? Isso não enfatiza o desempenho de curto prazo?

Vejo o scorecard como um sistema de medição estratégica, não como uma medida da nossa estratégia. E acho que essa é uma distinção importante. O scorecard mensal ou trimestral mede operações configuradas para serem coerentes com nossa estratégia de longo prazo.

Vou lhe dar um exemplo de interação entre o curto e o longo prazo. Orientamos os executivos de divisão a escolher indicadores que exijam que eles promovam uma mudança – por exemplo, a penetração em mercados-chave nos quais não estamos representados hoje. Podemos medir essa penetração mensalmente e obter valiosas informações de curto prazo sobre o sucesso final de nossa estratégia de longo prazo. É claro que alguns indicadores, como a participação de mercado anual e as métricas de inovação, não se prestam a atualizações mensais. Na maioria das vezes, porém, esses indicadores são calculados mensalmente.

Alguma consideração final sobre o scorecard?

Acho importante não pensar no scorecard como a última moda. Percebo que várias empresas estão recorrendo aos scorecards da mesma forma que fizeram com a gestão da qualidade total, com a organização de alto desempenho, etc. Você ouve falar de uma boa ideia, vários profissionais da equipe corporativa trabalham nela – provavelmente contratando consultores externos que cobram caro – e estabelece um sistema um pouco diferente do que existia. O problema é que esse sistema é apenas incremental, e o valor que agrega, baixo.

Mas o pior é se você pensar no scorecard como um novo sistema de métricas que acabará exigindo milhares de medições e um grande e caro sistema executivo de informações. Essas empresas perdem de vista a essência do scorecard: o foco, a simplicidade e a visão. Você obtém o verdadeiro benefício do scorecard quando o transforma na pedra angular da maneira como dirige o negócio. Ele deve ser o núcleo do sistema de gestão, não do sistema de métricas. A diretoria executiva determinará se o scorecard se tornará um mero exercício de conservação de registros ou o motor para racionalizar e focar a estratégia que pode levar a empresa a alcançar um desempenho inovador.

Publicado originalmente em setembro de 1993.

6

Inovação: as armadilhas clássicas

Rosabeth Moss Kanter

A INOVAÇÃO VOLTOU AO TOPO DA PAUTA. Nunca um simples modismo, mas sempre entrando e saindo dos holofotes, a inovação é redescoberta a cada seis anos (duração aproximada de uma geração administrativa) como um motor de crescimento. Muitas vezes, porém, o furor da inovação é seguido de uma execução medíocre e resultados fracos. Com isso, surge a necessidade de corte de custos e a equipe de inovação é silenciosamente desmantelada. Cada geração embarca na busca frenética pela próxima novidade e enfrenta o desafio de superar os entraves à inovação. Nos últimos 25 anos, conduzi pesquisas e prestei consultoria a empresas durante pelo menos quatro grandes ondas de desafios competitivos que geraram uma busca generalizada pela inovação.

A primeira foi a aurora da era da informação, entre o fim da década de 1970 e o começo dos anos 1980 – era que criou setores novos e ameaçou aniquilar antigos. Empreendedores e competidores estrangeiros ameaçaram empresas tradicionais em seu território. A tecnologia da informação (TI) começou a evoluir do pesado mainframe para um produto de mesa voltado para o grande público. Nos Estados Unidos, empresas como a Apple Computer transformaram garagens no vale do Silício em celeiros de produtos inovadores. Tempos depois, a IBM imitaria o modelo da Apple e criaria o PC na periferia de Boca Raton, na Flórida, livre das amarras corporativas. Produtos japoneses de alta qualidade, como o Walkman da Sony e os automóveis da Toyota, refletiam não só um bom design, mas também inovações no processo de fabricação que levaram grandes nomes da indústria americana a criar programas próprios para acelerar a geração de ideias. O conceito de "qualidade total" virou um culto.

A segunda onda foi a pressão reestruturadora durante a febre de aquisições de empresas no fim da década de 1980. Empresas tradicionais eram atacadas por fundos de participações interessados em extrair o valor de ativos subutilizados – "valor para o acionista" virou um grito de guerra. Na Europa, a reestruturação foi associada à privatização de estatais, agora expostas à pressão do mercado de capitais. O software despontava como grande motor da inovação e o valor estratégico da TI era louvado; o sistema de reservas Sabre, da American Airlines, virou um símbolo de inovação em processos que vingou como negócio independente.

As empresas passaram a adotar um departamento de novos projetos para garantir que a companhia tirasse proveito de suas ideias e invenções em vez de permitir que um titã como a Microsoft surgisse por fora. As inovações financeiras causavam furor: aquisição alavancada, operações de compra, derivativos e outros tipos de engenharia financeira, além de supermercados financeiros reunindo bancos e quase tudo o mais. A era da reestruturação também primou por produtos que podiam se tornar imediatamente globais. A Gillette deu um exemplo: após evitar uma tentativa de aquisição hostil no fim da década de 1980, lançou no começo da década de 1990 o sistema de barbear Excel – igual no mundo todo – com uma única mensagem publicitária.

A terceira onda foi a febre digital da década de 1990. A promessa (e ameaça) da internet levou muitas empresas tradicionais a apostar em modelos de negócios novos, radicais. Empresas convencionais corriam risco de extinção; muitas se apressaram a criar negócios na rede, em geral sem conexão com sua atividade central – às vezes, em conflito com ela. A atenção se voltou ao mercado de capitais, não ao público, e muitas empresas enriqueceram sem lucro ou receita. A AOL comprou a Time Warner, colocou seu nome na frente do conglomerado de mídia e, em vez de gerar inovação, só destruiu valor.

A atual maré de inovação começou em tom mais sóbrio devido ao colapso das empresas pontocom e ao comedimento provocado pela recessão mundial. Cientes dos limites das aquisições e céticas sobre o furor tecnológico, muitas empresas voltaram a se concentrar no crescimento orgânico. As gigantes que sobreviveram, como a General Electric e a IBM, adotaram a inovação como mantra. A GE assumiu o compromisso de crescer ao ritmo de dois dígitos com o que já tinha. Já a IBM busca a inovação com a solução de problemas sociais complexos que exigem – e exibem – suas tecnologias. Um bom exemplo é o World Community Grid, projeto sem fins lucrativos criado pela IBM para reunir a capacidade ociosa de computadores de diversos parceiros e dar a pesquisadores da aids e outros cientistas o poder de trabalhar com grandes volumes de dados.

No centro da nova onda estão produtos criados para oferecer ao usuário recursos e funcionalidades e satisfazer necessidades emergentes. Suplantados temporariamente por outras obsessões, clientes e mercados de consumo voltaram ao centro do palco. As empresas buscam novas categorias para enriquecer a atividade existente, não empreendimentos novos que as lancem em um curso totalmente distinto. Entre as inovações dessa era estão o iPod, da Apple, e o esfregão Swiffer, da Procter & Gamble.

Cada uma dessas ondas trouxe novos conceitos. A ascensão da biotecnologia, caracterizada por complexos acordos de licenciamento, ajudou, por exemplo, a legitimar as teses de que empresas tradicionais poderiam terceirizar a P&D e aprender com parceiros, e de que fabricantes de bens de consumo poderiam recorrer a celeiros externos de ideias, não só aos próprios laboratórios, para criar produtos. O foco na inovação também reflete mudanças em condições econômicas e acontecimentos geopolíticos. A inovação, claro, cobriu um amplo espectro, incluindo tecnologias, bens, processos e empreendimentos inteiros – cada qual com requisitos próprios.

Apesar das mudanças de cenário e das diferenças entre cada tipo de inovação, toda onda de entusiasmo enfrentou dilemas parecidos. A maioria deles nasce do seguinte conflito: proteger fluxos de receita de atividades correntes vitais para o sucesso no presente ou investir em conceitos novos

> **Em resumo**
>
> A maioria das empresas alimenta o crescimento criando produtos e serviços. No entanto, em seus esforços para inovar, muitas repetem os mesmos erros, minando seu crescimento.
>
> Algumas empresas adotam a estratégia errada, investindo em ideias que acreditam que vão se tornar um grande sucesso. Resultado: pequenas ideias que poderiam gerar grandes lucros são rejeitadas. Durante anos, a Time Warner não desenvolveu novas publicações, pois os executivos queriam que qualquer start-up tivesse o mesmo nível de sucesso da revista *People*. Sua receita, porém, só aumentou quando resolveu apostar em várias novas publicações.
>
> Outras empresas submetem suas inovações a critérios rígidos de desempenho que os negócios atuais precisam seguir e, com isso, acabam estrangulando-as. Na AlliedSignal, novos produtos e serviços on-line precisavam satisfazer a mesma métrica financeira do negócio físico. Os orçamentos não previam fundos de investimento, por isso os executivos que trabalhavam em inovação tinham de conseguir os próprios financiamentos. Resultado: versões adaptadas de velhas ideias.
>
> Para evitar essas armadilhas, Kanter recomenda aplicar as lições aprendidas com as tentativas de inovação fracassadas – por exemplo, incrementando potenciais "grandes apostas" com ideias promissoras de médio alcance e inovações progressivas e adicionando flexibilidade ao planejamento, ao orçamento e às avaliações da inovação.
>
> Como recompensa, aumenta a chance de novas ideias que permeiam sua empresa hoje registrarem sucessos lucrativos no mercado de amanhã.

possivelmente cruciais para o sucesso no futuro? Essa tensão é exacerbada por um fenômeno há muito conhecido: as inovações importantes costumam surgir fora do setor e além das fronteiras de atores consagrados, aumentando a pressão para que a empresa tenha a próxima grande ideia quanto antes. Daí o surgimento de um vasto manancial de informação sobre dilemas da inovação.

Na prática

Para inovar com sucesso, substitua erros comuns por soluções eficazes:

Erros de estratégia
- Rejeitar oportunidades que, à primeira vista, parecem pequenas.
- Presumir que apenas novos produtos são importantes – e novos serviços ou processos aperfeiçoados, não.
- Lançar muitos produtos sem importância, confundindo os consumidores e aumentando a complexidade interna.

Solução: Aumente a pesquisa e amplie o escopo. Apoie um pequeno número de apostas que representem direções claras para o futuro da empresa e recebam a maior parte do investimento. Crie um portfólio de ideias promissoras de médio alcance. E aloque recursos em uma ampla base de ideias em estágios iniciais ou de inovações incrementais.

Erros de processo
- Estrangular a inovação com a mesma rigidez de planejamento, orçamento e avaliações aplicados ao negócio atual.
- Recompensar executivos por fazerem somente aquilo que se comprometeram a fazer – e desencorajá-los a realizar mudanças quando as circunstâncias permitirem.

Solução: Aumente a flexibilidade dos sistemas de planejamento e de controle. Por exemplo, reserve fundos especiais para oportunidades inesperadas.

> **Exemplo:** Depois que a rede de TV britânica BBC, que vinha sofrendo com falta de recursos, criou um fundo para apoiar propostas de inovação, um recém-contratado usou o dinheiro originalmente alocado para um novo filme educacional para gravar um episódio piloto de *The Office*, seriado cômico de maior sucesso das últimas décadas na emissora.

Erros de estrutura
- Separar empreendimentos consolidados dos em formação.
- Criar dois tipos de cidadão corporativo – aquele que se diverte o tempo todo (inovadores) e aquele que precisa ganhar dinheiro (executivos de negócios convencionais).

Solução: Estreite o relacionamento entre os inovadores e outros profissionais da empresa. Convoque reuniões frequentes entre esses grupos e promova a aprendizagem e a integração de novos negócios. Crie relacionamentos sobrepostos – estimulando representantes de negócios convencionais a circularem por grupos ou conselhos consultivos de inovação. Identifique líderes de redes informais que disseminam a inovação e grupos da corrente dominante e encoraje-os a intensificar essas conexões.

Erros de habilidade
- Permitir que inovadores circulem nas equipes rápido demais, impedindo que a química da equipe se desenvolva.
- Presumir que equipes de inovação podem ser lideradas pelo profissional com mais capacidade técnica.

Solução: Escolha líderes de inovação com fortes habilidades interpessoais. Eles vão manter a integridade da equipe de inovação, ajudá-la a abraçar metas coletivas, estimular os pontos fortes uns dos outros e compartilhar conhecimentos difíceis de documentar enquanto as inovações estiverem em desenvolvimento.

Exemplo: Quando a Williams-Sonoma lançou com sucesso seu último grupo de comércio eletrônico, colocou na chefia um executivo que não era especialista em tecnologia mas que foi capaz de montar a equipe certa. Selecionou um grupo de funcionários de outras unidades que poderiam funcionar como embaixadores em seus grupos de origem. Além disso, fez contratações que injetaram várias novas habilidades no projeto.

Livros como *Vencendo a crise*, de Tom Peters e Bob Waterman, *The Change Masters*, de minha autoria, e *Intrapreneuring*, de Gifford Pinchot, deram suporte à onda inovadora da década de 1980 destacando a importância de evitar que potenciais inovadores fiquem presos às amarras burocráticas para poder investir em suas ideias. A isso se seguiu uma leva de obras que falam sobre a dificuldade de investigar o novo ao mesmo tempo que se explora o velho, tese refletida no livro *Winning Through Innovation*, em que Michael Tushman e Charles O'Reilly fazem um pedido por empresas ambivalentes; em *Quando os gigantes aprendem a dançar*, livro de minha autoria sobre a gestão do conflito entre a poderosa corrente central da empresa e os novos fluxos, ainda frágeis, gerados por equipes de inovação; e na descoberta de Clayton Christensen, publicada em *O dilema da inovação*, de que ouvir o cliente atual pode inibir a inovação revolucionária.

Mas, apesar de toda a pesquisa e toda a literatura, ainda vejo executivos com a mesma falta de coragem ou a mesma ausência de conhecimento que minaram as ondas anteriores de inovação. Todos afirmam querer mais inovações, mas depois perguntam: "Tem mais alguém fazendo isso?" Dizem buscar novidades, mas rechaçam todas as ideias que ouvem. E com isso a empresa acaba cometendo o mesmo erro de suas antecessoras. No artigo de 1983 "When Corporate Venture Capital Doesn't Work", publicado na *HBR*, o professor Malcolm Salter, da Harvard Business School, e colegas fizeram alertas comumente ignorados por empresas sobre dilemas enfrentados hoje: com raras exceções, caso da Intel e da Reuters, os departamentos de projetos de risco raramente geram um valor considerável para o negócio principal das empresas.

É inevitável que as lembranças do que aconteceu se apaguem, mas não precisamos esquecer as lições aprendidas. A seguir, detalho alguns casos que mostram as armadilhas da inovação e ensino a evitá-las.

Erros de estratégia: obstáculos muito altos, escopo muito estreito

A possibilidade de cobrar mais e obter margens de lucro mais elevadas leva executivos a buscar inovações de sucesso – o próximo iPod, o próximo Viagra, o próximo Sistema Toyota de Produção. No processo, gastam

As lições da inovação

A inovação entra e sai de moda como um mecanismo estratégico de crescimento corporativo, mas, a cada onda de entusiasmo, executivos cometem os mesmos erros. Na maior parte do tempo, tropeçam em seus esforços de P&D porque estão comprometidos com uma equação difícil de equilibrar: precisam proteger os fluxos de caixa existentes e, ao mesmo tempo, conquistar novos. Mas o termo "empreendedorismo corporativo" não precisa ser um paradoxo. A inovação pode prosperar se os executivos aprenderem com as lições do passado.

Lições de estratégia

- Nem toda inovação precisa ser extremamente bem-sucedida. Um número suficiente de inovações pequenas ou progressivas pode gerar grandes lucros.
- Não foque somente o desenvolvimento de novos produtos: ideias transformadoras podem surgir de qualquer parte – marketing, produção, financeiro ou distribuição.
- Inovadores bem-sucedidos utilizam uma "pirâmide de inovação" com as grandes apostas no topo, recebendo a maior parte do investimento; no meio da pirâmide, um portfólio de ideias promissoras de médio alcance em fase de teste; e uma ampla base de ideias ou inovações progressivas em estágio inicial. Ideias e influências podem subir ou descer na pirâmide.

Lições de processo

- Controles rígidos asfixiam a inovação. Quando você simplesmente utiliza o planejamento, o orçamento e as avaliações dos negócios existentes no negócio inovador, há grande chance de destruí-lo.

recursos vultosos, embora o sucesso seja raro e imprevisível. Tentando criar um aplicativo vencedor, muitas empresas acabam rejeitando oportunidades que, a princípio, soam modestas demais. Por outro lado, os profissionais que não estão envolvidos em grandes projetos se sentem marginalizados.

Durante anos, grandes fabricantes de bens de consumo engavetaram ideias incapazes de gerar receitas de centenas de milhões de dólares num período de dois anos. Essa política inibiu investimentos em tudo o que não podia ser testado e mensurado com a pesquisa convencional de mercado

- Empresas devem esperar mudanças de plano: quando recompensado por simplesmente fazer aquilo a que se comprometeu em vez de agir conforme as circunstâncias exigem, o próprio funcionário sufoca e acaba com a inovação.

Lições de estrutura
- Ao mesmo tempo que relaxam alguns controles formais, as empresas devem reforçar os vínculos entre os esforços de inovação e o restante do negócio.
- Inovações capazes de alterar o cenário geralmente têm pontos de contato com canais já estabelecidos ou combinam de forma inovadora elementos existentes.
- Se as empresas criam dois tipos de cidadão corporativo e oferecem aos inovadores mais vantagens, privilégios e prestígio, os cidadãos do negócio atual se esforçarão para acabar com a inovação.

Lições de habilidade
- Até as inovações mais técnicas exigem líderes fortes com grande capacidade de relacionamento e comunicação.
- Membros de equipes de inovação bem-sucedidas se unem para trabalhar no desenvolvimento de uma ideia, mesmo que a empresa exija maior rotatividade de seus profissionais.
- Como as inovações precisam de conectores – pessoas que sabem encontrar parceiros nos negócios convencionais ou no ambiente externo –, elas prosperam em culturas que encorajam a colaboração.

– ou que não era produto da experiência – em favor de ideias pouco inovadoras e semelhantes às práticas atuais. Nas décadas de 1980 e 1990, gigantes como Pillsbury, Quaker Oats e até Procter & Gamble (hoje uma grande inovadora) eram vulneráveis a empresas menores capazes de lançar novos produtos rapidamente e roubar mercado das grandes. A P&G lamentou, por exemplo, não ter lançado antes de uma concorrente um produto para limpeza de vasos sanitários, embora seus laboratórios tivessem criado um produto similar. Por sair à frente, a concorrente dominou o mercado.

A Pillsbury e a Quaker também perderam a corrida para lançar produtos novos e, com um desempenho insatisfatório, acabaram sendo adquiridas.

Braço de revistas da Time Warner, durante muito tempo a Time Incorporated demorou a lançar novos títulos, pois a diretoria queria que todo projeto tivesse potencial para se transformar na próxima *People* ou *Sports Illustrated*, dois dos lendários sucessos do grupo. No período anterior a 1992, que antecedeu o comando de Don Logan, quase nenhuma revista foi criada. Quando o novo chefe mudou a estratégia do grupo, a Time criou (ou comprou) cerca de 100 publicações, o que aumentou radicalmente a receita, o fluxo de caixa e o lucro da empresa. Nem todas as revistas emplacaram, mas a Time aprendeu o que qualquer inovador de sucesso sabe: para acertar mais, é preciso estar disposto a errar mais.

Um erro relacionado a esse é agir como se apenas os produtos fossem importantes – embora ideias novas e transformadoras possam surgir de uma série de áreas, como produção e marketing. Uma indústria têxtil especializada em tecidos de trama complicada apresentava um velho problema: o rompimento dos fios durante a produção, que se refletia no custo do produto e se traduzia numa desvantagem competitiva. Apesar disso, a cúpula da empresa seguia buscando grandes inovações em produtos, como o uso de novos tecidos. Certo dia a empresa contratou um executivo que acreditava que a busca pela inovação era responsabilidade de todos. Após uma reunião para discutir a necessidade de mudança, um antigo funcionário estrangeiro da produção, que entrara na empresa ainda jovem e seguia falando com forte sotaque, abordou o executivo com uma saída para resolver o problema dos fios. A solução foi testada e funcionou. Quando perguntaram ao operário há quanto tempo tivera a ideia, ele respondeu: "Há 32 anos." Algo parecido ocorreu na Quaker Oats durante a década de 1990. Ocupada demais com pequenos ajustes na fórmula dos produtos, a empresa perdeu diversas oportunidades em áreas como distribuição, para tirar proveito, por exemplo, de pequenos estabelecimentos voltados para produtos de saúde, onde era vendida a Snapple, bebida que a empresa adquirira.

A fabricante de sucos Ocean Spray atacou na área de embalagens e bateu as maiores empresas americanas do setor de sucos (grupo que então incluía a P&G e a Coca-Cola) ao obter, por 18 meses, exclusividade no lançamento das embalagens de papelão da Tetra Pak nos Estados Unidos.

A Ocean Spray tinha uma estratégia de inovação mais eclética que a as rivais – o que incluía fóruns de ideias para explorar inovações em qualquer área, abertos à participação de todos os funcionários. A embalagem de papelão foi um sucesso instantâneo entre as crianças (e entre os pais que preparavam a lancheira) e, como resultado, a fatia de mercado da Ocean Spray disparou.

Em seus primórdios, a indústria automobilística americana ganhou uma grande inovação de seu braço financeiro: o crédito ao consumidor abriu o mercado de massa a produtos que até então só os ricos podiam comprar. A Intel fez uma revolução no marketing: passou a tratar o chip de computador como uma batata chips. Sendo uma empresa de tecnologia, a Intel poderia ter deixado a inovação a cargo da equipe de P&D, mas, ao fazer propaganda de um componente diretamente para o usuário final, ganhou enorme força junto a fabricantes de computadores, que não tinham muita escolha senão colocar o rótulo Intel Inside em seus hardwares.

A mexicana Cemex, multinacional do ramo do cimento, foi outra a disseminar o brainstorming para gerar inovações que abrissem novas fontes de valor para um produto que podia facilmente se tornar commodity. Entre as inovações havia sacos de cimento com a marca da empresa e tecnologias que viabilizavam a entrega do produto ao cliente com a rapidez de uma entrega de pizza. No caso da P&G, embora as atenções se voltem para produtos novos, como o esfregão Swiffer e a fita clareadora dental CrestWhitestrips, suas inovações em mídias, como sites interativos das novelas que patrocina, podem se mostrar ainda mais valiosas para o futuro da empresa.

Quando a empresa é centrada demais em produtos e muito afoita em gerar receita, pode surgir outro problema: a energia inovadora é dissipada em uma série de pequenos projetos que se restringem a imitar outros em busca de ganhos imediatos. No longo prazo, projetos do tipo podem acabar elevando custos. Embora a falta de estímulo a pequenas vitórias possa resultar na perda de grandes oportunidades, a tática de lançar muitos projetos triviais é como espalhar sementes em solo pedregoso: a planta pode até brotar, mas não lança raízes nem se transforma em algo útil. Quando novas ideias se limitam a variações modestas no produto em vez de inovações de destaque, a proliferação pode diluir a marca, confundir o público e elevar a complexidade operacional – como quando a empresa lança o mesmo biscoito em vários tamanhos e sabores em vez de criar um produto novo, problema que a Kraft vem enfrentando atualmente.

Erros de processo: controles rígidos

Outro erro clássico está ligado aos processos – mais especificamente, ao impulso de tolher a inovação com controles rígidos, usando planejamento, orçamento e avaliações idênticos aos adotados nas atividades correntes da empresa. A incerteza inerente à inovação torna inevitável que haja desvios ou mudanças de rota inesperadas. A novata Ocean Spray só abraçou a embalagem de papelão antes das grandes produtoras americanas de suco porque estas já tinham fechado o orçamento do ano e precisavam criar um comitê para avaliar a nova embalagem antes de tomar uma decisão que fugisse a seus planos.

Em 2000, a Allied Signal (hoje Honeywell) partiu em busca de produtos e serviços baseados na internet, mas para isso se valeu dos processos típicos de planejamento estratégico e orçamento – e por meio de divisões de negócios já existentes. Na avaliação trimestral do orçamento, o presidente pedia que cada divisão levasse a ele suas melhores ideias para inovações ligadas à internet. Embora classificados como prioridade, os projetos estavam sujeitos às mesmas métricas financeiras aplicadas aos negócios tradicionais. Não havia verba adicional para investimentos. Para custear a inovação, o gestor precisava economizar ou transferir fundos internamente. Resultado: versões recicladas de ideias já adotadas.

As avaliações de desempenho e as métricas associadas a elas são outra zona de risco para a inovação. Uma empresa tradicional não deseja apenas criar planos, mas que seus gestores os respeitem. Em geral, premia o indivíduo por seguir à risca o compromisso assumido e desencoraja mudanças, mesmo que justificadas. Em uma grande empresa do setor de defesa, os funcionários recebiam nota baixa por não cumprir exatamente o prometido, ainda que superassem as expectativas. Isso os levou a prometer menos do que eram capazes de entregar, reduzindo as ambições de todos e afugentando a inovação.

No começo da década de 1990, o Bank of Boston (hoje parte do Bank of America) criou um grupo de inovação – o First Community Bank (FCB), primeira grande iniciativa do setor bancário voltada para mercados de baixa renda. O FCB penou para convencer gerentes do braço tradicional de operações do Bank of Boston de que as métricas típicas de desempenho, como duração das transações e rentabilidade por cliente, não serviam para o novo mercado (que, entre outras coisas, exigia que o cliente fosse instruído) ou para um projeto novo e arriscado que ainda carecia de investimento. Os gerentes tradicionais achavam que agências de "desempenho ruim" deveriam ser fechadas. Para salvar a inovação, os líderes do FCB criaram métricas voltadas para a satisfação e a lealdade de clientes e acharam maneiras originais de apresentar bons resultados (por grupos de agências). O projeto acabou se mostrando rentável e importante para a matriz na posterior campanha de aquisições.

Erros de estrutura: conexões fracas, divisões exacerbadas

Embora submeter projetos incipientes a processos idênticos aos das atividades tradicionais seja uma estratégia arriscada, é preciso ter cuidado na hora de estruturar as duas operações, para evitar o conflito de culturas ou de interesses.

A abordagem mais radical é criar uma divisão separada da operação convencional, mas a serviço da base à qual pertence. Foi a lógica por trás da criação da Saturn como subsidiária autônoma da General Motors. Nela, as normas da GM não valiam e a equipe era incentivada a inovar em todos os aspectos de concepção, produção, marketing, vendas e serviços ao cliente. A esperança era de que as melhores ideias fossem aproveitadas pela matriz. Só que, após uma excelente estreia, a Saturn foi integrada à GM e muitas das inovações evaporaram.

No tempo que a Saturn levou para pegar embalo, a Toyota – que, ao contrário da Saturn, prefere avanços contínuos a iniciativas estrondosas ou partindo da estaca zero – seguia à frente da GM em qualidade, satisfação do cliente e crescimento no mercado. Em um exemplo semelhante, as escolas públicas alternativas americanas saíram do jugo do sistema de ensino público para poder inovar e servir de modelo para uma educação de mais qualidade. Mas, embora tenham feito diversas inovações, como um currículo focado e o aumento do tempo de permanência do aluno, há poucos indícios de que tenham estimulado mudanças no sistema de ensino como um todo.

Em ambos os casos, o problema pode ser a conexão fraca entre a iniciativa nova e a tradicional. Quando os profissionais atuam de forma isolada, a empresa pode acabar perdendo a oportunidade de inovar. Em geral, inovações que mudam o mercado abrangem vários canais tradicionais ou combinam recursos já existentes sob um novo foco. A CBS já foi a maior emissora de TV e dona da maior gravadora de discos do mundo, mas perdeu para a MTV a chance de inventar o videoclipe. No fim da década de 1990, a Gillette tinha uma divisão de escovas de dentes (Oral B), outra de aparelhos eletrônicos (Braun) e outra de pilhas (Duracell), mas nem assim foi a primeira a lançar uma escova de dentes a pilha.

A probabilidade de a empresa ignorar ou inibir a inovação aumenta quando a potencial inovação envolve o domínio de setores ou tecnologias distintos. Gestores de organizações tradicionais talvez não entendam a natureza da nova ideia e se sintam ameaçados por ela.

A AT&T Worldnet, divisão de acesso à internet da célebre operadora americana de telefonia de longa distância, enfrentou essa combinação letal na década de 1990. Chefes de braços tradicionais do grupo – voltados tanto para o grande público quanto para empresas – participaram de uma série de debates para decidir se a Worldnet seria uma divisão isolada, com P&D própria, ou parte dos braços existentes voltada sobretudo para o grande público. Embora resistissem a abrir mão de algo, os chefes acabaram aceitando certo nível de separação para proteger o novo projeto do fardo da burocracia e impedir que fosse comparado com atividades mais maduras, que já geravam fluxo de caixa considerável em vez de exigir investimentos. Não estavam muito preocupados, pois achavam que uma provedora de internet jamais geraria receitas e lucros consideráveis.

Mas a Worldnet vingou e começou a chamar a atenção. O setor de serviços ao grande público passou a ver a possível incursão da nova divisão na telefonia VoIP (sigla para *voice over internet protocol*) como uma ameaça que talvez canibalizasse suas atividades principais. Os gerentes de serviços ao consumidor assumiram o controle da Worldnet e decidiram asfixiá-la. Usaram a plataforma para a venda de serviços de longa distância convencionais e passaram a aplicar ao braço de internet métricas iguais às usadas para a telefonia de longa distância. Logo de cara, a definição de preços criou um problema. Os serviços da Worldnet eram baratos exatamente para alimentar o crescimento e gerar os efeitos de escala e rede de um grande volume de assinantes, mas, como a divisão tradicional não queria arcar com perdas em nenhuma operação, aumentou os preços, estancando o crescimento da Worldnet. Com isso, os gerentes de serviços ao cliente podiam tratar a Worldnet como um negócio banal, de crescimento lento, que não merecia altos investimentos. Assim, não alocaram recursos suficientes para desenvolver o acesso à internet e a tecnologia de VoIP, tolhendo importantes inovações em telecomunicações nas quais a AT&T poderia ter sido pioneira.

Choques culturais exacerbaram a tensão na AT&T. Os gerentes tradicionais eram veteranos do sistema Bell. Já o grupo de internet contratou profissionais de fora, especialistas em tecnologia que falavam a língua da computação, não a da telefonia.

Ainda que o novo projeto seja integrado a uma operação existente, os choques culturais se transformam numa luta de classes quando há duas categorias de cidadãos na empresa: aqueles que só se divertem e aqueles que só geram receita. O pessoal de inovação, seja uma equipe de P&D ou uma divisão de novos empreendimentos, é identificado como a semente do futuro. Está livre das normas e de exigências de receita e pode explorar ideias que ainda não funcionam. Já os colegas dos setores tradicionais obedecem às regras, satisfazem as exigências e geram caixa, por isso acabam se sentindo certinhos demais e às vezes precisam ouvir que são dinossauros cujo modelo de negócios em breve ficará obsoleto.

No começo da década de 2000, um projeto da Arrow Electronics ligado à internet, o Arrow.com, foi instalado no mesmo local da equipe de vendas tradicional. Fora isso, não tinham mais nada em comum. O grupo de internet contava com funcionários recém-contratados, em geral jovens que se vestiam diferente e tinham formações distintas dos profissionais da equipe de vendas tradicional. Compraram móveis confortáveis e instalaram uma nova cozinha, com a justificativa de que a nova equipe trabalhava 24 horas por dia, de segunda a segunda. Inquieta com a ameaça que a venda pela internet representava para as comissões e ciente do estado precário de suas instalações, a força de vendas tradicional não disfarçou a raiva. A relação entre os grupos degenerou a tal ponto que foi preciso erguer uma parede para separar as alas. As equipes perderam tempo brigando e pondo em risco a relação com os clientes ao disputá-los – afinal, o Arrow.com era apenas mais um canal de distribuição. O CEO precisou intervir e buscar estruturas para conectar os grupos.

Erros de capacitação: liderança fraca, comunicação precária

Outro erro comum das empresas é subestimar e fazer poucos investimentos no lado humano da inovação. Com frequência, altos executivos escolhem, para cargos de comando, os profissionais com maior capacitação técnica, não os melhores líderes. Essa chefia de orientação técnica, por sua vez, supõe erroneamente que a ideia falará por si caso tenha valor, por isso deixa de lado a comunicação externa. Ou, então, prioriza tarefas em vez de relacionamentos, perdendo a chance de melhorar a química da equipe – fator necessário para transformar conceitos não totalmente desenvolvidos em inovações úteis.

Um grupo que é montado sem a devida atenção às habilidades interpessoais tem dificuldade para adotar metas coletivas, tirar proveito dos diferentes pontos fortes de cada membro ou manter uma comunicação boa o bastante para compartilhar o conhecimento tácito ainda em formação e difícil de documentar enquanto a inovação está em desenvolvimento. A confiança e a troca que conduzem a grandes ideias demoram a surgir. Pesquisadores do MIT revelaram que membros de uma equipe de P&D só se tornam realmente produtivos após pelo menos dois anos. A certa altura, a Pillsbury notou que gastava em média de 24 a 26 meses para levar com sucesso a ideia de um novo produto ao mercado, mas a média de permanência do profissional da equipe de desenvolvimento de produtos era de 18 meses. Não admira que a empresa estivesse ficando para trás no quesito inovação.

Quando a companhia define quanto tempo o funcionário deve permanecer no cargo, causando mudanças na equipe, novos empreendimentos podem encontrar dificuldades na hora de encarar certos desafios, levando o pessoal a adotar soluções rápidas, fáceis e convencionais. Na década de 1980, os chefes de equipes de novos projetos na Honeywell costumavam ser promovidos antes de concluir a missão. Como as ofertas de promoção não eram negociáveis e o salário era ligado não à dificuldade inerente ao cargo, mas ao volume de ativos sob controle do líder (que, em novos projetos, é pequeno), até os inovadores mais dedicados aceitavam abandonar os projetos no meio do caminho. Em suma, a Honeywell minava o próprio esforço de inovação. Embora uma análise das razões do insucesso de novos projetos tenha revelado o problema, o viés tecnológico dificultava que os gerentes mais antigos entendessem o valor do entrosamento e da continuidade da equipe.

O esforço inovador também perde força quando a comunicação e a busca de relacionamentos fora da equipe são negligenciadas. No fim da década de 1990, quando vivia uma fase difícil, a Gap Incorporated montou vários projetos transfuncionais para buscar inovações em produtos, conceitos de varejo e operações. Algumas equipes rapidamente se fecharam para as demais – e até para os antigos colegas. Ao deixar de explorar as ideias dos demais, apresentaram sugestões medíocres, e, ao não manter os colegas informados, não conseguiram apoio nem para as propostas mais simples.

Para que seus conceitos vinguem, o inovador não pode atuar isolado. Precisa montar uma coalizão de partidários que defendam o projeto nas reuniões das quais o inovador não participe ou promovam a inovação embrionária nas etapas posteriores de difusão e uso. Se quiser criar as bases para que a inovação seja bem acolhida, a equipe deve ser capaz de apresentar algo radical de um jeito que todos entendam e de amortecer o impacto de inovações disruptivas com a garantia de que a ruptura será administrável. Quando um especialista confunde a plateia em vez de esclarecer as coisas, o apoio some, e dizer "não" é sempre mais fácil que dizer "sim". Equipes que trabalham em segredo e apresentam ideias apenas quando já finalizadas enfrentam objeções inesperadas, que às vezes matam o projeto.

Esse descuido com o relacionamento e a comunicação com gestores de outras áreas condenou ao fracasso uma promissora linha de produtos da Timberland, a TravelGear. Criada pela InventionFactory, uma equipe de P&D desvinculada da operação central da empresa, a linha TravelGear permitia ao consumidor viajar com apenas um par de calçados e acrescentar ou subtrair componentes dele dependendo da atividade ao ar livre. O conceito ganhou um prêmio de criação da *BusinessWeek* em 2005. Só que nem todas as equipes da empresa foram incluídas nos projetos da InventionFactory e a equipe de vendas tradicional se recusou a vender os produtos TravelGear.

Em comparação, o sucesso do médico Craig Feied ao criar uma rede digital de ponta para o Washington Hospital Center e sua controladora (a MedStar Health) é prova do excelente resultado que surge quando há investimento no fator humano. Uma pequena equipe de programadores projetou no próprio setor de emergência – e não no departamento de TI – um sistema de informações fácil de usar. Isso, por si só, já garantiu a proximidade com os usuários. Feied e outro médico, Dr. Mark Smith, fizeram questão de atuar em vários comitês do hospital para ter uma ampla base de contatos. Esse investimento nas pessoas e a contribuição delas para as metas comuns da instituição surtiram efeito positivo: as ações de Feied e Smith ajudaram a gerar um boca a boca positivo e garantiram o apoio de outros departamentos ao sistema (chamado de Azyxxi), uma ferramenta que poupou tempo e salvou vidas.

O clima da interação dentro de um grupo de inovação é determinado pelo clima das relações fora dele. Uma cultura negativa pode custar caro para a empresa. A segunda metade da década de 1990 foi difícil para a Seagate Technology. A empresa, grande fabricante de discos rígidos para microcomputadores, tinha sete centros de design trabalhando em inovações. Apesar disso, sua produtividade em P&D era a pior do setor, pois, em vez de cooperar, os centros competiam entre si. As tentativas de entrosamento levavam os profissionais a defender os próprios grupos em vez de buscar pontos de concordância. Os engenheiros e gerentes não tinham regras de convivência positivas. Na verdade, existia o oposto: havia um prêmio para quem se portasse pior durante as reuniões de executivos. A falta de inovação em produtos e processos se refletia na perda de participação de mercado, clientes insatisfeitos e queda de receita. Com a queda da venda de PCs e a redução da base de clientes, a Seagate corria o risco de virar uma fabricante de commodities num cenário tecnológico em transformação.

Com um novo presidente (Steve Luczo) e um novo diretor de operações (Bill Watkins) atuando em parceria, a Seagate adotou normas de convivência entre o pessoal – começando pela equipe executiva. Essa conscientização gerou um processo sistêmico para a formação e a condução de "equipes centrais" (grupos de inovação transfuncionais). Os funcionários da empresa receberam orientações sobre métodos de formação de equipes em programas de treinamento convencionais e em aventuras ao ar livre na Nova Zelândia e em outros locais remotos. Para liderar as equipes centrais, a Seagate deu preferência a indivíduos com reconhecida capacidade de criar relações sólidas em vez de profissinais com mais qualificação técnica. Ao contrário dos comitês conflitantes reunidos durante a fase de declínio, as equipes centrais geraram inovações incríveis em processos e produtos – inovações que devolveram à empresa a liderança do mercado. A partir de então a Seagate conseguiu criar inovações em uma série de novos aparelhos eletrônicos, como iPods e celulares.

Soluções para inovar

A busca de ideias, produtos e serviços inovadores pode sair dos trilhos de várias maneiras. Por sorte, a história também mostra como a inovação acontece. A expressão "empreendedorismo corporativo" não precisa ser contraditória. Eis quatro maneiras de acertar.

Solução de estratégia: ampliar a busca, ampliar o escopo

É possível criar uma estratégia de inovação que funcione nos três níveis da pirâmide da inovação: no topo, algumas grandes apostas que recebem a maior parte dos investimentos e apontam para um rumo claro no futuro; um conjunto de ideias promissoras de médio alcance exploradas, criadas e testadas por equipes dedicadas; e uma ampla base de ideias em estágio inicial ou inovações graduais que permitem o aprimoramento contínuo. Nessa pirâmide a influência flui de cima para baixo, com as grandes apostas estimulando as conquistas menores a seguir o mesmo caminho. Mas o fluxo pode se inverter, pois uma grande inovação às vezes começa com pequenos ajustes – como no caso da famosa descoberta acidental dos adesivos Post-it, da 3M.

Pensar na inovação à luz dessa pirâmide ajuda os altos executivos a avaliar iniciativas em curso, a fazer ajustes à medida que ideias se mostram valiosas e pedem mais suporte e a garantir que haja atividade em todos os níveis. Uma cultura de inovação se desenvolve quando todos contribuem. Enquanto grupos dedicados atuam em grandes projetos e equipes temporárias exploram ideias de médio alcance, o restante da empresa pode ser convocado a dar ideias. Todo funcionário é um caçador e iniciador de projetos, como a IBM vem provando. Em julho de 2006, a empresa realizou na internet o InnovationJam, projeto em que, ao longo de três dias, cerca de 140 mil funcionários e clientes representando 104 países sugeriram e deram nota a aproximadamente 37 mil propostas, gerando um vasto manancial de ideias brutas, algumas grandes, a maioria pequena. Aliás, é mais provável que uma empresa tenha grandes ideias se contar com um amplo esquema de triagem de pequenas sugestões. Um dos segredos do sucesso de empresas com altos índices de inovação é, simplesmente, testar mais ideias.

A Gillette adotou o modelo de pirâmide como parte de uma campanha para acelerar o ritmo das inovações em 2003 e 2004. O resultado foi um fluxo de novas ideias em todos os setores e divisões, aumentando a receita e os lucros. Entre as novidades estava a escova de dentes a pilha; novos conceitos nos laboratórios de P&D (como um sistema de barbear também a pilha lançado em 2006, o Fusion); campanhas inovadoras de marketing que neutralizaram a concorrência, como a do Mach3 Turbo, que ofuscou o lançamento do sistema Quattro, da Schick; e novas tecnologias no RH. Na primeira feira de inovação da Gillette, em março de 2004, cada divisão exibiu as melhores ideias do ano de forma criativa. O departamento jurídico promoveu o novo curso de ética on-line com uma brincadeira: distribuiu cartões de "saída da prisão" parecidos com os do jogo Banco Imobiliário. Convencer o jurídico a abraçar a inovação foi uma vitória para uma empresa em que os inovadores precisam de agilidade para acelerar o registro de patentes e de ajuda para superar entraves regulamentares.

Uma estratégia que inclua inovações incrementais e avanços contínuos pode ajudar a abrir a mente de todos na empresa, deixando seus funcionários mais receptivos a grandes revoluções.

Solução de processo: Flexibilizar planejamento e sistemas de controle

Uma saída para que a inovação floresça fora dos ciclos normais de planejamento é reservar fundos para oportunidades inesperadas. Com isso, ideias promissoras não precisam aguardar o próximo ciclo de orçamento e os inovadores não precisam implorar por recursos a gerentes de atividades convencionais que são avaliados à luz de receitas e lucros correntes.

Na segunda metade da década de 1990, uma gestão autocrática e controles rígidos levaram a BBC a inovar menos, o que a fez perder parte da audiência. Os orçamentos eram apertados e, uma vez definidos, os gastos eram confinados a categorias predeterminadas. Em 2000, porém, um novo CEO e seu diretor financeiro afrouxaram as regras e passaram a separar recursos para respaldar propostas inovadoras, deixando claro que a burocracia não deveria inibir a criatividade. A série de maior sucesso da BBC em décadas, a comédia *The Office*, surgiu por acaso, quando um funcionário recém-contratado resolveu usar a verba originalmente destinada a um vídeo de treinamento interno para gravar o episódio piloto.

A IBM está inserindo a flexibilidade diretamente em sua infraestrutura. A empresa criou um fundo de 100 milhões de dólares para explorar, fora dos processos normais de planejamento e orçamento, as melhores ideias surgidas no projeto InnovationJam. Dessa forma, espera viabilizar ideias que brotem na base da pirâmide. "Ninguém jamais reuniu um grupo tão global e diversificado de líderes em inovação (...) para discutir as questões e oportunidades mais prementes da atualidade", diz Nick Donofrio, vice-presidente executivo de inovação e tecnologia da IBM. "Há empresas batendo à nossa porta e dizendo: 'Mostrem suas melhores ideias e vamos trabalhar juntos para torná-las realidade.' É uma oportunidade de ouro para criarmos mercados e parcerias totalmente inéditos."

Além de pedir outro modelo de financiamento e de parcerias de desenvolvimento, o processo de inovação precisa ser isentado de certas exigências corporativas – afinal, há muitas diferenças entre uma atividade tradicional e um novo empreendimento. O fato de uma inovação poder evoluir rapidamente com a criação de protótipos – aprendizado por meio de testes rápidos – talvez signifique que os momentos-chave que desencadeiam a necessidade de análises e a liberação de novas verbas aconteçam mais rápido do que em operações já tradicionais, seguindo o ritmo do projeto em vez de um calendário fixo, trimestral ou anual. Outros tipos de projeto podem exigir mais paciência – é o que acontece, por exemplo, quando um grupo de inovação encontra obstáculos inesperados e precisa repensar o modelo. O importante é tratar cada caso de forma individualizada.

Solução de estrutura: promover o contato entre inovadores e atividades tradicionais

Ao mesmo tempo que solta as rédeas para não sufocar a inovação, a empresa deve estreitar os vínculos humanos entre o pessoal dedicado à inovação e o restante dos profissionais da empresa. É preciso haver, regularmente, diálogos produtivos entre os inovadores e o pessoal das operações tradicionais. O ideal seria que a lista de atribuições das equipes de inovação incluísse a comunicação externa – e os líderes no topo da hierarquia promovessem discussões para incentivar o respeito mútuo em vez do conflito e do antagonismo. Essas conversas devem ter como meta o aprendizado recíproco, para minimizar a canibalização e facilitar a integração de inovações que evoluem para novos negócios. Além de reuniões formais, a empresa pode incentivar conversas informais – como fez a Steelcase ao erguer um centro de design cujo formato físico obrigava as pessoas a se encontrarem com as outras – ou identificar os líderes das redes transfuncionais informais e incentivá-los a tomar iniciativas que promovam vínculos.

Logo no início do projeto, os grupos de inovação podem ser informados de que deverão contribuir para a atividade central da empresa e, ao mesmo tempo, buscar inovações para abrir frentes de atuação. Essa atribuição extra pode ser formalizada e reforçada por relações sobrepostas – seja com a participação em rodízio de representantes de áreas tradicionais nos grupos de inovação ou com conselhos consultivos fazendo o monitoramento das novas iniciativas. Após o fracasso de sua primeira grande ideia, a InventionFactory, da Timberland, aprendeu a trabalhar em sintonia com as equipes tradicionais para satisfazer necessidades de inovação imediatas – como calçados de passeio forrados com um material chamado SmartWool – e, ao mesmo tempo, buscar revoluções radicais. O grupo de criação de produtos da Turner Broadcasting mescla projetos distintos: desenvolvimentos independentes, avanços em canais existentes, parcerias externas e investimentos de capital de risco. Recentemente, a PNC Financial Services Group criou um grupo voltado para novos produtos no intuito de supervisionar iniciativas em áreas convencionais, como reajustes de preços e produtos ou motores de crescimento em novas esferas, entre as quais serviços baseados em tecnologia e atividades de *back office* para fundos de investimento. A comercialização de novos produtos subiu 21% em 2005, respondendo por 46% do total das vendas.

Estruturas organizacionais flexíveis congregam equipes de vários setores ou disciplinas em torno de soluções e podem facilitar as conexões. O conglomerado de mídia Publicis tem equipes de "comunicação holística" formadas por profissionais de todas as agências de publicidade do grupo (Saatchi & Saatchi, Leo Burnett, Publicis Worldwide, etc.) e equipes de tecnologia voltadas para clientes e marcas. A Novartis se estruturou em torno de enfermidades, com o departamento de P&D trabalhando em vínculo mais estreito com mercados e clientes; isso ajudou a empresa a lançar grandes inovações com mais rapidez – como o Gleevec, para o câncer. Na Seagate, o sucesso da equipe Factory of the Future em inovações aparentemente milagrosas em processos levou à disseminação de seu modelo de equipes centrais por toda a empresa.

Na Allied Signal, inovadores em potencial perceberam que, para explorar oportunidades promissoras, era preciso cruzar fronteiras. A divisão aeroespacial, por exemplo, foi organizada em grupos especializados em companhias aéreas comerciais (um para grandes, outro para pequenas) e em aviação em geral (jatos executivos e voos fretados), mas a melhor ideia foi separar clientes que faziam a própria manutenção daqueles que as terceirizavam. A divisão precisou criar laços entre territórios até então isolados para iniciar o processo de inovação.

O êxito da Williams-Sonoma em diversos canais de varejo e na inovação no comércio eletrônico pode ser atribuído à maneira como seus pioneiros da internet conectaram suas ideias ao resto da empresa. Desde o início, o CEO, Howard Lester, se recusa a considerar projetos de internet desvinculados de outras operações da corporação. O primeiro grande empreendimento foi a criação de uma lista de presentes de casamento on-line para acrescentar funcionalidade à atividade tradicional. Quando o projeto mostrou valor, foi criado um departamento de comércio eletrônico, com instalações próprias. Mas, em vez de se isolar na busca de um rumo próprio, o departamento buscou aprimorar os canais existentes, não competir com eles. Seu sucesso não era medido apenas pelas vendas on-line, mas também pelo aumento de receita em outros canais aprimorados pela internet. No intuito de estreitar os laços com as atividades tradicionais, o departamento passou a dar treinamento para o restante da companhia.

Solução de capacitação: priorizar a contratação de profissionais com alta capacidade de liderança e habilidades interpessoais e cercar os inovadores de uma cultura de colaboração

Empresas que cultivam a capacidade de liderança têm mais chances de se sair bem no aspecto "inovação". Parte do sucesso rápido e rentável da Williams-Sonoma no comércio eletrônico se deve à grande atenção dada ao fator humano. Shelley Nandkeolyar, primeiro executivo do grupo de comércio eletrônico da empresa, não era um grande especialista em tecnologia, mas se mostrou um líder capaz de montar a equipe certa. Ele valorizava os relacionamentos, por isso decidiu misturar funcionários atuantes em outras divisões – e que poderiam fazer a ponte com os colegas das antigas equipes – a recém-contratados que aportavam novas habilidades ao pessoal. Criou, ainda, equipes multidisciplinares para assessorar e se conectar à de e-commerce. Inventou o cargo de integrador, cuja função era promover o contato entre as operações, e para ele selecionou Patricia Skerritt, conhecida por ser orientada para relacionamentos.

Algo parecido ocorreu com Gail Snowden, que conseguiu superar o antagonismo dos gerentes de nível médio e transformar o First Community Bank (do Bank of Boston) numa inovação de sucesso que gerou outras inovações (novos produtos e serviços) graças à sua capacidade de liderança, não ao domínio do setor bancário. Snowden montou um grupo de profissionais talentosos – uma equipe entrosada, empolgada com a missão. Em pouco tempo, o grupo se tornou um dos melhores para se trabalhar na empresa. Snowden desenvolveu relações sólidas com altos executivos que a ajudaram a lidar com conflitos na gerência de médio escalão e, com habilidade, comunicou a toda a empresa por que sua divisão precisava ser diferente. Sua criatividade, sua visão, seu trabalho em equipe e sua persistência ajudaram o grupo a triunfar e a se tornar um exemplo em escala nacional, enquanto as iniciativas de outros bancos iam por água abaixo.

Grandes inovações da IBM, como a demonstração da computação em grade com o projeto World Community Grid, só são possíveis porque a cultura da empresa incentiva a colaboração. Sam Palmisano, presidente da companhia, envolveu milhares de funcionários em uma discussão virtual sobre os valores da empresa. Nick Donofrio, vice-presidente executivo de inovação e tecnologia, trabalha para que 90 mil empregados da área técnica em todo o mundo se sintam parte de uma comunidade em busca de inovações. Para estimular as inovações, Stanley Litow, vice-presidente da IBM e grande defensor do World Community Grid, foi buscar parceiros em divisões e subsidiárias mundo afora.

Para evitar os erros clássicos que inibem a inovação, uma empresa tradicional pode ampliar a busca por novas ideias, afrouxar estruturas e controles rígidos, criar conexões entre inovadores e operações convencionais e cultivar as capacidades de comunicação e colaboração.

A inovação envolve ideias capazes de criar o futuro, mas a busca pela inovação estará fadada ao fracasso se não houver, antes de tudo, uma pausa para aprender com o passado. Atingir o equilíbrio entre a exploração de atividades correntes para obter o máximo retorno possível e a investigação do novo exige flexibilidade organizacional e uma boa dose de atenção aos relacionamentos interpessoais. Sempre exigiu e sempre exigirá.

Publicado originalmente em novembro de 2006.

7

Liderando a mudança: por que os esforços de transformação fracassam?

John P. Kotter

AO LONGO DA ÚLTIMA DÉCADA, observei mais de 100 empresas tentarem se reestruturar para se tornarem competidores mais eficazes. Entre elas figuravam grandes organizações (Ford) e algumas menores (Landmark Communications), empresas sediadas nos Estados Unidos (General Motors) e em outros países (British Airways), corporações à beira da falência (Eastern Air Lines) e outras que iam de vento em popa (Bristol--Myers Squibb). Esses esforços se deram sob diferentes denominações: gestão de qualidade total, reengenharia, *rightsizing*, reestruturação, mudança cultural e de rumo. Mas, em quase todos os casos, o objetivo básico era o mesmo: fazer alterações fundamentais na forma de conduzir os negócios para enfrentar um ambiente de mercado novo e mais desafiador.

Oito passos para transformar sua organização

1. Criar um senso de urgência
   - Examinar o mercado e as realidades competitivas
   - Identificar e discutir crises, possíveis crises e grandes oportunidades

   ↓

2. Formar uma poderosa liderança de coalizão
   - Montar um grupo capaz de liderar o esforço de mudança
   - Encorajar o grupo a trabalhar em equipe

   ↓

3. Criar uma visão
   - Criar uma visão para direcionar o esforço de mudança
   - Desenvolver estratégias para atingir essa visão

   ↓

4. Disseminar a visão
   - Usar todos os veículos possíveis para divulgar a nova visão e as novas estratégias
   - Ensinar novos comportamentos pelo exemplo da liderança de coalizão

   ↓

5. Empoderar os outros profissionais a agir com base na visão
   - Livrar-se de obstáculos que impeçam a mudança
   - Mudar sistemas e estruturas que sabotem a visão
   - Encorajar os profissionais a assumir riscos e a realizar atividades e ter ideias e atitudes não convencionais

   ↓

6. Criar um planejamento para obter vitórias de curto prazo
   - Planejar melhorias visíveis de desempenho
   - Criar as melhorias
   - Identificar e recompensar os funcionários envolvidos

   ↓

7. Consolidar melhorias e gerar mais mudanças
   - Usar o aumento da credibilidade para mudar sistemas, estruturas e políticas que não se encaixem na visão
   - Contratar, promover e desenvolver funcionários capazes de implementar a visão
   - Revigorar os processos com novos projetos, temas e agentes de mudança

   ↓

8. Institucionalizar novas abordagens
   - Articular conexões entre novos comportamentos e sucesso corporativo
   - Criar meios de garantir o desenvolvimento e a sucessão da liderança

> **Em resumo**
>
> A maioria das grandes iniciativas de mudança – seja para impulsionar a qualidade, aprimorar a cultura ou reverter um círculo vicioso que levará à morte da corporação – gera resultados medíocres. Muitas são fracassos retumbantes.
>
> Por quê? Segundo Kotter, muitos executivos não sabem que a transformação é um *processo*, não um acontecimento. Ela avança em estágios que se sustentam mutuamente. E isso leva anos. Pressionados a acelerar o processo, os executivos pulam etapas, mas os atalhos nunca funcionam.
>
> Outro fator igualmente prejudicial é o fato de que até executivos altamente capacitados cometem erros graves – como cantar vitória antes do tempo. Resultado: perda do ímpeto inicial, reversão de ganhos conquistados a duras penas e destruição de todo o esforço de transformação.
>
> Ao entender os estágios da mudança – e as ciladas específicas de cada estágio –, você terá mais chance de realizar uma transformação bem-sucedida. A vantagem: sua organização se tornará mais flexível e progredirá em meio a mudanças na concorrência, nos mercados e nas tecnologias, deixando os rivais para trás.

Alguns desses esforços foram bem-sucedidos. Outros se mostraram fracassos retumbantes. A maioria, porém, se manteve entre os extremos, com uma nítida inclinação para a extremidade inferior da escala. As lições que podemos tirar são interessantes e provavelmente serão relevantes para outras organizações no ambiente corporativo cada vez mais competitivo da próxima década.

A primeira lição geral a ser aprendida com os casos mais bem-sucedidos é a de que o processo de mudança atravessa várias fases que costumam demandar um longo período. Pular passos cria a ilusão de velocidade e nunca produz resultados satisfatórios. A segunda lição geral é a de que erros críticos em qualquer uma das fases podem ter um impacto devastador, desacelerando o impulso e inviabilizando ganhos conquistados com dificuldade. Talvez pela nossa relativa falta de experiência em renovar organizações, até profissionais muito competentes cometem pelo menos um grande erro.

Na prática

Para que seu esforço de transformação tenha mais chance de sucesso, é preciso fazer a coisa certa em cada estágio – e evitar as armadilhas comuns.

Estágio	Ações necessárias	Armadilhas
Criar um senso de urgência	• Examinar o mercado e a realidade competitiva para enxergar crises em potencial e oportunidades inexploradas • Convencer pelo menos 75% dos executivos de que o status quo é mais perigoso que o desconhecido	• Subestimar a dificuldade de tirar as pessoas de sua zona de conforto • Deixar-se paralisar pelos riscos
Formar uma poderosa liderança de coalizão	• Montar um grupo com comprometimento compartilhado e força suficiente para comandar o esforço de mudança • Encorajá-lo a trabalhar em equipe fora da hierarquia normal	• Falta de experiência em trabalho de equipe no topo da hierarquia • Relegar a liderança da equipe a um executivo dos setores de RH, qualidade ou planejamento estratégico, em vez de um gerente de linha
Criar uma visão	• Criar a visão para guiar o esforço de mudança • Desenvolver estratégias para concretizar essa visão	• Apresentar uma visão vaga ou complexa demais para ser comunicada em cinco minutos
Disseminar a visão	• Usar todos os veículos possíveis para comunicar a nova visão e as estratégias para atingi-la • Ensinar novos comportamentos a partir do exemplo da liderança de coalizão	• Comunicar precariamente a visão • Comportar-se de forma contraditória à visão
Empoderar os outros profissionais a agir com base na visão	• Remover ou alterar sistemas ou estruturas que sabotem a visão • Encorajar os profissionais a assumir riscos e a realizar atividades e ter ideias e atitudes não convencionais	• Fracassar em remover profissionais poderosos que resistem ao esforço de mudança
Criar um planejamento para obter vitórias de curto prazo	• Definir e planejar melhorias visíveis de desempenho • Identificar e recompensar os funcionários envolvidos nas melhorias	• Deixar o sucesso de curto prazo à mercê do acaso • Não obter determinado nível de sucesso rápido o suficiente (em 12 a 24 meses a partir do início do esforço de mudança)

Estágio	Ações necessárias	Armadilhas
Consolidar melhorias e gerar mais mudanças	• Usar o aumento de credibilidade obtido com as primeiras vitórias para mudar sistemas, estruturas e políticas que prejudiquem a visão • Contratar, promover e desenvolver funcionários capazes de implementar a visão • Revigorar o processo de mudança com novos projetos e agentes de mudança	• Cantar vitória cedo demais – logo após a primeira melhoria de desempenho • Permitir que opositores convençam as "tropas" de que a guerra está ganha
Institucionalizar novas abordagens	• Articular conexões entre novos comportamentos e sucesso corporativo • Criar planos de desenvolvimento e sucessão de acordo com a nova abordagem	• Deixar de criar normas sociais e valores compartilhados que estejam de acordo com as mudanças • Promover a cargos de liderança profissionais que não personifiquem a nova abordagem

Erro 1: Não estabelecer um senso de urgência forte o suficiente

A maioria dos esforços bem-sucedidos de mudança nasce quando alguns grupos ou pessoas passam a considerar seriamente a situação da empresa, sua posição no mercado, as tendências tecnológicas e seu desempenho financeiro. O foco está na possível queda de receita quando uma patente importante expira, na tendência prolongada de queda nas margens de lucro do negócio principal da empresa ou num mercado emergente que todos parecem ignorar. Em seguida, esses grupos ou pessoas encontram formas de divulgar amplamente essa informação, sobretudo quando se trata de uma crise, uma crise em potencial ou grandes oportunidades que surgem no momento ideal. Esse primeiro passo é essencial porque, para dar início a um programa de transformação, é preciso obter a cooperação ativa de muitas pessoas. Sem motivação, ninguém participa e o esforço não dá certo.

Em comparação com outros passos do processo de mudança, a primeira fase pode parecer fácil, mas não é. Bem mais de 50% das empresas que analisei fracassaram nesse estágio. Por que isso acontece? Às vezes, os executivos subestimam a dificuldade de tirar as pessoas da zona de conforto. Às vezes, superestimam sua tentativa de elevar o nível de urgência. Às vezes, falta paciência: "Chega de preliminares, vamos em frente." Em muitos casos, ficam paralisados diante dos possíveis aspectos negativos da mudança. Temem que funcionários seniores fiquem na defensiva, que o moral da equipe caia, que algum evento fuja a seu controle, que o resultado dos negócios de curto prazo corra risco, que as ações despenquem e que eles próprios sejam responsabilizados pela crise.

A alta administração às vezes se paralisa quando tem executivos demais e líderes de menos. Na administração, a ordem é minimizar riscos e manter o sistema atual em funcionamento. Mudança, por definição, requer a criação de um novo sistema, que, por sua vez, exige liderança. A primeira fase de um processo de renovação geralmente só sai do lugar quando líderes de verdade são promovidos ou contratados para cargos de liderança.

A transformação geralmente começa – e começa bem – quando a organização tem um novo chefe que é bom líder e percebe a necessidade de uma grande mudança. Se o alvo da renovação for a empresa inteira, o CEO será essencial. Se as mudanças forem apenas no nível da unidade, o diretor da unidade será essencial. Quando esses profissionais não são novos líderes, grandes líderes ou defensores de mudanças, a primeira fase pode se tornar um enorme desafio.

Nessa primeira fase, resultados ruins são, ao mesmo tempo, bem-vindos e execrados. Pelo lado positivo, perder dinheiro é um ótimo sinal de alerta, mas também lhe dá menos espaço para manobra. Se o resultado for bom, vale o inverso: é muito mais difícil convencer as pessoas das necessidades de mudança, mas você dispõe de mais recursos para ajudar a promovê-la.

Mas, seja o ponto de partida bom ou ruim, nos casos mais bem-sucedidos que presenciei sempre havia uma pessoa ou um grupo para estimular uma conversa franca sobre fatos potencialmente desagradáveis como, por exemplo, novos concorrentes, redução da margem de lucro, diminuição da participação no mercado, rendimentos estacionários, falta de crescimento da receita ou qualquer outro índice relevante que aponte queda na capacidade competitiva. Como o ser humano apresenta a tendência quase universal de atribuir a culpa da má notícia a quem a transmite – sobretudo se o chefe da organização não for um grande defensor das mudanças –, muitas vezes os executivos nessas empresas recebem a informação indesejada de pessoas que nem sequer fazem parte da organização. Analistas financeiros, clientes e consultores podem ser úteis nesse caso. A finalidade dessas atividades, segundo o ex-CEO de uma corporação europeia, é "fazer o status quo parecer mais perigoso do que se lançar no desconhecido".

Em poucos dos casos mais bem-sucedidos, um grupo fabricou uma crise. O CEO deliberadamente planejou a maior perda financeira da história da empresa, criando, com isso, uma enorme pressão vinda de Wall Street. Um chefe de unidade se encarregou de encomendar a primeira pesquisa de satisfação do cliente já feita, sabendo de antemão que os resultados seriam horríveis, e os divulgou. Na superfície, manobras como essa podem parecer arriscadas demais, mas não se arriscar também é um grande risco: quando a taxa de urgência não é estimulada o bastante, o processo de transformação não vinga e o futuro de longo prazo da organização corre risco.

E quando a taxa de urgência é alta o bastante? Pelo que depreendi, é quando cerca de 75% dos executivos da empresa estão convencidos de que as condições atuais são completamente inaceitáveis. Qualquer percentual abaixo disso pode causar sérios problemas mais adiante no processo.

Erro 2: Não criar uma liderança de coalizão forte o suficiente

Muitas vezes, grandes programas de renovação começam com apenas uma ou duas pessoas. No caso de esforços de transformação bem-sucedidos, a liderança de coalizão aumenta com o passar do tempo. Mas, quando a tentativa não gera resultados mínimos logo no começo, não proporciona nada que valha a pena.

Costuma-se dizer que grandes mudanças só são viáveis quando a cúpula da empresa é partidária ativa delas, porém nesse caso estou falando de algo além disso: em transformações bem-sucedidas, o presidente, CEO ou diretor da unidade se une a cinco, 15 ou 50 pessoas para desenvolver o compromisso conjunto de atingir, por meio da renovação, a excelência no desempenho. Minha experiência mostra que esse grupo nunca conta com todos os altos executivos da empresa, porque alguns simplesmente não aderem, pelo menos não no início. Mas, nos casos mais bem-sucedidos, a coalizão é sempre bastante poderosa – em questão de cargos, informação e expertise, reputação e relacionamentos.

No primeiro ano de um esforço de inovação bem-sucedido, muitas vezes a equipe consiste de apenas três a cinco pessoas; isso vale tanto para pequenas quanto para grandes organizações. Para progredir a partir da terceira fase, porém, em grandes empresas o total de membros da coalizão deve aumentar para algo entre 20 e 50 pessoas. Seu núcleo é sempre formado por altos executivos, mas às vezes você encontra membros do conselho, um representante de um cliente importante ou até um forte líder sindical.

Como a liderança de coalizão conta com membros que não fazem parte da alta administração, por definição ela tende a funcionar fora da hierarquia normal. Pode parecer estranho, mas é necessário. Se a hierarquia atual está funcionando bem, não há necessidade de uma grande transformação, mas, se o sistema vigente não funciona, a transformação normalmente exige atividades que extrapolem as fronteiras, as expectativas e os protocolos formais.

Um senso forte de urgência dentro da hierarquia administrativa ajuda muito na formação de uma liderança de coalizão. Mas em geral é preciso mais que isso. Alguém precisa manter essas pessoas unidas, ajudá-las a desenvolver uma avaliação conjunta dos problemas e das oportunidades e criar um nível mínimo de confiança e comunicação. Para possibilitar isso, muitas empresas levam a equipe a retiros de dois ou três dias fora dela. Durante alguns meses, observei grupos de 5 a 35 executivos participarem desses retiros.

As empresas que fracassam na fase dois em geral subestimam as dificuldades de produzir a mudança e, portanto, a importância de uma forte liderança de coalizão. Às vezes, elas não têm histórico de trabalho em equipe entre seus altos executivos, por isso não dão a devida importância a esse tipo de coalizão. No geral, esperam que a equipe seja liderada por um chefe do setor de RH, qualidade ou planejamento estratégico em vez de um gerente de linha. Seja como for, não importa o nível de capacidade ou dedicação da pessoa escolhida, pois grupos sem forte liderança hierárquica nunca têm a força necessária para levar a mudança a cabo.

Durante um período, os esforços de mudança feitos sem uma liderança de coalizão forte podem até parecer bem-sucedidos, porém, mais cedo ou mais tarde, a oposição se reunirá e interromperá o processo.

Erro 3: Falta de visão

Em todos os esforços de transformação bem-sucedidos, observei a presença de uma liderança de coalizão que desenvolvia a visão de um futuro relativamente fácil de comunicar e muito capaz de atrair consumidores, acionistas e funcionários. A visão sempre vai além dos números que costumamos ver nos planos quinquenais: ela transmite algo que ajuda a definir a direção que a empresa deve seguir. Às vezes, a primeira versão parte de uma única pessoa. Em geral é um pouco obscura, pelo menos no início. Mas, depois que a coalizão trabalha nela por três, cinco ou até 12 meses, torna-se algo muito superior, graças ao pensamento fortemente analítico e um tanto sonhador. Depois disso, em algum momento surge também a estratégia para concretizar essa visão.

Numa empresa europeia de médio porte, a primeira versão da visão continha dois terços das ideias básicas que constavam no produto final. O conceito de alcance global já fazia parte da versão preliminar. Também estava lá a ideia de se sobressair em determinados negócios. Mas a ideia central – abandonar atividades de baixo valor agregado – só surgiu após vários meses de discussões.

Sem uma visão concreta, todo o esforço de transformação pode se dissolver numa lista de projetos confusos e incompatíveis que não vão conduzir a organização a lugar algum – ou pior, vão levá-la na direção errada. Sem uma visão sólida, o projeto de reengenharia do departamento de contabilidade, a avalição de desempenho 360 graus do RH, o programa de qualidade da fábrica e o projeto de mudança cultural da equipe de vendas não se somarão de forma expressiva.

Em tentativas de transformação que não dão certo, é normal encontrar um grande número de planos, diretrizes e programas, mas nenhuma visão. Num desses casos, uma empresa produziu calhamaços de 10 centímetros de espessura descrevendo o esforço de mudança. O enfadonho texto detalhava procedimentos, metas, métodos e prazos, mas em nenhum lugar havia uma proposição clara e convincente do objetivo. Não me surpreendi ao descobrir que muitos funcionários com quem conversei se sentiam confusos ou perdidos diante da tentativa de transformação. Os planos não os convocavam a se unir em torno de uma meta nem inspirava mudanças. Na verdade, tiveram o efeito contrário.

Em alguns dos casos menos bem-sucedidos que acompanhei, a diretoria sabia para onde ir, mas não conseguia realizar. Recentemente, pedi a um executivo de uma empresa de médio porte que descrevesse sua visão e precisei ouvir uma preleção incompreensível de meia hora. Em sua resposta, havia elementos básicos de uma visão sólida, mas estavam profundamente soterrados.

Uma regra de ouro muito útil: se você não é capaz de explicar sua visão em até cinco minutos e fazer o ouvinte compreender e se interessar, significa que ainda não completou essa fase do processo de transformação.

Erro 4: Comunicar somente 10% da visão

Descobri três padrões de comunicação muito comuns. No primeiro, um grupo realmente desenvolve uma ótima visão de transformação e depois a comunica com apenas uma reunião ou enviando um único memorando. Ao usar apenas 0,0001% da comunicação interna anual da empresa, o grupo se surpreende ao perceber que poucos funcionários parecem entender a nova abordagem.

No segundo padrão, a diretoria passa um tempo considerável fazendo palestras para grupos de funcionários, mas a maioria ainda não entende a visão (o que não surpreende, pois ela ocupa somente 0,0005% da comunicação total anual da empresa).

No terceiro padrão, a diretoria se esforça nas duas frentes – boletins informativos e palestras –, mas alguns altos executivos continuam contrários à visão. Resultado: o ceticismo aumenta e a crença na comunicação vai por água abaixo.

A transformação só é viável quando centenas ou milhares de pessoas estão dispostas a colaborar, geralmente fazendo sacrifícios de curto prazo. Mesmo descontentes com o status quo, os funcionários vão se sacrificar se acreditarem na possibilidade de mudanças práticas. Se a comunicação não for extensa e confiável, corações e mentes jamais serão conquistados.

A quarta fase é especialmente desafiadora caso, entre os sacrifícios de curto prazo, haja redução do quadro de funcionários. É muito difícil obter compreensão e apoio quando demissões fazem parte da visão. Por isso, uma visão bem-sucedida em geral inclui novas possibilidades de crescimento e promessas de um tratamento justo dos demitidos.

Executivos que se comunicam bem incorporam mensagens em suas atividades diárias. Ao tentar resolver um problema de rotina da empresa, discutem como as soluções propostas se ajustam (ou não) ao quadro mais amplo. Na avaliação periódica de desempenho, analisam como o comportamento do funcionário vai a favor ou contra a visão da empresa. Na avaliação trimestral de desempenho de uma unidade, discutem não só os números, mas também como seus executivos estão contribuindo para a transformação. Ao tirar dúvidas dos funcionários da fábrica, vinculam as respostas às metas de renovação.

Em esforços de transformação bem-sucedidos, os executivos usam todos os canais de comunicação para transmitir a visão. Transformam informativos chatos que ninguém lê em artigos interessantes sobre a visão da empresa. Transformam reuniões enfadonhas e cheias de rituais em discussões entusiasmadas sobre a mudança. Dispensam boa parte da formação genérica de administração da empresa e a substituem por cursos direcionados a problemas específicos dos negócios e à nova visão. O princípio é simples: usar todos os canais de comunicação possíveis, sobretudo os que estão sendo desperdiçados com informações desnecessárias.

O mais importante, talvez, é que a maioria dos executivos que conheço e que realizaram grandes mudanças aprendem a ser coerentes com o próprio discurso. Tentam, conscientemente, se tornar símbolos vivos da nova cultura corporativa. Em geral, não é fácil. Um diretor de fábrica de 60 anos que passou mais de 40 sem se preocupar com o cliente não vai começar, de uma hora para outra, a se comportar como se o foco tivesse mudado. No entanto, já testemunhei essa mudança em uma pessoa – e foi uma grande mudança. Nesse caso, um alto grau de urgência facilitou o processo; o executivo fazia parte da liderança de coalizão e da equipe de visão/criação, e isso foi fundamental. As comunicações internas também o ajudaram no processo, pois sempre o alertavam do comportamento esperado. Além do mais, seus pares e subordinados lhe deram feedback, chamando sua atenção quando percebiam que ele não se comportava da maneira adequada.

A comunicação se dá tanto com palavras quanto com ações, mas as ações costumam ser mais eficazes. Nada mais prejudicial à mudança que profissionais importantes que pregam uma coisa e fazem outra.

Erro 5: Não remover obstáculos à nova visão

Transformações bem-sucedidas envolvem um grande número de pessoas à medida que o processo avança. Os funcionários são encorajados a testar novas abordagens, desenvolver novas ideias e proporcionar liderança. A única restrição é que as ações devem se enquadrar nos parâmetros mais amplos da visão geral. Quanto mais pessoas envolvidas, melhor o resultado.

Até certo ponto, a liderança de coalizão habilita outras pessoas a agir simplesmente comunicando a nova orientação. Mas só a comunicação nunca é suficiente. Renovar também implica remover obstáculos. Muitas vezes, o funcionário entende a nova visão e quer ajudar a concretizá-la, mas parece haver um bloqueio no caminho. Em alguns casos, o bloqueio está na cabeça da pessoa e o desafio é convencê-la de que não há obstáculos externos. Na maioria dos casos, porém, o bloqueio é real.

Às vezes, o obstáculo é a estrutura organizacional: grandes restrições nas categorias de funções podem prejudicar esforços para aumentar a produtividade ou dificultar o pensamento no cliente. Às vezes, os sistemas de recompensa interna ou de avaliação de desempenho obrigam o profissional a escolher entre a nova visão e seus interesses. Talvez, porém, o pior de tudo sejam os chefes que se recusam a mudar e que fazem exigências incompatíveis com o esforço de mudança.

Uma empresa iniciou o processo de transformação com muita publicidade e até progrediu bem na quarta fase, mas logo o esforço foi interrompido porque o diretor da maior divisão da companhia prejudicou grande parte da nova iniciativa. Da boca para fora, dizia apoiar a iniciativa, mas na prática não fazia nada nesse sentido. Não mudou nem encorajou os executivos a mudar de comportamento. Não valorizou ideias pouco convencionais que condiziam com a visão. Permitiu que sistemas de recursos humanos permanecessem intactos mesmo quando eram claramente incompatíveis com os novos ideais. Acredito que os motivos do diretor eram complexos. Ele não acreditava que a empresa precisasse de uma grande mudança, sentia-se ameaçado por ela e temia não conseguir concretizá-la e não produzir o lucro operacional esperado.

Mas, apesar de terem apoiado o esforço de renovação, os outros diretores não fizeram praticamente nada para deter o único obstáculo. As razões também eram complexas. A empresa não tinha um histórico de como lidar com esse tipo de problema. Algumas pessoas temiam o diretor. O CEO temia perder um executivo talentoso. O resultado foi um desastre: os executivos de nível intermediário concluíram que a alta administração mentira sobre o comprometimento com a renovação. Com isso, ficaram com o pé atrás e o esforço foi por água abaixo.

Na primeira metade da transformação, nenhuma organização tem fôlego, força ou tempo para se livrar de todos os obstáculos, mas os maiores precisam ser encarados e removidos. Se o bloqueio for uma pessoa, é importante que ela seja tratada de forma digna e consistente com a nova visão. Agir é fundamental para dar autoridade a outros profissionais e para manter a credibilidade do esforço de mudança.

Erro 6: Não criar nem fazer um planejamento sistemático para obter vitórias de curto prazo

As transformações verdadeiras são demoradas e o esforço de renovação corre o risco de perder o ímpeto inicial se não houver metas de curto prazo a serem atingidas e comemoradas. Muitas pessoas não querem empreender uma longa jornada sem evidências convincentes – em 12 a 24 meses – de que estão produzindo os resultados esperados. Sem vitórias de curto prazo, muitos desistem ou se unem aos que resistem à mudança.

Após um ou dois anos de um esforço de transformação bem-sucedido, já é possível ver o crescimento de certos índices de qualidade ou a queda da renda líquida começar a diminuir. É possível ver a inserção bem-sucedida de alguns novos produtos ou uma tendência ao crescimento na participação de mercado. Nota-se um impressionante aumento na produtividade ou um crescimento no índice de satisfação dos clientes. Qualquer que seja o caso, a vitória é evidente. O resultado não é apenas um juízo de valor que pode ser refutado por aqueles que se opõem à mudança.

Criar vitórias de curto prazo é diferente de esperar vitórias de curto prazo. Esperar denota passividade, enquanto criar denota atividade. Se desejam alcançar uma transformação bem-sucedida, os executivos devem buscar caminhos para obter melhorias nítidas de desempenho, estabelecer metas no sistema de planejamento anual, atingir objetivos e recompensar os profissionais envolvidos no processo, dando-lhes o devido reconhecimento, promovendo-os ou mesmo oferecendo um bônus financeiro. Cerca de 20 meses após o início do esforço de renovação em uma grande empresa, a liderança de coalizão nas fábricas americanas introduziu um novo produto bem-sucedido e de alta visibilidade. Selecionado cerca de seis meses após o início do esforço, o novo produto foi escolhido porque atendia a diversos critérios: podia ser projetado e lançado num período relativamente curto, podia ser manipulado por uma equipe pequena e dedicada à nova visão, tinha potencial de lucro e contava com uma equipe de desenvolvimento que podia operar sem problemas práticos fora da estrutura departamental estabelecida. Não havia muito espaço para o acaso e a vitória aumentou a credibilidade do processo de renovação.

Muitos executivos reclamam por serem forçados a produzir ganhos de curto prazo, mas descobri que essa pressão pode ser um elemento útil num esforço de mudança. Quando as pessoas percebem que uma grande mudança demora demais, o nível de urgência pode baixar. O comprometimento para produzir ganhos de curto prazo ajuda a manter o nível de urgência elevado e promove um detalhado pensamento analítico capaz de explicar ou provocar a reavaliação da visão.

Erro 7: Cantar vitória antes do tempo

Após alguns anos de trabalho árduo, alguns executivos são tentados a cantar vitória assim que veem a primeira melhora nítida de desempenho. Embora comemorar vitórias seja sempre bom, anunciar que a guerra está ganha pode ser catastrófico. Até que as mudanças sejam profundamente absorvidas pela cultura da empresa – processo que pode levar de 5 a 10 anos –, qualquer nova abordagem é frágil e pode causar um retrocesso.

Nos últimos anos observei mais de 10 esforços de mudança na forma de reengenharia. À exceção de dois casos, após dois ou três anos de trabalho a vitória foi proclamada ao fim do primeiro grande projeto. Consultores foram pagos e dispensados. Dois anos depois, as mudanças úteis introduzidas começaram a desaparecer. Em 20% dos casos, é difícil encontrar qualquer traço da reengenharia depois de abandonado o projeto.

Nos últimos 20 anos, observei o mesmo comportamento em projetos de altíssima qualidade, esforços de desenvolvimento organizacional e outras iniciativas. Em geral, os problemas surgem logo no início do processo: o nível de urgência não é intenso o bastante, a liderança de coalizão não está fortalecida o bastante, a visão não é clara o bastante. Apesar disso, o que mata o impulso inicial é a comemoração prematura da vitória. Quando isso acontece, forças poderosas associadas à tradição assumem o controle sobre a inovação.

Ironicamente, o fator que promove a comemoração prematura muitas vezes é a união de profissionais a favor e contra a mudança. Entusiasmados por enxergar um sinal claro de progresso, os profissionais a favor da mudança passam dos limites. Com isso, seus opositores, rápidos em identificar oportunidades de interromper a mudança, se juntam a eles e "comemoram", dando a entender que a vitória é sinal de que a guerra foi ganha e as tropas podem voltar para casa. Extenuadas, as tropas se deixam convencer. Quando voltam para o conforto do lar, os soldados rasos relutam em voltar a embarcar no navio de volta para a guerra. Logo depois disso, a mudança é interrompida e a tradição volta a se instalar aos poucos.

Em vez de declarar vitória, os líderes de esforços bem-sucedidos usam a credibilidade proporcionada pelos ganhos de curto prazo para atacar problemas maiores. Perseguem sistemas e estruturas que nunca foram confrontados e são incoerentes com a visão de transformação. Prestam muita atenção em quem é promovido, quem é contratado e como os profissionais evoluem. Contam com novos projetos de reengenharia que apresentam um escopo ainda maior que o inicial. Entendem que esforços de renovação não levam meses, mas anos. Em uma das mais bem-sucedidas transformações que observei, quantificamos as mudanças ocorridas por ano durante um período de sete anos. Numa escala de 1 (baixo) a 10 (alto), o primeiro ano recebeu nota 2; o segundo ano, 4; o terceiro, 3; o quarto, 7; o quinto, 8; o sexto, 4; e o sétimo, 2. O pico ocorreu no quinto ano, três anos após o primeiro conjunto de vitórias visíveis.

Erro 8: Não ancorar as mudanças na cultura da corporação

Na análise final, a mudança "pega" quando se transforma na maneira como as pessoas fazem as coisas na empresa, quando ela entra na corrente sanguínea da corporação. Até se enraizarem nas normas sociais e nos valores compartilhados, os novos comportamentos podem degenerar assim que a pressão pela mudança for removida.

Dois fatores são fundamentais na institucionalização de mudanças em culturas corporativas. O primeiro é uma tentativa consciente de mostrar como novas abordagens, comportamentos e atitudes ajudam a melhorar o desempenho. Quando as pessoas fazem conexões por conta própria, às vezes suas criações são imprecisas. Por exemplo: como os resultados melhoraram quando o carismático Harry era chefe, a equipe associa seu estilo aos resultados em vez de perceber como o aumento da produtividade e a melhoria do serviço ao cliente foram fundamentais. Para as pessoas perceberem as conexões certas, é preciso haver comunicação. De fato, uma empresa agiu implacavelmente nesse sentido e foi muito bem recompensada. A cada grande reunião da alta cúpula, discutiam-se os motivos da melhoria do desempenho. O jornal de distribuição interna da empresa, em seguida, rodava artigo após artigo mostrando como as mudanças estavam impulsionando os lucros.

O segundo fator é dispor de tempo para garantir que a próxima geração da cúpula administrativa personifique a nova abordagem. Se os requisitos para promoção não mudam, a renovação raramente persevera. Decisões de sucessão equivocadas no topo da organização podem prejudicar uma década de trabalho intenso. Esses equívocos ocorrem quando os conselhos administrativos não participam do esforço de renovação. Observei pelo menos três ocasiões em que o maior defensor das mudanças da empresa era exatamente o executivo que estava se aposentando, e, embora seu sucessor não se opusesse a elas, não as defendia de maneira tão ferrenha. Como os conselhos não conheciam os detalhes do esforço de mudança, não perceberam que suas escolhas não eram boas. Em um dos casos, o executivo que estava se aposentando tentou, sem sucesso, recomendar ao conselho um candidato menos experiente, mas que personificava a transformação. Nos outros dois, os CEOs não resistiram à escolha do conselho, pois achavam que seus sucessores não seriam capazes de desfazer a transformação. Estavam equivocados. Em dois anos, os sinais de renovação começaram a desaparecer nas duas empresas.

As pessoas cometem outros erros, mas esses oito são os principais. Acredito que, num artigo curto, as coisas podem parecer um pouco simplistas demais. Na verdade, mesmo quando bem-sucedidos, os esforços de mudança são confusos e cheios de surpresas. Mas, assim como é necessário ter uma visão relativamente simples para liderar grandes mudanças, a visão do processo de mudança também pode reduzir a taxa de erro. E menos erros podem significar a diferença entre o sucesso e o fracasso.

Publicado originalmente em março de 1995.

8

Miopia do marketing

Theodore Levitt

TODOS OS GRANDES SETORES da economia foram, em algum momento, um setor em crescimento. Mas alguns dos que atualmente surfam uma onda de crescente entusiasmo estão à beira do declínio. Outros, considerados de crescimento maduro, pararam de crescer. Em todos os casos o crescimento está ameaçado, desacelerado ou parado, e não porque o mercado está saturado, mas porque houve uma falha de gestão.

Efeitos fatídicos

A falha está na alta administração. Os executivos responsáveis por isso são os que, em última instância, se ocupam das metas e políticas mais amplas. Foi por isso, por exemplo, que:

- O setor das ferrovias parou de crescer. Não foi por falta de passageiros ou queda no transporte de carga. Na verdade, a demanda aumentou. As ferrovias estão passando por problemas não porque sua função foi preenchida por outros meios (carros, caminhões, aviões e até telefones), mas porque as próprias companhias ferroviárias permitiram que os outros meios se apropriassem de seus clientes. Elas se sentiam pertencentes ao negócio de ferrovias, não ao de transportes em geral. Definiram seu setor incorretamente porque estavam focadas no setor das ferrovias, não no de transportes. Ou seja, estavam voltadas para o produto, não para o cliente.

- Hollywood foi quase totalmente arruinada pela TV. Na verdade, todas as companhias cinematográficas passaram por uma reorganização drástica. Algumas simplesmente desapareceram. Todas tiveram problemas não por causa dos avanços da TV, mas porque eram míopes. Como no caso das companhias ferroviárias, Hollywood definiu seus negócios de forma incorreta. Os empresários se consideravam no setor de filmes, quando na verdade estavam no de entretenimento. "Filmes" implicavam um produto específico e limitado. Isso produziu uma satisfação ilusória que desde o começo levou os produtores a ver a TV como uma ameaça. Hollywood desprezou e rejeitou a TV, quando deveria tê-la encarado como uma oportunidade de expandir o negócio de entretenimento.

Atualmente, a TV é um negócio muito maior que o restrito e antigo setor cinematográfico. Se Hollywood tivesse sido orientada para o cliente (fornecer entretenimento) em vez de para o produto (produzir filmes), teria passado pelo purgatório que passou? Duvido. O que salvou Hollywood e ajudou em sua recuperação foi a onda de jovens roteiristas, produtores e diretores cujo sucesso anterior na televisão havia dizimado as antigas companhias cinematográficas e derrubado os mandachuvas do cinema.

Há outros exemplos menos óbvios de empresas que puseram, ou estão pondo, em risco seu futuro por definir suas metas de modo inadequado. Mais à frente irei detalhar alguns e analisar as políticas que levaram ao problema. Agora, no entanto, pode ser útil mostrar o que uma gestão executiva totalmente orientada para o cliente pode fazer para manter o crescimento de um setor, mesmo após as oportunidades mais óbvias terem se esgotado. Aqui cito dois exemplos que vivenciei bem de perto por bastante tempo: a fabricante de náilon E. I. DuPont de Nemours and Company e a fabricante de vidro Corning Glass Works.

As duas empresas têm excelente competência técnica. A orientação para o produto é inquestionável. Mas só isso não explica o sucesso. Afinal, quem tinha mais orgulho de ser orientado para o produto e consciente de seus produtos que as antigas empresas têxteis da Nova Inglaterra, que foram completamente massacradas? A DuPont e a Corning tiveram êxito não só por causa de seus produtos ou da orientação para a pesquisa, mas também porque estavam completamente voltadas para o cliente. O que explica sua prodigiosa e bem-sucedida criação de novos produtos é a busca constante de oportunidades para aplicar o know-how tecnológico e criar utilidades que satisfaçam o cliente. Sem um olho atento no cliente, a maior parte dos novos produtos pode não vingar, e seus métodos de vendas, se tornarem inúteis.

A indústria do alumínio também continuou crescendo, graças aos esforços de duas empresas criadas em tempos de guerra e que se dedicaram a criar novos produtos para satisfizer os clientes. Sem a Kaiser Aluminum & Chemical Corporation e a Reynolds Metals Company, atualmente a demanda total de alumínio seria muito menor.

Erros de análise

Algumas pessoas podem pensar que é bobagem comparar ferrovias com alumínio ou filmes com vidro. Seriam o alumínio e o vidro produtos tão mais versáteis a ponto de seus respectivos setores estarem aptos a ter mais oportunidades de crescimento que os setores ferroviário e cinematográfico? Essa visão incorre no erro que estou apontando. Ela define um setor, um produto ou um conjunto de know-how de forma tão restrita que só pode resultar num envelhecimento prematuro. Quando mencionamos "ferrovias", é bom deixar claro que nos referimos a "transporte". Como transportadoras, as companhias ferroviárias ainda têm grande chance de crescer e não ficar tão limitadas ao ramo de ferrovias (embora, para mim, o transporte ferroviário ainda tenha muito potencial inexplorado como meio de transporte).

O que falta às companhias ferroviárias não é oportunidade, mas a criatividade e a audácia empresarial que as tornaram grandes. Mesmo um leigo no assunto como o historiador Jacques Barzun percebe o que está

> ## Em resumo
>
> Qual é realmente o seu negócio? A pergunta parece óbvia, mas é preciso fazê-la *antes* de haver queda na demanda pelos produtos ou serviços que você oferece.
>
> As companhias ferroviárias não se fizeram essa pergunta e pararam de crescer. Por quê? Não porque as pessoas tivessem deixado de precisar de transporte, nem porque outras invenções, como o carro e o avião, tivessem atendido completamente às necessidades. As companhias ferroviárias pararam de crescer porque não mudaram para suprir essas necessidades. Equivocadamente, seus executivos pensaram que estavam no setor de ferrovias, não no de transportes. Eles se viam como fornecedores de um produto em vez de pensar em satisfazer os clientes. Vários outros setores cometeram o mesmo erro e correram o risco de cair na obsolescência.
>
> Como garantir o crescimento contínuo de sua empresa? Concentre-se em atender às necessidades dos clientes em vez de pensar apenas em vender produtos. Uma das maiores empresas da indústria química, a DuPont sempre esteve atenta às preocupações mais urgentes dos clientes e mobilizou todo o seu know-how técnico para criar um conjunto de produtos sempre em expansão que atraísse clientes e ampliasse continuamente seu mercado. Se tivesse se limitado a atrair mais clientes para a invenção que era seu carro-chefe – o náilon –, a DuPont poderia simplesmente não existir hoje.

faltando ao afirmar: "Lamento ver as organizações mais avançadas física e socialmente do século passado chegarem à decadência e ao descrédito por falta da mesma capacidade imaginativa que as ergueu. O que falta é vontade de sobreviver e satisfazer o público com sua inventividade e capacidade."[1]

---

[1] Jacques Barzun, "Trains and the Mind of Man", *Holiday*, fevereiro de 1960.

Na prática

Colocamos nosso negócio em risco de obsolescência quando aceitamos qualquer um dos seguintes mitos:

Mito 1: Uma população mais rica e em contínua expansão garante o crescimento. Quando os mercados estão em expansão, costumamos supor que não precisamos pensar nos negócios de forma criativa e tentamos vencer a concorrência simplesmente melhorando aquilo que já fazemos. Resultado: nos tornamos mais eficientes em *fabricar* os produtos em vez de incrementar o valor que esses produtos oferecem ao cliente.

Mito 2: Não existe substituto competitivo para o grande produto da empresa. Acreditar que o produto não tem concorrência torna a empresa vulnerável a inovações incríveis que estão fora dela – muitas vezes, feitas por novas pequenas empresas que focam nas necessidades do cliente, não nos produtos em si.

Mito 3: Podemos usar produção em massa para nos proteger. Poucos resistem à perspectiva de aumentar os lucros reduzindo o custo de produção da unidade. Focar na produção em massa enfatiza as necessidades da *empresa*, quando deveríamos enfatizar o *cliente*.

Mito 4: Pesquisa tecnológica e desenvolvimento são os pilares do crescimento. Quando a área de P&D cria produtos revolucionários, podemos nos sentir tentados a reorganizar a empresa em torno da tecnologia, não do cliente. Mas o fato é que devemos permanecer focados em satisfazer as necessidades do cliente.

A sombra da obsolescência

É impossível citar um segmento que, em algum momento, não pudesse receber a denominação de "setor em expansão". Em todos os casos sua força estava, aparentemente, na superioridade inabalável de seus produtos. Parecia não haver substituto eficaz para eles. No entanto, um a um, esses notáveis setores foram subjugados. Vamos analisar rapidamente alguns deles, dessa vez com exemplos que até agora receberam menos atenção.

Lavagem a seco

Em certo momento, este foi um setor em expansão com enormes perspectivas. Numa época em que muitas das roupas usadas eram de lã, seria ótimo se pudessem ser lavadas com facilidade e segurança. Houve um boom no setor. Ainda hoje, porém, 30 anos após o início promissor, o setor apresenta problemas. De onde surgiu a concorrência? De alguma forma nova e mais eficaz de lavagem? Não. Surgiu das fibras sintéticas e dos produtos que eliminaram a necessidade de lavagem a seco. Mas esse é apenas o começo. À espreita e pronta para tornar a lavagem química a seco totalmente obsoleta está a *mágica* e poderosa lavagem ultrassônica.

Setor elétrico

Este é outro daqueles produtos supostamente insubstituíveis que foram endeusados num pedestal de crescimento imbatível. Quando a lâmpada incandescente surgiu, os lampiões a querosene desapareceram. Tempos depois, a roda-d'água e a máquina a vapor foram totalmente eliminadas pela flexibilidade, confiabilidade, simplicidade e alta disponibilidade dos motores elétricos. A prosperidade dos eletrodomésticos continuou aumentando desenfreadamente, enquanto a cozinha se convertia num museu de engenhocas elétricas. Como alguém pode deixar de investir em eletrodomésticos? Sem concorrência, não havia nada capaz de frear o crescimento.

Um segundo olhar mais atento, porém, mostra um cenário não tão estimulante. Várias empresas não reguladas pelo setor público avançaram no desenvolvimento de uma poderosa célula de combustível que pode ficar guardada na despensa de qualquer casa, desafiando silenciosamente a energia elétrica. Os cabos suspensos de energia elétrica que tanto desvalorizam alguns bairros seriam eliminados. Desapareceriam também a interminável escavação de ruas e a queda de energia durante tempestades. Além disso, a energia solar desponta no horizonte, novamente liderada por empresas de fora do setor público.

Quem disse que esses serviços públicos não têm concorrência? Atualmente, podem até ser monopólios naturais, mas amanhã talvez desapareçam. Para evitar essa perspectiva, também terão que desenvolver células de combustível, energia solar e outras fontes de energia. Se quiserem sobreviver, terão que planejar a obsolescência do que atualmente produz seu sustento.

Mercearias

Para muitos é difícil imaginar que sempre houve um estabelecimento próspero conhecido como "a mercearia da esquina". O supermercado dominou o setor com uma eficiência insuperável. No entanto, as grandes cadeias de produtos alimentícios dos anos 1930 escaparam por pouco de ser completamente banidas pela expansão agressiva de supermercados independentes. O primeiro supermercado genuíno surgiu em 1930, em Jamaica, Long Island, na Grande Nova York. Em 1933, os supermercados já prosperavam na Califórnia, em Ohio, na Pensilvânia e em várias outras regiões dos Estados Unidos. No entanto, as cadeias de mercearias tradicionais pomposamente os ignoraram. Quando "acordaram", foi para ridicularizá-los, chamando-os de "baratinhos", "depósitos", "lojinhas" e "oportunistas antiéticos".

Na época, o executivo de uma grande cadeia comentou que achava "difícil acreditar que as pessoas se deslocariam quilômetros para comprar alimentos, abrindo mão do serviço personalizado que as cadeias aperfeiçoaram e com que estavam acostumados".[2]

Em 1936, a Convenção Nacional de Atacadistas e a Associação de Mercearias Varejistas de Nova Jersey concluíram que não havia nada a temer. Para os varejistas, a pequena atração que os supermercados exercem nos consumidores pelo preço mais baixo limitaria o tamanho desse novo setor. Eles precisavam atrair pessoas num raio de quilômetros. Quando surgissem imitadores, haveria liquidações no atacado para reduzir os estoques. As altas vendas dos supermercados eram explicadas, parcialmente, pelo fator novidade. No fundo, porém, as pessoas queriam ter uma mercearia por perto. Se as lojas de bairro pudessem "cooperar com os fornecedores, conter os custos e melhorar os serviços", poderiam resistir à concorrência até ela acabar.[3]

---

[2] Para mais detalhes, ver M. M. Zimmerman, *The Super Market: A Revolution in Distribution* (McGraw-Hill, 1955).
[3] Ibid., pp. 45-47.

Mas ela não acabou. As pequenas cadeias de mercearias descobriram que, para sobreviver, teriam que entrar no setor de supermercados. Isso significava acabar com os atacadistas e seus enormes investimentos nos locais estratégicos de lojas de esquina e nos conceituados métodos de distribuição e comercialização. Empresas com "a coragem de suas convicções" permaneceram presas à filosofia da loja de esquina. Mantiveram o orgulho, mas perderam as calças.

Um ciclo de autoilusão

Infelizmente, nossa memória é curta. As pessoas que hoje endeusam os setores eletrônicos e de produtos químicos têm dificuldade para perceber como as coisas poderiam ter dar errado nesses setores em expansão. Provavelmente também não percebem como um executivo sensato poderia ser tão míope quanto um famoso milionário de Boston que, no início do século XX, sem querer, condenou seus herdeiros à pobreza estipulando que todos os seus bens fossem sempre investidos exclusivamente em ações de bondes elétricos. Sua declaração divulgada postumamente – "Sempre haverá grande demanda por transporte urbano eficiente" – não serviu de consolo para os herdeiros, que sobreviveram como frentistas de postos de gasolina.

No entanto, numa pesquisa informal que realizei com um grupo de grandes executivos, quase metade concordou que dificilmente prejudicaria os herdeiros ao vincular seus bens para sempre à indústria eletrônica. Quando contei a história dos bondes de Boston, todos responderam: "É diferente!" Mas será que é mesmo? A situação básica não é idêntica?

Na verdade, *essa história de setor em expansão não existe*. O que existem são apenas empresas organizadas que trabalham para criar e lucrar com as oportunidades de crescimento. Setores que imaginam que estão subindo pela escada rolante do crescimento automático invariavelmente acabam estagnando. A história de todo setor "em expansão" que hoje está morto ou agonizando mostra que ele entrou em um ciclo de autoilusão formado por uma expansão exuberante e um declínio não detectado. Em geral, quatro condições estimulam esse ciclo:

1. A crença de que o crescimento é assegurado por uma população mais rica e em contínua expansão.

2. A crença de que não há substituto competitivo para o principal produto da empresa.
3. A crença cega na produção em massa e nas vantagens de reduzir rapidamente o custo unitário conforme a produção aumenta.
4. A preocupação com um produto que se presta à experimentação científica, a aprimoramentos e à busca pela redução de custos.

Detalharei cada uma dessas condições. Para não deixar dúvidas, vou ilustrar os itens tendo como referência três setores: petroleiro, automobilístico e eletrônico. Vou focar o petroleiro porque é mais antigo e passou por mais mudanças. Esses três setores não só contam com excelente reputação com o público como têm a confiança de investidores sofisticados. No entanto, sua gestão tornou-se conhecida pelo pensamento progressista em áreas como controle financeiro, pesquisa de produtos e treinamento em gestão. Se a obsolescência pode enfraquecer até esses setores, certamente ela poderá ocorrer em qualquer outro.

Mito do crescimento da população

A crença de que os lucros são garantidos pelo aumento da população e de sua riqueza está presente em qualquer setor. Ela reduz a apreensão em relação ao futuro. Se os clientes se multiplicam e adquirem cada vez mais seus produtos ou serviços, você pode enfrentar o futuro com muito mais conforto do que se o mercado estivesse diminuindo. Num mercado em expansão, o fabricante não precisa pensar em coisas novas nem ser criativo. Assim, se pensar é uma resposta intelectual a um problema, então a falta de problemas leva à falta de raciocínio. Se o mercado está em expansão automática, você não precisa pensar em como expandi-lo.

A indústria petroleira fornece um dos exemplos mais expressivos desse fenômeno. Provavelmente o mais antigo setor em expansão, mantém um recorde invejável. Embora hoje haja certa preocupação sobre sua taxa de crescimento, o setor tende a ser otimista.

Mas é possível perceber que a indústria do petróleo está passando por uma mudança fundamental, embora típica. O ramo pode não só estar deixando de se expandir como talvez esteja entrando em declínio em relação a outros negócios. Apesar de haver total desconhecimento desse fato, é concebível que no futuro a indústria petroleira se encontre na mesma situação que o setor ferroviário vive atualmente – a de ter um passado glorioso e nada mais. Apesar de seu trabalho pioneiro no desenvolvimento e na aplicação do método de avaliação de investimento do valor atual, no relacionamento entre funcionários e com países em desenvolvimento, o setor petroleiro é um exemplo doloroso de como a complacência e a teimosia podem converter oportunidades em um quase desastre.

Uma das características desse e de outros setores que acreditaram nas consequências benéficas de uma população em expansão – e ofereciam um produto genérico para o qual talvez não houvesse substituto competitivo – é que as empresas procuraram ultrapassar a concorrência de maneira isolada, simplesmente aprimorando o que já vinham fazendo. Faz sentido, claro, pressupondo que as vendas estejam vinculadas às necessidades da população do país, pois o cliente só pode comparar os produtos atributo por atributo. Acho significativo, por exemplo, que, antes de John D. Rockefeller mandar lampiões a querosene grátis para a China, a indústria petroleira não tenha feito nada de extraordinário para criar demanda pelo produto. Ela, aliás, nem sequer aprimorou o produto no qual se mostrou eficiente. O principal aprimoramento isolado – o tetraetilchumbo – foi desenvolvido fora da empresa, especificamente pela General Motors e pela DuPont. As maiores contribuições produzidas pelo próprio setor estão restritas à tecnologia de exploração, produção e refino de petróleo.

Procurando encrenca

Os esforços da indústria petroleira se concentraram em melhorar a *eficiência* para obter e fabricar seus produtos, não em aprimorar o produto genérico ou seu mercado. Além disso, seu principal produto é continuamente definido nos termos mais restritos possíveis – isto é, gasolina, não energia, combustível ou transporte. Essa atitude ajudou a garantir que:

- grandes melhorias na qualidade da gasolina geralmente não ocorram na indústria petroleira. E, como veremos adiante, o desenvolvimento de combustíveis alternativos de melhor qualidade também vem de fora da indústria petroleira.

- grandes inovações em combustíveis de automóveis provenham de pequenas empresas petroleiras recém-criadas e não muito preocupadas com a produção ou o refino do petróleo. Foram elas as responsáveis pela rápida expansão dos postos de gasolina com várias bombas, enfatizando estruturas amplas e organizadas, atendimento rápido e eficiente e gasolina de qualidade a preço baixo.

Percebe-se, assim, que o setor petroleiro está procurando encrenca ao dar espaço para intrusos. Mais cedo ou mais tarde, entre investidores e empreendedores gananciosos certamente surgirá uma ameaça. Essa possibilidade se tornará mais evidente quando passarmos para a próxima crença arriscada para qualquer negócio. Como ela está intimamente relacionada à primeira, vou continuar com o mesmo exemplo para não perder o fio da meada.

A ilusão da indispensabilidade

A indústria petroleira está convencida de que não há substituto competitivo para seu principal produto, a gasolina – ou, se há, continuará sendo apenas um derivado do petróleo cru, como o diesel ou o querosene para aviação.

Essa suposição automaticamente gera uma ilusão. O problema é que a maioria das refinarias possui enormes reservas de petróleo cru, e essas reservas só têm valor se houver mercado para derivados do petróleo. Consequentemente, a crença na superioridade competitiva dos combustíveis a partir do petróleo cru também é ilusória.

Essa ideia persiste apesar de todas as evidências históricas que a refutam. Elas mostram não só que o petróleo nunca foi um produto superior para qualquer finalidade durante muito tempo, mas também que o setor petroleiro nunca foi de fato um setor em expansão. Pelo contrário: tem sido uma sucessão de diferentes negócios que passaram por ciclos históricos normais de expansão, maturidade e decadência. O setor só tem sobrevivido graças a uma série de salvamentos milagrosos e de indultos inesperados de última hora.

Os perigos do petróleo

Para ilustrar, resumirei apenas o episódio principal. No início, o petróleo era, acima de tudo, um remédio patenteado. Mas, mesmo antes de essa moda passageira desaparecer, sua demanda cresceu devido ao uso do óleo em lampiões a querosene. A perspectiva de iluminar o mundo deu origem a uma promessa exagerada de expansão. O prognóstico era similar ao que hoje o setor defende para a gasolina em outras partes do mundo – ele mal pode esperar para que todas as casas de países em desenvolvimento tenham um carro na garagem.

Na época do lampião a querosene, as petroleiras competiam entre si e contra as fornecedoras de energia a gás tentando melhorar a qualidade da iluminação do querosene. Então, de repente, o impossível aconteceu. Edison inventou uma forma de iluminação que não dependia do petróleo. Se não fosse pelo crescimento do uso do querosene em aquecedores de ambiente, a lâmpada incandescente teria acabado com o petróleo como um setor em expansão – ele passaria a servir como pouco mais que graxa para eixo de roda.

Então o ciclo de desastre e salvamento de última hora voltou a acontecer. Houve duas grandes inovações – nenhuma surgida de dentro do setor petroleiro. A primeira foi o desenvolvimento de sistemas domésticos de aquecimento central a carvão, que tornaram obsoleto o aquecedor de ambiente a petróleo. Enquanto o setor cambaleava, surgiu outra força ainda mais poderosa para salvá-lo: o motor de combustão interna – aliás, também inventado fora do setor. Quando a prodigiosa expansão da gasolina finalmente começou a se estabilizar, nos anos 1920, surgiu a miraculosa salvação dos aquecedores centrais a óleo. Mais uma vez, a indústria foi salva pela invenção e o desenvolvimento de empresas de fora do setor. Em seguida, quando o mercado voltou a enfraquecer, foi salvo pelo aumento da demanda de combustível para a aviação de guerra. Depois do conflito o setor se manteve em alta graças à expansão da aviação civil, aos trens movidos a diesel e ao aumento da demanda de combustíveis para carros e caminhões.

Enquanto isso, o aquecimento central a óleo – cujo possível boom tinha sido proclamado pouco tempo antes – passou a sofrer forte concorrência do gás natural. Como as próprias petroleiras também eram donas do gás, o setor não promoveu a revolução do gás natural – aliás, até hoje não se beneficiou desse recurso. Na verdade, a revolução do gás foi promovida por empresas recém-criadas para a distribuição do produto, que o comercializavam com um entusiasmo agressivo. Elas criaram um novo e extraordinário setor, primeiro contra a recomendação e depois contra a resistência das petroleiras.

Pela lógica, as próprias petroleiras deveriam ter feito a revolução do gás. Elas eram não apenas donas do gás, mas também as únicas proprietárias com experiência na manipulação, purificação e utilização do produto – além das únicas com experiência em tecnologias para construção de gasodutos e distribuição. Também sabiam como resolver problemas de aquecimento. No entanto, menosprezaram o potencial do gás, em parte por saberem que o gás natural competiria com as próprias vendas de óleo para aquecimento.

A revolução foi deflagrada pelos executivos de oleodutos, que, incapazes de persuadir as próprias companhias a entrar para o ramo de gás, desistiram e criaram companhias de distribuição de gás extremamente bem-sucedidas. Mas, mesmo após o evidente sucesso das distribuidoras de gás, as petroleiras não entraram no ramo. O setor multibilionário que poderia ter sido dominado pelas petroleiras foi parar em outras mãos. Assim como no passado, o setor petroleiro estava cego pela preocupação exagerada com um produto específico e o valor de suas reservas, por isso não deu a menor atenção às necessidades básicas e às preferências dos consumidores.

Os anos do pós-guerra não testemunharam nenhuma mudança. Logo após a Segunda Guerra Mundial, o futuro do setor petroleiro foi fortemente estimulado pelo rápido aumento na demanda de sua tradicional linha de produtos. Em 1950, a maioria das empresas projetava taxas anuais de expansão doméstica em torno de 6% até pelo menos 1975. Embora a proporção de reservas de petróleo cru em relação à demanda no mundo livre fosse de cerca de 20 para 1 – sendo que nos Estados Unidos a razão de 10 para 1 era considerada razoável –, o forte aumento da demanda fez descobridores de petróleo saírem em busca de mais reservas, sem se preocuparem com o que o futuro lhes reservaria. Em 1952, acertaram em cheio no Oriente Médio e a proporção subiu vertiginosamente: 42 para 1. Se continuasse havendo acréscimos de reservas na mesma proporção média dos cinco anos anteriores (37 bilhões de barris anuais), por volta de 1970 a proporção de reservas ultrapassaria 45 para 1. A fartura de petróleo reduziu os preços da matéria-prima e de seus derivados no mundo todo.

Um futuro incerto

Atualmente os altos executivos do setor do petróleo não encontram muito consolo na rápida expansão do setor petroquímico, outra ideia usando petróleo que não nasceu das empresas líderes. A produção total americana de petroquímicos equivale a cerca de 2% (por volume) da demanda por todos os derivados de petróleo. Mesmo que a indústria petroquímica tenha expectativa de crescer cerca de 10% ao ano, a expansão não compensará outras reduções no crescimento do consumo de petróleo cru. Embora os produtos petroquímicos sejam muitos e seu número não pare de crescer, é importante lembrar que certas matérias-primas não dependem do petróleo, como o carvão. Além disso, um grande número de produtos de plástico pode ser produzido com relativamente pouco petróleo. Hoje em dia, para ser considerada eficiente, uma refinaria precisa produzir pelo menos 50 mil barris por dia, ao passo que uma indústria química que utilize 5 mil barris por dia é considerada uma gigante do setor.

A indústria do petróleo nunca foi um setor de forte crescimento contínuo. Cresceu aos trancos e barrancos, sempre milagrosamente salva por inovações e desenvolvimentos externos, não por iniciativa própria. Não cresceu progressivamente porque, sempre que achava ter um produto superior e insubstituível, ele acabava se mostrando inferior e sujeito a obsolescência. Até agora, a gasolina (para motor) escapou desse destino. Mas, como veremos mais adiante, ela também pode estar com os dias contados.

A questão é que não há garantias contra a obsolescência de um produto. Se o setor de pesquisa da própria empresa não o tornar um produto obsoleto, o de outra empresa fará esse trabalho. A menos que um setor tenha muita sorte, como o petroleiro tem tido até agora, pode facilmente afundar num mar vermelho de números negativos – como aconteceu com o setor ferroviário, com os fabricantes de charretes, com a cadeia de mercearias de esquina, com a maioria das grandes empresas cinematográficas e com vários outros setores.

A melhor forma de a empresa ter sorte é criar a própria sorte. Para isso, é preciso saber o que leva ao sucesso. Um dos maiores inimigos dessa ideia é a produção em massa.

Pressões da produção

Indústrias de produção em massa são movidas por um grande esforço para fabricar tudo o que podem. A maioria das empresas raramente resiste à possibilidade de aumentar a produtividade para provocar uma forte redução no custo de produção. As chances de lucros parecem fantásticas. Todos os esforços estão focados na produção. O resultado é que o marketing é esquecido.

John Kenneth Galbraith sustenta que acontece exatamente o oposto.[4] A produção é tão prodigiosa que todos os esforços se concentram em tentar livrar-se dela. Segundo o economista, isso explica os jingles, a profanação da zona rural com placas publicitárias e outras práticas destrutivas e vulgares. Galbraith refere-se a algo real, mas não toca o ponto estratégico. A produção em massa de fato gera pressão para "mover" o produto, mas em geral a ênfase é nas vendas, não no marketing. O marketing, por ser um processo mais sofisticado e complexo, é ignorado.

A diferença entre marketing e vendas não é meramente semântica. Vendas referem-se às necessidades do vendedor; marketing, às necessidades do comprador. Vendas se preocupa com a necessidade do vendedor de converter o produto em dinheiro; marketing se preocupa com a ideia de satisfazer as necessidades do cliente por meio do produto e de todo o conjunto de mecanismos associados à criação, ao fornecimento e, por fim, ao consumo do produto.

Em certos setores, a tentação da produção em massa foi tão poderosa que a alta cúpula recomendou ao departamento de vendas: "Livre-se do produto que nós nos preocuparemos com os lucros." Por outro lado, empresas verdadeiramente focadas no marketing tentam criar mercadorias com valor satisfatório e serviços que os consumidores desejam adquirir. O que elas colocam à venda inclui não só o produto ou serviço genérico, mas como ele se torna disponível para o consumidor, de que forma, quando, sob que condições e em que termos de comercialização. O vendedor capta pistas do comprador de tal forma que o produto se torna uma consequência do esforço do marketing, não o contrário.

---

[4] John Kenneth Galbraith, *The Affluent Society* (Houghton Mifflin, 1958).

Detroit ficou para trás

Isso pode parecer uma regra básica dos negócios, mas é ignorada em larga escala. Na verdade, é mais ignorada do que respeitada. Veja o exemplo do setor automobilístico.

Nesse ramo, a produção em massa é mais conhecida, mais respeitada e exerce forte impacto em toda a sociedade. O setor combinou a sorte com a exigência contínua da troca de carro todo ano, política que torna a orientação para o cliente uma necessidade fundamental. Em consequência, as fábricas gastam milhões na captação de consumidores. Mas o fato de os novos carros compactos estarem vendendo tão bem indica que, durante muito tempo, as vastas pesquisas realizadas pelas empresas automobilísticas instaladas em Detroit não conseguiram revelar o que os clientes realmente desejam. Detroit só se convenceu de que as pessoas queriam algo diferente daquilo que oferecia ao perder milhões de clientes para fabricantes de automóveis compactos.

Como essa incrível desatualização sobre as preferências do consumidor se perpetuou por tanto tempo? Por que as pesquisas não revelaram as preferências dos clientes antes que a mudança nas decisões de compra da população revelassem os fatos? Não é para isso que serve a pesquisa de cliente – descobrir o que vai acontecer com antecedência? A resposta é que a indústria automobilística de Detroit nunca satisfez as necessidades dos clientes, apenas se limitou a pesquisar a preferência da população entre os produtos que já estava decidida a oferecer, pois é orientada para o produto, não para o cliente. Em relação às necessidades dos clientes, Detroit em geral se comporta como se tudo pudesse ser resolvido com mudanças no produto. Às vezes, a área de financiamento também recebe alguma atenção, porém sempre com a intenção mais de vender do que de permitir que o cliente compre.

Em relação a outras necessidades do cliente, nada do que tem sido feito é digno de nota. As áreas que apresentam as maiores necessidades não satisfeitas são ignoradas ou, na melhor das hipóteses, tratadas com descaso – pontos de venda e reparos/manutenção. Para Detroit, essas áreas problemáticas são secundárias. Isso fica claro quando se sabe que os pontos de venda e os serviços de mecânica não pertencem e não são operados ou controlados pelo fabricante. Uma vez produzido, o veículo está completamente nas inadequadas mãos do distribuidor. Um exemplo do descaso de

Detroit está no fato de que, embora a prestação de serviços ofereça enormes oportunidades de geração de lucros e estímule as vendas, somente 57 das 7 mil concessionárias da Chevrolet fornecem serviços de manutenção no horário da noite.

Os proprietários estão sempre expressando a insatisfação com os serviços prestados e a preocupação na hora de comprar um carro sob as atuais condições de venda. A preocupação e os problemas que encontram no processo de compra e de revisão do automóvel provavelmente são mais graves e amplos hoje do que anos atrás. No entanto, os fabricantes parecem não ouvir nem aproveitar as pistas dos clientes insatisfeitos. Caso o fizessem, seria através dos filtros de sua preocupação com a produção. Os esforços do marketing ainda são vistos como uma consequência necessária do produto – e não o contrário, como deveria ser. Esse é o legado da produção em massa, com uma visão provinciana de que o lucro se baseia essencialmente na produção a custo baixo.

A prioridade de Ford

A sedução do lucro proporcionado pela produção em massa obviamente é importante no planejamento e nas estratégias de negócios, mas é preciso estar sempre muito atento ao consumidor. Essa é uma das lições mais importantes que podemos tirar do comportamento contraditório de Henry Ford. Em certo sentido, Ford foi o mais brilhante e mais irracional profissional de marketing da história dos Estados Unidos. Irracional porque se recusava a oferecer ao cliente qualquer coisa que não fosse um carro preto. Brilhante porque criou um sistema de produção projetado para se ajustar às necessidades do mercado. Em geral o louvamos pela razão errada – sua genialidade na produção. Na verdade, sua genialidade estava no marketing. Acreditamos que ele estava em condições de baixar o preço de venda e ainda assim vender milhões de carros a 500 dólares porque sua invenção da linha de montagem tinha reduzido os custos, mas a verdade é que ele inventou a linha de montagem porque concluiu que, por 500 dólares, venderia milhões de carros. A produção em massa foi o resultado, não a causa, do preço baixo.

Ford sempre enfatizava esse ponto, mas o país de executivos orientados para a produção se recusava a ouvir a maior lição que ele ensinou. Ele resume sua filosofia de operação da seguinte maneira:

Nossa política é reduzir o preço, ampliar as operações e melhorar o produto. Você perceberá que o preço baixo vem em primeiro lugar. Nunca consideramos nenhum custo como fixo. Por isso, primeiro reduzimos o preço até o ponto em que acreditamos que resultará em mais vendas. Não nos importamos com os custos. O novo preço forçará a redução dos custos. Em geral, primeiro os custos são determinados, para depois se estabelecer o preço, e, embora este método possa ser científico num sentido restrito, ele não é científico no sentido amplo, pois qual a vantagem de saber o custo se você não consegue produzir o carro a um preço em que possa ser vendido? Para ser mais específico, embora seja possível calcular o custo, e claro que todos os nossos custos são cuidadosamente calculados, ninguém sabe o que viria a ser o custo. Uma das formas de descobrir é estabelecer o preço mais baixo possível para forçar toda a empresa a atingir a eficiência máxima. Preços baixos estimulam todos a correr atrás dos lucros. Descobrimos mais coisas referentes a produção e venda nessas condições forçadas do que por qualquer método de investigação lenta.[5]

Provincianismo de produto

A irresistível possibilidade de lucro proporcionado pela redução do custo de produção unitário talvez seja a atitude autoilusória capaz de atingir mais seriamente uma companhia, sobretudo uma empresa "em crescimento", em que o aumento da demanda, aparentemente garantido, tende a minar a preocupação real com o marketing e o consumidor.

Em geral, o resultado dessa preocupação restrita aos chamados "assuntos concretos" é que, em vez de crescer, o setor afunda. O produto não se adaptou aos padrões de necessidades e preferências do cliente – em constante mudança –, às novas e diferentes instituições e práticas de marketing ou ao desenvolvimento do produto em setores concorrentes ou complementares. O setor está com os olhos tão fixos no próprio produto que não percebe que ele está se tornando obsoleto.

Um exemplo clássico desse fenômeno é a indústria de charretes. Nada que pudesse ser melhorado no produto poderia evitar sua sentença de

---
[5] Henry Ford, *My Life and Work* (Doubleday, 1923).

morte. Mas, se o segmento passasse a se considerar pertencente ao setor de transportes, não ao ramo de charretes, poderia ter sobrevivido. Ter aceitado aquilo que é exigido pela sobrevivência – a mudança. Mesmo que o setor tivesse definido seu negócio como um simples estimulante ou catalisador de uma fonte de energia, poderia ter sobrevivido fabricando, por exemplo, correias de ventilador ou purificadores de ar.

Que exemplo poderia ser mais clássico que (novamente) o setor do petróleo? Quando permitiu que outros lhe roubassem excelentes oportunidades (como o já mencionado gás natural, o combustível para mísseis e os lubrificantes para turbinas de jatos), esperava-se que ele tomasse providências para evitar que isso se repetisse. Não foi o caso. Hoje observamos extraordinários novos desenvolvimentos em sistemas de combustíveis projetados para motores de automóveis. E não só esses desenvolvimentos estão concentrados em empresas fora do setor petroleiro como esse setor sistematicamente os ignora, seguro de seu casamento eterno com o petróleo. É a repetição do caso lampião a querosene versus lâmpada incandescente. Atualmente a indústria petroleira tenta aprimorar combustíveis à base de hidrocarbonetos em vez de desenvolver qualquer combustível mais adequado às necessidades dos clientes, produzido de formas diferentes ou com outras matérias-primas além do petróleo.

Eis alguns itens que empresas não petroleiras vêm desenvolvendo. Mais de 10 dispõem de modelos avançados de sistemas de energia em funcionamento que, quando aperfeiçoados, substituirão os motores de combustão interna e eliminarão a demanda por gasolina. O maior mérito desses sistemas é a eliminação das frequentes, demoradas e irritantes paradas para abastecimento. A maioria utiliza células combustíveis projetadas para gerar energia elétrica a partir de compostos químicos, sem combustão. E a maioria das células utiliza produtos químicos não derivados do petróleo – em geral, hidrogênio e oxigênio.

Várias outras empresas possuem modelos de baterias de armazenamento de energia elétrica projetados para automóveis. Uma delas é um fabricante de aeronaves que está trabalhando em conjunto com várias companhias públicas de fornecimento de energia elétrica. Ela espera usar sua capacidade geradora para recarregar as baterias ligando-as à rede elétrica durante a noite, fora dos horários de pico de uso. Outra que vem desenvolvendo uma bateria é uma empresa de médio porte especializada em eletrônicos e com grande experiência em baterias pequenas, usadas nos aparelhos para surdez que ela mesma produz. A empresa vem trabalhando em parceria com uma fabricante de automóveis. Os recentes aprimoramentos estimulados pela necessidade de miniusinas de alta potência, para armazenamento de energia dentro de foguetes, colocaram a nosso alcance baterias relativamente pequenas capazes de suportar grandes cargas ou picos de consumo. Aplicações de diodos de germânio e baterias com placas sinterizadas e técnicas de níquel-cádmio prometem revolucionar nossas fontes de energia.

Os sistemas de conversão de energia solar também têm merecido cada vez mais atenção. Recentemente, um cauteloso executivo de Detroit afirmou que carros alimentados a energia solar podem ser comuns por volta de 1980.

Segundo um diretor de pesquisa, as empresas petroleiras estão, de certo modo, apenas "observando o desenvolvimento". Poucas estão pesquisando células combustíveis, mas a pesquisa está quase sempre restrita ao desenvolvimento de células alimentadas por produtos químicos de hidrocarbonetos. Nenhuma empresa está pesquisando efetivamente células combustíveis, baterias ou usinas de energia solar. Nenhuma gasta o que quer que seja em pesquisa nessas áreas fundamentais como tem gastado para pesquisar coisas triviais, como a redução de depósitos na câmara de combustão de motores a gasolina. Faz pouco tempo, uma petroleira totalmente integrada analisou, sem compromisso, uma célula combustível e concluiu que, "embora as empresas que se dedicam ativamente a esse trabalho sinalizassem acreditar no sucesso final [...] o tempo adequado e a magnitude de seu impacto são muito remotos para merecer reconhecimento em nossas previsões".

Podemos perguntar: por que as empresas petroleiras agiriam de outra forma? Será que as células químicas, as baterias ou a energia solar não matariam as atuais linhas de produção? A resposta é sim, e é exatamente por isso que as petroleiras precisam desenvolver essas unidades de energia antes da concorrência; caso contrário, serão empresas sem um setor de atividade.

A alta administração ficará mais propensa a fazer o que for preciso para sua preservação caso passe a se considerar uma integrante do setor energético. Mas nem isso será suficiente se ela insistir em seguir sua forte orientação para o produto. Ela precisa passar a se dedicar ao atendimento das necessidades do cliente, e não à prospecção, ao refino ou mesmo à venda de petróleo. Quando começar a pensar em seu negócio como uma solução para a necessidade de transporte das pessoas, nada poderá impedi-la de criar o próprio crescimento altamente lucrativo.

Destruição criativa

Falar é fácil, fazer é difícil, por isso é importante explicar o que esse tipo de pensamento envolve e quais são suas consequências. Vamos começar pelo mais importante: o consumidor. É possível provar que motoristas não gostam nem um pouco de se preocupar, perder tempo e vivenciar a necessidade de comprar gasolina. Na verdade, eles não compram a gasolina. Não podem vê-la, saboreá-la, apreciá-la ou testá-la. O que eles compram é o direito de continuar dirigindo o carro. O posto de gasolina é como um cobrador de impostos a quem as pessoas são forçadas a pagar uma taxa periódica para ter o direito de usar o carro. Isso torna o posto de serviço uma instituição extremamente impopular. Ele nunca chegará ao ponto de ser popular ou agradável, só menos impopular e menos desagradável.

Para reduzir completamente sua impopularidade, é preciso eliminar o posto. Ninguém gosta de cobradores de impostos. Ninguém gosta de interromper a viagem para comprar um produto fantasma. Por isso, as empresas que estão desenvolvendo combustíveis substitutos exóticos capazes de eliminar a necessidade de reabastecimentos frequentes têm buscado os motoristas insatisfeitos. Surfam na onda da inevitabilidade, não porque estão criando algo tecnologicamente superior ou mais sofisticado, mas porque estão satisfazendo uma forte necessidade dos clientes. De quebra, eliminam odores nocivos e reduzem a poluição atmosférica.

Quando as petroleiras reconhecerem a lógica da satisfação do cliente que outro sistema de energia pode oferecer, não terão escolha senão trabalhar num combustível eficiente e de longa duração (ou em alguma forma de oferecer os atuais combustíveis sem incomodar o motorista), da mesma forma que as grandes cadeias de mercearias que tiveram de entrar no setor de supermercados ou as empresas de tubos de vácuo que foram obrigadas a aderir ao ramo de semicondutores. Em benefício próprio, as petroleiras terão de destruir seus bens altamente lucrativos. Nenhuma ilusão pode salvá-las da necessidade de se comprometer com essa forma de "destruição criativa".

Enfatizo essa ideia pois acredito que a alta administração precisa fazer um grande esforço para se libertar dos caminhos convencionais. Atualmente, é muito fácil uma empresa ou mesmo um setor permitir que seu senso de propósito seja dominado pela economia de produção em massa e desenvolva uma orientação desproporcional para o produto. Resumindo, se a administração se deixar levar, invariavelmente se considerará uma produtora de mercadorias e serviços, não uma facilitadora da satisfação do cliente. Embora não chegue ao ponto de sugerir à equipe de vendas "Livre-se do produto que nós nos preocuparemos com os lucros", pode, sem saber, estar aplicando a fórmula da queda devastadora. Historicamente, o destino dos setores em expansão tem sido o provincianismo do produto.

Perigos da P&D

Outro grande perigo para o crescimento contínuo de uma empresa surge quando a cúpula está completamente imobilizada pela possibilidade de lucro que resulta da pesquisa e do desenvolvimento técnicos. Para ilustrar, vou usar o exemplo de um novo setor – o eletrônico – e depois retornar ao petroleiro. Comparando um exemplo recente com um familiar, espero comprovar a prevalência e a desonestidade de uma arriscada forma de pensar.

Marketing enganoso

O maior perigo enfrentado pelas fascinantes novas empresas do setor de eletrônica não é a falta de atenção à pesquisa e ao desenvolvimento, mas o excesso. E o fato de as empresas de crescimento mais rápido deverem sua emergência à forte ênfase em pesquisa técnica é completamente irrelevante. Elas se curvaram diante da exuberância de uma onda rápida e poderosa (e incomum) de receptividade às novas ideias tecnológicas. Além disso, seu sucesso tem sido moldado num mercado quase de todo garantido por subsídios e encomendas militares que, em muitos casos, eram anteriores à existência de instalações para fabricar os produtos. Por esses motivos, sua expansão tem ocorrido quase totalmente sem esforço de marketing.

Essas companhias estão crescendo sob condições que chegam perigosamente perto de criar a ilusão de que um produto superior se venderá sozinho. Por isso, não surpreende quando, após criar uma empresa bem-sucedida e capaz de oferecer um produto de qualidade, a alta administração continue se orientando para o produto, não para o consumidor. Ela adota a filosofia de que continuar crescendo significa continuar aprimorando e inovando o produto.

Vários fatores costumam fortalecer e apoiar essa crença:

1. Como produtos eletrônicos são extremamente complexos e sofisticados, é normal que a alta cúpula conte com muitos profissionais técnicos, como engenheiros e cientistas. Isso cria um viés seletivo que favorece a pesquisa e a produção, em detrimento do marketing. A organização tende a se enxergar como uma produtora de mercadorias, não como uma facilitadora que deseja satisfazer as necessidades do cliente. O marketing é tratado como atividade residual, "algo a mais" que precisa ser feito para que o trabalho vital de criação e produção seja concluído.
2. A esse viés a favor da pesquisa, do desenvolvimento e da produção de mercadorias acrescenta-se o viés a favor do trabalho com variáveis controladas. Engenheiros e cientistas se sentem à vontade no mundo de coisas concretas, como máquinas, tubos de ensaio, linhas de produção e planilhas de balancete. As abstrações que os deixam satisfeitos são as que podem testar ou manipular em laboratório. Ou, se não forem testáveis, que sejam funcionais, como os axiomas de Euclides. Resumindo, o gerenciamento dessas empresas novas, fascinantes e em crescimento costuma favorecer atividades de negócios que lhes forneçam estudo, experimentação e controle cuidadoso – as realidades práticas do laboratório, da oficina e dos livros.

O que se torna enganoso são as realidades do *mercado*. Consumidores são imprevisíveis, diversificados, inconstantes, de visão curta, teimosos e irritantes. Não é isso que engenheiros executivos dizem, mas, no fundo, é o que pensam. E isso explica por que eles se concentram no que sabem e podem controlar – como pesquisa de produto, tecnologia e produção.

A ênfase na produção se torna especialmente atraente quando o produto pode ser fabricado a um custo cada vez mais baixo. Não há forma mais convidativa de gerar lucros do que fazer a fábrica funcionar a todo vapor.

A forte orientação para o produto que vemos em tantas empresas do setor funciona razoavelmente bem hoje porque estimula novas fronteiras, nas quais as Forças Armadas foram praticamente pioneiras em garantir mercados. As empresas se encontram em posição privilegiada por simplesmente preencherem o mercado em vez de terem corrido atrás dele; por não precisarem descobrir as necessidades e preferências do cliente, mas por terem clientes que requisitam produtos específicos.

Negligência

O setor petroleiro é um excelente exemplo de como a ciência, a tecnologia e a produção em massa podem desviar um grupo inteiro de empresas de seus objetivos. Nas raras situações em que o consumidor foi alvo de estudos, o foco era sempre obter informações para ajudar as petroleiras a melhorar as atividades. Elas tentam descobrir temas de propaganda mais convincentes, diretrizes de promoção mais eficientes, fatias de mercado das empresas, o que as pessoas aprovam ou não nos postos de serviço das distribuidoras e produtoras, etc. Todas parecem menos interessadas em investigar as necessidades humanas básicas que o setor pode tentar satisfazer e mais em analisar as propriedades básicas da matéria-prima com que trabalham ao tentar satisfazer os clientes.

Raramente se fazem perguntas básicas sobre clientes e mercados. O mercado sofre de um descaso completo. Sua existência é reconhecida, e sabe-se que é preciso dar atenção a ele, mas na prática não é valorizado. Nenhuma petroleira se preocupa mais com os clientes do que com o petróleo no deserto do Saara. Nada ilustra melhor o descaso com o marketing do que o tratamento que ele recebe da imprensa especializada.

A edição de centenário da *American Petroleum Institute Quarterly*, publicada em 1959 para comemorar a descoberta de petróleo em Titusville, Pensilvânia, continha 21 artigos que destacavam a grandeza do setor. Somente um se referia às suas conquistas no marketing, e na verdade era apenas um registro ilustrando como a arquitetura dos postos de gasolina havia mudado. O volume também continha uma seção especial sobre "Novos horizontes", mostrando o magnífico papel que o petróleo desempenharia no futuro dos Estados Unidos. Todas as referências eram fervorosamente otimistas, e nenhuma delas sugeria que o petróleo poderia sofrer uma dura concorrência. Até a referência à energia nuclear era um agradável relato de como o petróleo ajudaria a torná-la um sucesso. Não havia a menor preocupação com a possibilidade de ameaça à riqueza do setor nem qualquer sugestão de que o "novo horizonte" pudesse incluir formas novas e mais eficazes de oferecer petróleo aos clientes.

No entanto, o exemplo mais revelador da negligência em relação ao marketing é uma série especial de artigos curtos sobre "O potencial revolucionário da eletrônica". Abaixo do título, o sumário continha a seguinte lista de artigos:

- "Em busca de petróleo"
- "Sobre operações de produção"
- "Sobre processos de refino"
- "Sobre operações de oleodutos"

Um fato revelador: cada uma das principais áreas funcionais do setor está listada, *exceto* o marketing. Por quê? Ou porque se supunha que a eletrônica não tinha potencial revolucionário para o marketing do petróleo (o que está evidentemente errado), ou porque os editores se esqueceram de discutir o marketing (o que é mais provável e ilustra o descaso).

A ordem na qual as quatro áreas funcionais estão listadas também denuncia a alienação da indústria petroleira em relação ao cliente. Implicitamente, a sequência de artigos define que o setor parte da prospecção e termina com a distribuição a partir da refinaria. Porém, a indústria deve começar com as necessidades do consumidor. Partindo dessa posição, sua definição recuaria de forma contínua para áreas de importância cada vez menor, até finalmente terminar na prospecção do petróleo.

O início e o fim

É vital que todas as pessoas envolvidas no negócio entendam a visão de que um setor de atividade é um processo cujo objetivo é a satisfação do cliente, não a produção de mercadorias. A indústria nasce com o cliente e suas necessidades, não com a patente, a matéria-prima ou a capacidade de vendas. Constatadas as necessidades do cliente, a indústria se move regressivamente, preocupando-se primeiro em *promover* a satisfação do cliente. Depois, retrocede um pouco mais para *criar* os produtos que permitirão que essa satisfação seja em parte atingida. Para o cliente, não importa como os produtos são criados, por isso a forma específica de produção, processamento ou o que for necessário não pode ser considerada um aspecto vital da indústria. Por fim, o setor retrocede ainda mais para encontrar a matéria-prima necessária para fabricar seus produtos.

O irônico é que, em algumas indústrias orientadas para a pesquisa e o desenvolvimento tecnológico, os cientistas que ocupam cargos executivos mais altos revelam um pensamento sem qualquer influência científica ao definir as necessidades e metas gerais da empresa. Eles violam as duas primeiras regras do método científico: 1) estar ciente dos problemas da empresa e defini-los claramente; e 2) desenvolver hipóteses testáveis para resolvê-los. São científicos apenas em relação ao que lhes convém, como laboratórios e testes dos produtos.

O cliente (e a satisfação de suas mais profundas necessidades) não é considerado "o problema" – não porque se acredite que não existe problema, mas porque o tempo de vida organizacional condicionou a administração a olhar na direção oposta. O marketing é dispensável.

Não estou afirmando que as vendas devam ser ignoradas. Longe disso. Mas insisto: marketing não é venda. Como já foi mostrado, vendas referem-se a truques e técnicas para fazer as pessoas trocarem seu dinheiro por produtos. Vendas não tratam dos valores que essas trocas envolvem. E, ao contrário do marketing, não enxergam todo o processo do negócio como um esforço altamente integrado para descobrir, criar, instigar e satisfazer as necessidades do cliente. Para vendas, o cliente é alguém "lá fora" que, caindo na lábia adequada, pode perder seus trocados.

Na verdade, nem as vendas recebem muita atenção de algumas empresas com mentalidade tecnológica. Como há um mercado praticamente garantido para seu grande fluxo de novos produtos, essas empresas não sabem o que significa um mercado real. É como se vivessem numa economia planejada, apenas movimentando rotineiramente os produtos da fábrica para a loja. Sua concentração bem-sucedida nos produtos tende a convencê-las de que estão fazendo o certo, e isso as impede de perceber quando o mercado começa a dar sinais de problema.

Há menos de 75 anos, as ferrovias americanas gozavam de uma ardorosa lealdade entre os astutos frequentadores de Wall Street. Monarcas europeus investiram pesado nas estradas de ferro. Qualquer um que conseguisse juntar alguns milhares de dólares e aplicar em ações de ferrovias parecia destinado à riqueza eterna. Nenhuma outra forma de transporte poderia competir com as ferrovias em termos de velocidade, flexibilidade, durabilidade, economia e potencial de crescimento.

Como exalta Jacques Barzun: "Por volta da virada do século, era uma instituição, uma imagem do homem, uma tradição, um código de honra, uma fonte de inspiração, uma coletânea de desejos juvenis, o mais sublime brinquedo e a mais solene máquina – logo após o carro fúnebre –, marcando época na vida de um homem."[6]

Mesmo após o advento de automóveis, caminhões e aviões, os magnatas das ferrovias mantiveram uma inabalável autoconfiança. Se, 60 anos atrás, alguém lhes tivesse dito que em 30 anos eles estariam derrotados, na miséria e implorando subsídios do governo, seria considerado louco. Um futuro como esse era inconcebível, um tabu sobre o qual ninguém em sã consciência ousaria sequer especular. No entanto, atualmente muitas noções "insanas" são comumente aceitas – entre elas, a ideia de 100 toneladas de metal atravessando os céus a 7 mil metros de altitude e transportando 100 cidadãos –, e elas deram duros golpes nas ferrovias.

O que exatamente as empresas precisam fazer para evitar esse destino? Como ter orientação para o cliente? Em parte, essas questões foram respondidas pelos exemplos e análises anteriores. Seria necessário outro artigo para detalhar o que é exigido dos setores específicos. De qualquer forma, fica óbvio que construir uma empresa orientada para o cliente envolve muito mais que boas intenções ou truques promocionais, mas profundas questões de organização humana e liderança.

---

[6] Barzun, "Trains and the Mind of Man".

O sentimento visceral de grandiosidade

Obviamente, a empresa deve fazer o que for necessário para sobreviver. Precisa adaptar-se às exigências do mercado, e antes que seja tarde. Mas a simples sobrevivência é uma aspiração medíocre. Qualquer um pode sobreviver de alguma forma. A questão é sobreviver com pompa, sentir a vibração do impulso da supremacia comercial. Ter não só a experiência do doce sabor do sucesso, mas a sensação visceral da grandiosidade empresarial.

Nenhuma organização pode alcançar a excelência sem um líder forte movido por um *desejo vibrante de sucesso*. O líder precisa ter uma visão grandiosa, que produza muitos seguidores entusiasmados. Nos negócios, os seguidores são os clientes.

Para produzir esses clientes, toda a corporação precisa ser vista como um organismo que cria e satisfaz o consumidor. A administração deve pensar em si não como uma produtora de mercadorias, mas como uma criadora de clientes, tendo como valor a satisfação. É preciso espalhar essa ideia (e tudo o que ela significa e exige) por todos os cantos da organização, continuamente e com uma elegância que empolgue e estimule seus profissionais. Do contrário, a companhia será simplesmente uma série de compartimentos, sem um senso consolidado de objetivo ou direção.

Em resumo, a organização precisa aprender a se enxergar não como uma produtora de bens ou serviços, mas como uma empresa que *conquista clientes* e toma atitudes que *estimulem* as pessoas a negociar com ela. E o CEO tem a responsabilidade inalienável de criar esse ambiente, esse ponto de vista, essa postura, essa aspiração. Ele precisa determinar o estilo, a direção e as metas da empresa. Isso significa saber exatamente aonde ir, ter certeza de que toda a organização sabe que lugar é esse e está entusiasmada para chegar lá. Este é o primeiro requisito da liderança. *Se o líder souber para onde está indo, qualquer estrada o levará até lá.*

Se qualquer estrada serve, o CEO também pode arrumar a mochila e ir pescar. Se a organização não sabe ou não se importa com seu destino, então nem precisa expor publicamente a falta de autoridade. Mais cedo ou mais tarde, todos perceberão.

Publicado originalmente em 1960.

9
O que é estratégia?

Michael E. Porter

I. Eficiência operacional não é estratégia

Durante praticamente duas décadas os gestores vêm aprendendo a jogar de acordo com novas regras. As empresas precisam ser flexíveis para responder rapidamente a mudanças competitivas e de mercado. Precisam estar sempre medindo seu desempenho para atingir as melhores práticas. Precisam terceirizar agressivamente para se tornarem mais eficazes. E precisam desenvolver determinadas competências centrais para se manterem à frente da concorrência.

O posicionamento – antes visto como o coração da estratégia – agora é considerado estático demais para os mercados dinâmicos e as mudanças tecnológicas atuais. De acordo com o novo paradigma, os concorrentes podem copiar rapidamente qualquer posição de mercado e a vantagem competitiva é, na melhor das hipóteses, algo temporário.

Mas essas crenças são perigosas meias verdades que cada vez mais conduzem empresas a uma competição destrutiva. Claro que algumas barreiras que obstruem a competição estão sendo derrubadas, à medida que a regulamentação é facilitada e os mercados se globalizam. Em muitos negócios, no entanto, o que alguns chamam de *hipercompetição* é um

> ## Em resumo
>
> A infinidade de atividades necessárias para criar, produzir, vender e oferecer produtos ou serviços são as unidades básicas da vantagem competitiva. **Eficiência operacional** significa realizar melhor essas atividades – isto é, mais rápido ou com menos inputs e defeitos de fabricação que a concorrência. A eficiência operacional pode gerar enormes benefícios para as empresas, como demonstraram nas décadas de 1970 e 1980 algumas companhias japonesas que aplicaram práticas como gestão de qualidade total e aperfeiçoamento contínuo. Mas, do ponto de vista competitivo, o problema da eficiência operacional é que as melhores práticas são facilmente copiadas. Quando todos os competidores de um setor as adotam, **a fronteira de produtividade** – valor máximo que uma empresa pode entregar a determinado custo, com as melhores tecnologias, habilidades e técnicas de administração disponíveis – se expande, reduzindo custos e agregando valor. Esse tipo de competição gera enormes melhorias na eficiência operacional, mas não produz melhorias absolutas para ninguém. E quanto mais análises comparativas as empresas fazem, mais **convergência competitiva** terão – ou seja, mais difíceis de distinguir serão as empresas.
>
> O **posicionamento estratégico** busca atingir um diferencial competitivo sustentável para a empresa preservando o que ela tem de particular. Significa desempenhar atividades *diferentes* da concorrência – ou desempenhar atividades *similares* de formas diferentes.

autoflagelo, não o resultado inevitável de uma mudança de paradigma da competição.

A raiz do problema está na impossibilidade de distinguir eficácia operacional de estratégia. A busca por produtividade, qualidade e velocidade produziu um número incrível de ferramentas e técnicas de gestão: qualidade total, benchmarking, competição baseada no tempo, terceirização, parcerias, reengenharia, gestão de mudanças. Embora os aperfeiçoamentos operacionais frequentemente sejam profundos, muitas empresas se frustraram ao perceberem que são incapazes de traduzir esses ganhos em lucratividade sustentável. E aos poucos, quase imperceptivelmente, as ferramentas de gestão foram substituindo a estratégia. À medida que os empresários buscam evoluir em todas as frentes, se afastam cada vez mais de posições competitivas viáveis.

Eficiência operacional: necessária, mas não suficiente

A eficácia operacional e a estratégia são fundamentais para um desempenho de excelência, que, afinal, é a meta mais importante de qualquer negócio. Mas elas trabalham de formas bem diferentes.

Uma empresa só superará a concorrência se estabelecer um diferencial que possa preservar. Ela precisa oferecer mais valor aos clientes, manter valor equivalente a um custo mais baixo ou fazer as duas coisas. A aritmética da lucratividade máxima, então, é a seguinte: oferecer mais valor permite à empresa aumentar o preço médio unitário. Maior eficácia resulta em preço médio unitário mais baixo.

Em última análise, todas as diferenças de custo ou preço entre empresas decorrem das centenas de atividades necessárias para criar, produzir, vender e entregar seus produtos ou serviços, como visitar clientes, montar o produto final e treinar funcionários. O custo é gerado pela execução das atividades, e nesse aspecto a vantagem surge quando uma empresa executa essas tarefas de maneira mais eficaz que a concorrência. Esse diferencial também resulta da escolha da atividade e de como ela é realizada. As atividades são, portanto, as unidades básicas de vantagem competitiva. A vantagem ou desvantagem geral de uma empresa resulta da soma de todas as suas atividades, não de apenas algumas.[1]

Eficiência operacional significa executar atividades equivalentes *melhor* que a concorrência. Ela inclui a eficácia, mas não se limita a ela. Refere-se a práticas que permitem à empresa fazer bom uso de seus inputs – por exemplo, reduzindo defeitos de fabricação ou desenvolvendo produtos superiores em menos tempo. Por outro lado, posicionamento estratégico significa executar atividades diferentes das dos concorrentes ou executar atividades similares de formas diferentes.

---

[1] No livro *Vantagem competitiva*, descrevi pela primeira vez o conceito de atividades e seus usos para entender a vantagem competitiva. As ideias neste artigo exploram e ampliam esse conceito.

Na prática

O posicionamento estratégico se baseia em três princípios fundamentais:

1. **Estratégia é a criação de uma posição única e valiosa que envolve um conjunto diferente de atividades.** O posicionamento estratégico decorre de três fontes:

   - satisfaz poucas necessidades de muitos clientes (a Jiffy Lube produz somente lubrificantes automotivos);
   - satisfaz muitas necessidades de poucos clientes (a Bessemer Trust tem como público-alvo somente clientes com grandes fortunas);
   - satisfaz muitas necessidades de muitos clientes num mercado reduzido (a Carmike Cinemas opera somente em cidades com população inferior a 200 mil habitantes).

2. **Estratégia requer concessões na hora de competir – escolher o que não fazer.** Algumas atividades competitivas são incompatíveis. Por isso, lucros em determinada área só podem ser obtidos à custa de perdas em outra. O sabonete da Neutrogena, por exemplo, está posicionado mais como um produto medicinal que como um artigo de banho. Ao dizer não a desodorantes no produto, a empresa abdica de grande volume de vendas e sacrifica eficiências na fabricação. Por outro lado, a decisão da Maytag de estender sua linha de produtos e adquirir outras marcas representou uma falha em realizar concessões difíceis: o aumento de receita ocorreu a partir de uma queda no retorno sobre as vendas.

3. **Estratégia envolve "ajustar" atividades da empresa.** O ajuste é a forma como as atividades de uma empresa interagem e reforçam umas às outras. O grupo Vanguard, por exemplo, alinha todas as suas atividades a uma estratégia de baixo custo. Distribui dividendos direto aos clientes e minimiza a rotatividade do portfólio. O ajuste provoca vantagem competitiva e sustentabilidade, e, quando as atividades se reforçam mutuamente, a concorrência tem dificuldade em imitá-las.

> Quando a Continental Lite tentou copiar algumas das atividades da Southwest Airlines, mas não todo o sistema de ajustes da concorrente, os resultados foram desastrosos.
>
> Os funcionários precisam de orientação para aprender a aprofundar uma posição estratégica, em vez de ampliá-la ou comprometê-la, e para estender a singularidade da empresa enquanto fortalece ajustes entre suas atividades. O trabalho de decidir o grupo alvo de clientes e as necessidades a serem supridas requer disciplina, capacidade de estabelecer limites e comunicação direta. É óbvio que estratégia e liderança estão inextricavelmente unidas.

As discrepâncias entre a eficiência operacional das empresas são profundas. Algumas empresas são capazes de extrair mais de seus inputs que outras porque eliminam desperdício de esforços, empregam tecnologias mais avançadas, motivam mais seus funcionários ou têm ideias melhores sobre como gerir atividades ou conjuntos de atividades. Essas distinções são uma fonte importante de discrepância na lucratividade entre competidores, pois afetam diretamente posições de custos e níveis de diferenciação.

As diferenças em eficiência operacional estavam no centro do desafio japonês em relação às organizações ocidentais na década de 1980. Os japoneses estavam tão à frente da concorrência em termos de eficiência operacional que podiam oferecer, ao mesmo tempo, preços mais baixos e qualidade superior. Vale a pena insistir nesse ponto, porque boa parte das ideias recentes sobre competição depende dele. Imagine uma *fronteira de produtividade* formada pela soma de todas as boas práticas existentes. Imagine essa fronteira como o valor máximo que uma empresa pode criar a determinado custo, graças à disponibilidade de tecnologias, habilidades, técnicas de gestão e inputs. A fronteira de produtividade aplica-se a atividades individuais, a grupos de atividades similares (como expedição e manufatura) e a todas as atividades de uma empresa. Quando aperfeiçoa a eficiência operacional, a empresa se aproxima da fronteira. Mas, para isso, são necessários capital de investimento, funcionários diferentes ou simplesmente novas formas de administrar.

A fronteira de produtividade está constantemente se expandindo à medida que novas abordagens tecnológicas e de gestão são desenvolvidas e conforme novos inputs são disponibilizados. Laptops, comunicação móvel, internet e softwares redefiniram a fronteira de produtividade para operações de equipes de vendas e criaram alternativas produtivas para conectar vendas a atividades como expedição e suporte pós-venda. Da mesma forma, uma produção enxuta, envolvendo um grupo de atividades, permitiu um aumento substancial de produtividade na fabricação e utilização de ativos.

Há pelo menos uma década os executivos se preocuparam em aprimorar a eficiência operacional. Por meio de programas como gestão de qualidade racional, competição baseada no tempo e análise comparativa, eles mudaram a forma de desempenhar atividades, buscando eliminar ineficiências, aumentar a satisfação do cliente e adotar as melhores práticas. Na expectativa de manter as mudanças na fronteira de produtividade, executivos adotaram práticas de aperfeiçoamento contínuo, delegação de autoridade, gestão de mudanças e a chamada "organização que aprende". A popularidade da terceirização e da corporação virtual reflete a percepção, cada vez maior, de que é difícil executar todas as atividades com a mesma produtividade dos especialistas em suas respectivas áreas.

À medida que as empresas se aproximam da fronteira, às vezes conseguem aperfeiçoar várias dimensões de desempenho ao mesmo tempo. Por exemplo, produtores que adotaram a prática japonesa de mudanças rápidas

Eficiência operacional versus posicionamento estratégico

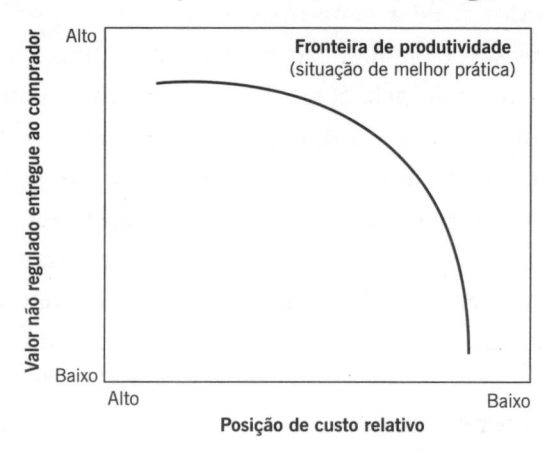

de sistema de trabalho na década de 1980 conseguiram reduzir custos e, ao mesmo tempo, aumentar seu diferencial. Situações que muitos acreditavam ser verdadeiras concessões ou trade-offs – entre defeitos de fabricação e custos, por exemplo – revelaram-se ilusões criadas por uma baixa eficiência operacional. Executivos aprenderam a rejeitar esses trade-offs falsos.

Para atingir a lucratividade máxima, é necessário aprimorar constantemente a eficiência operacional. No entanto, isso geralmente não basta. Poucas empresas baseadas na eficiência operacional competiram com sucesso durante um longo período, e a cada dia é mais difícil se manter à frente da concorrência. A razão mais óbvia é a rápida difusão das melhores práticas. Competidores podem copiar rapidamente técnicas de administração, novas tecnologias, novos inputs e formas diferenciadas de atender às necessidades dos clientes. As soluções mais genéricas – aquelas passíveis de ser usadas em diversas situações – são as que se difundem mais rápido, evidência da proliferação de técnicas de eficiência operacional aceleradas pelo apoio de consultores.

A competição pela eficiência operacional expande a fronteira de produtividade, elevando o nível para todos. Mas, embora essa competição produza uma melhoria absoluta na eficiência operacional, ela não resulta em melhoria relativa para ninguém. Veja o caso do setor de impressão comercial americano, um negócio de mais de 5 bilhões de dólares. Os maiores protagonistas – a R. R. Donnelley, a Quebecor, a World Color Press e a Big Flower Press – competem lado a lado, atendendo a todos os tipos de cliente, oferecendo as mesmas tecnologias de impressão (gravura e offset), investindo pesado nos mesmos novos equipamentos, rodando sistemas de impressão mais rápidos e reduzindo a quantidade de funcionários. Mas os maiores ganhos de produtividade estão sendo captados pelos clientes e fornecedores de equipamentos, e não retidos em uma lucratividade superior. Até a margem de lucro da empresa líder, a Donnelley, consistentemente acima de 7% na década de 1980, caiu para menos de 4,6% em 1995. Esse padrão está se manifestando em todos os setores. Os japoneses, pioneiros da nova competição, sofrem com lucros persistentemente baixos (veja o quadro Empresas japonesas raramente têm uma estratégia, na página 195).

A segunda razão por que a melhoria da eficiência operacional é insuficiente – convergência competitiva – é mais sutil e traiçoeira. Quanto mais análise comparativa de desempenho as empresas fazem, mais elas se parecem. Quanto mais os competidores terceirizam atividades para empresas eficientes, em geral as mesmas, mais genéricas elas se tornam. Como competidores copiam uns dos outros os aperfeiçoamentos de qualidade, os tempos de ciclo ou a parceria com fornecedores, as estratégias convergem e a competição se torna uma sucessão de corridas por percursos idênticos em que não há vencedor. A competitividade baseada apenas em eficiência operacional é destrutiva e leva a guerras desgastantes, que só serão evitadas quando a competição for limitada.

A recente onda de consolidação dos negócios por meio de fusões faz sentido no contexto da competição de eficiência operacional. Impulsionadas por pressões de desempenho, mas sem visão estratégica, as empresas não tiveram ideia melhor que adquirir as concorrentes. Os competidores que permaneceram de pé costumam ser aqueles que sobrevivem aos outros, não empresas com vantagem competitiva real.

Após uma década de ganhos expressivos em eficiência operacional, muitas empresas estão enfrentando queda no retorno. A ideia de melhorias contínuas ficou gravada na mente dos executivos, mas, sem perceberem, suas ferramentas conduziram as empresas na direção da imitação e da homogeneidade. Ao poucos, os executivos deixaram a eficiência operacional substituir a estratégia. O resultado é uma competição de soma zero, preços estagnados ou em queda e pressões sobre custos que comprometem a capacidade das empresas de investir a longo prazo no negócio.

II. A estratégia se apoia em atividades

O objetivo da estratégia competitiva é estimular a diferenciação. Significa escolher conscientemente um conjunto diferente de atividades para oferecer um conjunto ímpar de valores.

A empresa aérea americana Southwest Airlines, por exemplo, oferece voos de baixo custo e curta distância entre cidades de médio porte e aeroportos secundários de grandes cidades. A Southwest evita grandes aeroportos e não opera longas distâncias. Entre seus clientes estão empresários, famílias e estudantes. Suas partidas frequentes e tarifas baixas atraem tanto clientes que buscam preços baixos e que, se não fosse pela Southwest, viajariam de ônibus

Empresas japonesas raramente têm uma estratégia

Os japoneses deflagraram uma revolução global em eficiência operacional nas décadas de 1970 e 1980 e foram pioneiros em práticas como gestão de qualidade total e melhoria contínua. Como resultado, desfrutaram de vantagens substanciais em custos e qualidade durante muitos anos.

Apesar disso, as empresas japonesas raramente desenvolveram posições estratégicas distintas, do tipo discutido neste artigo. As que desenvolveram – Sony, Canon e Sega, por exemplo – são exceções. A maioria das companhias japonesas imitava e tentava se igualar às outras. Todas as concorrentes oferecem muitas variedades de produtos, características e serviços, se não todas. Elas utilizam todos os canais e suas configurações de fábrica são equivalentes.

Hoje é mais fácil reconhecer os perigos da competição ao estilo japonês. Na década de 1980, empresas concorrentes operavam longe da fronteira de produtividade, o que dava a impressão de que era possível evoluir indefinidamente em custo e qualidade. Todas as empresas japonesas eram capazes de crescer na economia local em expansão e penetrar mercados globais. Pareciam imbatíveis. Mas, à medida que a lacuna na eficiência operacional se reduz, elas começam a se tornar cada vez mais prisioneiras da armadilha que criaram para si. Para escapar das batalhas destrutivas que agora arruínam seu desempenho, terão que aprender estratégia.

Para isso, precisarão superar fortes barreiras culturais. O Japão é notoriamente orientado para o consenso, e suas companhias têm grande tendência a mediar diferenças entre pessoas em vez de acentuá-las. Por outro lado, estratégia implica decisões difíceis. Os japoneses também têm uma tradição profundamente enraizada de presteza que os predispõe a não medir esforços para satisfazer quaisquer necessidades expressas pelos clientes. Tentando agradar a gregos e troianos, as companhias que competem dessa forma acabam enterrando seu posicionamento diferencial.

Essa análise sobre o Japão foi retirada da pesquisa do autor com Hirotaka Takeuchi, com a assessoria de Mariko Sakakibara.

---

ou de carro quanto usuários que valorizam a praticidade e escolheriam uma grande companhia aérea para viajar.

A maioria dos executivos descreve posicionamento estratégico em termos de clientes: "A Southwest Airlines atende a usuários que desejam preço justo e praticidade." Mas a essência da estratégia está nas atividades – escolher atividades diferentes da concorrência ou executá-las de outra forma.

Caso contrário, a estratégia não passa de um slogan de marketing que não resiste à competição.

As empresas aéreas de serviço completo são configuradas para transportar um passageiro de praticamente qualquer ponto A a qualquer ponto B. Para atender a uma grande variedade de destinos e passageiros com voos de conexão, empregam um sistema radial de rotas com centros de distribuição em grandes aeroportos. Para atrair passageiros que desejam mais conforto, oferecem serviços de primeira classe ou de classe executiva. Para acomodar passageiros que precisam trocar de aeronave, coordenam horários e fazem check-in e transferência de bagagens. Como alguns voos demoram muitas horas, também servem refeições.

A Southwest, por outro lado, configura todas as suas atividades para oferecer conveniência a preço baixo. Por meio de operações ágeis de embarque e desembarque (demoram somente 15 minutos), a Southwest consegue manter os aviões no ar por mais tempo que os concorrentes e oferece voos frequentes mesmo tendo menos aeronaves. A Southwest não serve refeições, não reserva assentos nem conta com controle de bagagem entre linhas ou serviços de classe especial. A compra automatizada de passagens nos próprios aeroportos estimula o cliente a evitar agentes de viagem, isentando a Southwest de pagar comissões. Sua frota padronizada de aeronaves Boeing 737 aumenta a eficiência da manutenção.

A Southwest sempre se preocupou em manter uma única posição estratégica de valor baseada num conjunto de atividades específicas. Talvez as rotas que ofereça não sejam tão convenientes ou baratas para companhias aéreas de serviço completo.

A Ikea, varejista global do ramo de móveis e decoração sediada na Suécia, também tem um posicionamento estratégico claro. O público-alvo da Ikea é formado por jovens compradores de móveis que desejam estilo e preço baixo. O que torna esse conceito de marketing um posicionamento estratégico é o conjunto de atividades especificamente configurado que o faz funcionar. Assim como a Southwest, a Ikea preferiu executar atividades de forma diferente da concorrência.

Pense numa loja típica de móveis. No showroom há amostras das mercadorias. Uma área pode conter 25 sofás e outra exibir cinco mesas de jantar, mas esses itens representam apenas uma fração das opções disponíveis

Descobrindo novos posicionamentos: o limiar empresarial

A competição estratégica pode ser interpretada como um processo de percepção de novas posições que cortejam clientes de posições estabelecidas ou que atraem novos clientes. Megalojas que oferecem várias opções de uma categoria de produto roubam a fatia de mercado de lojas de departamentos que vendem um amplo leque de produtos com uma seleção mais limitada em muitas categorias. Catálogos enviados por mala direta seduzem clientes que privilegiam a conveniência. Em tese, executivos e empreendedores enfrentam os mesmos desafios para descobrir novas posições estratégicas. Na prática, os novos competidores se posicionam no limiar empresarial.

Posicionamentos estratégicos geralmente não são óbvios e para descobri-los é preciso ter criatividade e perspicácia. Novos competidores às vezes descobrem posições únicas que estavam disponíveis, mas eram desprezadas por concorrentes tradicionais. A Ikea, por exemplo, identificou um grupo de clientes que vinha sendo ignorado ou mal servido. A entrada da Circuit City no ramo de carros usados, a CarMax, baseou-se numa nova forma de desempenhar atividades (reforma completa dos automóveis, garantia do produto, preços sem descontos, sofisticado sistema de financiamento interno disponível para clientes) que havia muito tempo era oferecida às empresas que já atuavam no mercado.

Novos competidores podem prosperar ocupando uma posição que já foi de um concorrente, que a abandonou devido a anos de imitação e inércia. E competidores que provêm de outros setores podem criar novas posições, graças às atividades diferentes absorvidas em seu negócio original. A CarMax beneficiou-se da expertise da Circuit City em logística, crédito e outras atividades no varejo de eletrônicos.

O mais comum, porém, é que novas posições se abram graças a mudanças. Surgem novos grupos de clientes ou oportunidades de compra, novas necessidades à medida que a sociedade evolui, novos canais de distribuição. Novas tecnologias são desenvolvidas, novas máquinas ou novos sistemas de informação são disponibilizados. Quando essas mudanças ocorrem, novos competidores, que não têm uma longa história no setor, geralmente percebem com mais facilidade o potencial de uma nova forma de concorrência. Ao contrário dos competidores tradicionais, os recém-chegados podem ser mais flexíveis, pois não precisam fazer concessões em suas atividades atuais.

para os clientes. Dezenas de livros apresentam padrões de tecido, amostras de madeira ou estilos diferentes – ou seja, os clientes podem escolher entre milhares de variedades de produtos. Os vendedores geralmente os acompanham pela loja, respondendo a perguntas e ajudando-os a navegar por um labirinto de opções. Quando o cliente decide o que quer, o pedido é transmitido para um fabricante contratado. Com sorte, os móveis serão entregues na casa do cliente em seis a oito semanas. Essa é uma cadeia de valor que maximiza customização e serviços, mas cobra caro por isso.

Por outro lado, a Ikea atende a clientes que preferem trocar serviço por custo. Em vez de ter um batalhão de vendedores espalhado pela loja, a Ikea usa um modelo de autoatendimento baseado em explicações claras exibidas no local. Para definir seu posicionamento, em vez de se fiar somente em fabricantes terceirizados, a Ikea projeta seus móveis modulares – de baixo custo, prontos para montar. Nas megalojas, a empresa exibe todos os produtos que comercializa em ambientes completamente mobiliados, de modo que o cliente não precise da ajuda de um decorador. Adjacente aos showrooms mobiliados encontra-se um depósito com os produtos encaixotados guardados sobre pallets. Os clientes simplesmente pegam os produtos e levam para casa. Para ajudar o cliente a carregar os produtos para casa, a Ikea até vende uma estrutura para o capô do carro, e ele pode devolver a peça e ser reembolsado na visita seguinte.

Embora boa parte de seu posicionamento como loja de baixo custo venha do conceito "Faça você mesmo", a Ikea oferece vários serviços extras que a concorrência não oferece. Um deles é um espaço reservado para as crianças. Outro é o horário de funcionamento estendido. Esses serviços estão alinhados exclusivamente com as necessidades de clientes jovens que ainda não alcançaram a estabilidade financeira, que talvez tenham filhos (sem babá) e que em geral trabalham em tempo integral, e por isso precisam fazer compras em horários alternativos.

Origens do posicionamento estratégico

As posições estratégicas se originam de três fontes distintas, não excludentes e geralmente superpostas. Primeira: posicionamento pode ser baseado na produção de um subconjunto de produtos ou serviços de uma atividade. Chamo essa posição de *posicionamento baseado em variedade*, porque se fundamenta na variedade de produtos ou serviços, não em segmentos de clientes. O posicionamento baseado em variedade faz sentido economicamente quando a empresa consegue produzir com mais qualidade determinados produtos ou serviços usando diferentes conjuntos de atividades.

A Jiffy Lube International, por exemplo, especializou-se em lubrificantes automotivos e não oferece outros serviços, como reparos ou manutenção. Sua cadeia de valor produz serviços mais rápidos a custos menores que oficinas de linha mais ampla. Essa combinação se mostrou tão atraente que muitos clientes optam por trocar o óleo com a Jiffy Lube e procuram a concorrência para outros serviços.

O grupo Vanguard, líder no setor de fundos mútuos, é outro exemplo de posicionamento baseado em variedade. A Vanguard fornece um conjunto de ações ordinárias, títulos e fundos do mercado financeiro com desempenho previsível e despesas irrisórias. A abordagem de investimento da empresa sacrifica deliberadamente a possibilidade de um desempenho excepcional em determinado ano por um desempenho relativamente bom todos os anos. A Vanguard é conhecida, por exemplo, por seus fundos indexados. Evita apostar em taxas de juros e procura manter-se afastada de grupos pequenos de ações. Os gestores de fundos mantêm níveis baixos de comercialização, o que garante despesas menores. Além disso, a empresa desencoraja os clientes a comprar e vender rápido, pois isso aumenta os custos e pode forçar o gestor a comercializar para redistribuir o novo capital e aumentar o caixa para resgates. A Vanguard também adota uma abordagem consistente de baixo custo para administrar distribuição, serviços ao cliente e marketing. Muitos investidores têm um ou mais fundos da Vanguard em seu portfólio e, ao mesmo tempo, compram fundos agressivamente administrados ou especializados da concorrência.

As pessoas que usam a Vanguard ou a Jiffy Lube participam de uma cadeia de valor mais elevada para determinado tipo de serviço. Um posicionamento baseado em variedade pode atender a um grande número de clientes, mas para muitos suprirá somente um subconjunto de necessidades.

A segunda fonte de posicionamento atenderá à maior parte ou a todas as necessidades de determinado grupo de clientes. Eu a chamo de *posicionamento baseado em necessidades*, que se aproxima do pensamento tradicional de focar um segmento de clientes. Ela surge quando há grupos de clientes com necessidades diferentes e quando um conjunto de atividades especificamente customizado pode supri-las com mais eficiência. Alguns grupos de clientes são mais sensíveis ao preço que outros, demandam características diferentes de produtos e precisam de quantidades variadas de informação, suporte e serviços. Os clientes da Ikea são um bom exemplo. A empresa busca atender a todas as necessidades de móveis e decoração para o lar de seu público-alvo, não a apenas um subconjunto delas.

Quando o mesmo cliente tem diferentes necessidades em diferentes ocasiões, ou para diferentes tipos de transações, pode ser aplicada uma variante do posicionamento baseado em necessidades. A mesma pessoa pode ter diferentes necessidades quando viaja a negócios e quando viaja de férias com a família, por exemplo. Compradores de latas – como as empresas de bebidas – provavelmente terão necessidades diferentes para seu fornecedor principal e sua fonte secundária.

A maioria dos executivos considera intuitivo conceber seus negócios com base nas necessidades dos clientes, mas um elemento crítico do posicionamento baseado em necessidades não é nada intuitivo e quase sempre é negligenciado. Isso porque diferenças de necessidades não se traduzem em posicionamentos significativos, a menos que o conjunto ideal de atividades para satisfazê-las *também* seja diferente. Se não fosse assim, todos os concorrentes atenderiam a essas mesmas necessidades e o posicionamento não seria único nem valioso.

Em serviços bancários privados, por exemplo, a Bessemer Trust Company tem como alvo famílias com um valor mínimo de 5 milhões de dólares em ativos disponíveis para investimento e que desejem ao mesmo tempo preservar o capital e acumular bens. A Bessemer configurou suas atividades em serviços personalizados. Para isso, designa um sofisticado gerente de conta para atender a apenas 14 famílias. As reuniões podem ser feitas na fazenda ou no iate do cliente, e não em seu escritório. A Bessemer oferece um amplo leque de serviços personalizados, incluindo gestão de investimentos, administração de imóveis, supervisão de investimentos em petróleo e gás e contabilidade para cavalos de corrida e aeronaves. Empréstimos – ponto essencial para a maioria dos bancos privados – raramente são solicitados por clientes da Bessemer e formam uma fração mínima do saldo e da renda dos clientes. Apesar das gratificações generosas dos gerentes de conta e do

Conexão com estratégias genéricas

Em *Estratégia competitiva*, apresentei o conceito de estratégias genéricas – liderança, diferenciação e foco baseados em custos – para representar posições estratégicas alternativas de um setor. As estratégias genéricas continuam sendo úteis para caracterizar posições estratégicas no nível mais simples e amplo. A Vanguard é um exemplo de estratégia de liderança baseada em custo, enquanto a Ikea, com seu grupo de clientes reduzido, é um exemplo de foco baseado em custo. A Neutrogena é um diferenciador focado. As bases do posicionamento – variedade, necessidades e acessibilidade – levam à compreensão dessas estratégias genéricas em um nível mais alto de especificidade. A Ikea e a Southwest, por exemplo, são duas empresas com foco baseado em custos, mas o foco da Ikea se apoia nas necessidades de um grupo de clientes, enquanto o da Southwest se baseia na oferta de determinada variedade de serviços.

O modelo de estratégias genéricas gerou a necessidade de escolher para evitar ser apanhado entre o que descrevi como contradições inerentes de estratégias diferentes. Trade-offs entre atividades de posições incompatíveis explicam essas contradições. Uma prova disso é a Continental Lite, que fracassou ao tentar competir em duas frentes de uma só vez.

---

alto custo com pessoal especializado incluídos nas despesas de operação, o diferencial da Bessemer com as famílias a que atende produz uma rentabilidade de capital estimada como a mais alta do sistema bancário privado.

Por outro lado, o banco privado do Citibank atende a clientes com investimento mínimo de cerca de 250 mil dólares que, ao contrário dos clientes da Bessemer, desejam empréstimos – de grandes hipotecas a pequenos financiamentos. Os gerentes de conta do Citibank são basicamente operadores de empréstimos. Quando os clientes precisam de outros serviços, o gerente os encaminha para outros especialistas da instituição, que lhes oferecerão pacotes de produtos. O sistema do Citibank é menos personalizado que o da Bessemer e permite que ele tenha uma razão gerente-cliente muito menor: 1 para 125. Só clientes especiais têm reuniões no escritório, e apenas duas por ano. Tanto a Bessemer quanto o Citibank modelaram suas atividades para atender às necessidades de um grupo distinto de clientes do setor de bancos privados. A mesma cadeia de valor não pode suprir as necessidades dos dois grupos de forma lucrativa para as empresas.

A terceira fonte de posicionamento é a segmentação de clientes que são acessíveis por diferentes formas. Embora suas necessidades sejam semelhantes às de outros clientes, a configuração mais eficaz de atividades para atendê-los é diversa. Eu a chamo de *posicionamento baseado em acessibilidade*. Essa acessibilidade pode ser considerada em função da geografia ou da escala do cliente – ou do que quer que exija um conjunto específico de atividades para atendê-lo da melhor forma.

A segmentação por acessibilidade é menos comum e mais difícil de entender que as outras duas fontes. A Carmike Cinemas, por exemplo, opera salas apenas em cidades com menos de 200 mil habitantes. Como a Carmike consegue lucrar em mercados que não só são pequenos como também não suportam os preços dos ingressos das grandes cidades? Seu faturamento baseia-se num conjunto de atividades que resultam numa enxuta estrutura de custos. Os clientes da Carmike são atendidos em complexos cinematográficos padronizados e de baixo custo que exigem menos telas e tecnologia de projeção menos sofisticada que os cinemas de grandes cidades. O sistema de informação patenteado da empresa e os processos de administração eliminam a necessidade de equipe administrativa local além de um gerente. A Carmike também se beneficia de um sistema de compras centralizado, baixos custos de aluguel e folha de pagamento (devido às localizações) e despesas fixas corporativas – de 2%, bem abaixo da média do setor, 5%. Operar em comunidades pequenas também permite à Carmike praticar uma forma de marketing altamente personalizada: como o gerente do cinema conhece toda a clientela, ele convoca o público por meio de contatos pessoais. Por ser o cinema o mais importante, se não o único, de seus entretenimentos – o principal concorrente muitas vezes é o time de futebol local –, a Carmike consegue negociar uma melhor seleção de filmes e condições mais atraentes com as distribuidoras.

Clientes de zonas urbanas *versus* clientes de zonas rurais são um exemplo de acessibilidade que leva a diferenças nas atividades. Atender a poucos clientes (em vez de muitos) ou a clientes densamente aglomerados (em vez de esparsamente situados) são outros exemplos que comprovam que, mesmo que seja para suprir necessidades semelhantes, a forma de configurar as atividades de marketing, expedição, logística e pós-venda desses grupos distintos muitas vezes será diferente.

Posicionamento não se resume a descobrir um nicho. Uma posição que decorra de qualquer uma das fontes pode ser mais ampla ou mais estreita. Um concorrente focado, como a Ikea, tem como alvo as necessidades específicas de um subconjunto de clientes e configura suas atividades de acordo com elas. Competidores focados prosperam em grupos de clientes que são: exaustivamente atendidos (e assim pagam mais por isso) por competidores mais amplamente visados; ou mal atendidos (e assim pagam menos por isso). Um concorrente muito visado – por exemplo, a Vanguard ou a Delta Airlines – tem um amplo leque de clientes para os quais executa um conjunto de atividades destinadas a atender a suas necessidades comuns. Ele ignora ou atende apenas parcialmente às necessidades mais idiossincráticas de clientes ou grupos de clientes específicos.

Qualquer que seja a base – variedade, necessidades, acessibilidade ou alguma combinação desses três elementos –, o posicionamento requer um conjunto de atividades especificamente moldado, pois é sempre uma função de diferenças do lado do fornecedor; isto é, de diferenças em atividades. Por outro lado, posicionamento não é sempre uma função de diferenças no lado da demanda ou do cliente. Mais especificamente, posicionamentos em variedade e acessibilidade não dependem de *quaisquer diferenças* do cliente. Na prática, no entanto, diferenças de variedade ou acessibilidade geralmente acompanham diferenças de necessidades. Os gostos – isto é, as necessidades – dos clientes de pequenas cidades atendidas pela Carmike, por exemplo, pendem mais para o lado de comédias, faroestes, filmes de ação e entretenimento para a família. A Carmike não exibe nenhum filme proibido para menores de 18 anos.

Definido o que é posicionamento, podemos começar a definir estratégia. Estratégia é a criação de uma posição única e de valor envolvendo um conjunto diferente de atividades. Quando há apenas uma posição ideal, não existe necessidade de estratégia e as empresas enfrentam uma única imposição – vencer a corrida para descobrir essa posição e ser a primeira a alcançá-la. A essência do posicionamento estratégico é escolher atividades diferentes das dos concorrentes. Se o mesmo conjunto de atividades fosse o mais eficaz para produzir todas as variedades, satisfazer todas as necessidades e acessar todos os clientes, as empresas poderiam facilmente navegar entre elas e a eficácia operacional determinaria o desempenho.

III. Uma posição estratégica sustentável exige concessões (trade-offs)

Escolher uma posição única, no entanto, não garante uma vantagem sustentável. Uma posição de valor atrai concorrentes que tentarão copiá-la de uma ou duas formas.

Primeira: um concorrente pode se reposicionar para igualar o desempenho do concorrente superior. A J. C. Penney, por exemplo, reposicionou-se para deixar de ser um clone da Sears e se transformar numa próspera cadeia de lojas de departamentos de confecções orientada para a moda. Segunda: o tipo mais comum de imitação é o *straddle*. A empresa que recorre a essa estratégia ambivalente busca combinar os benefícios de uma posição bem-sucedida e, ao mesmo tempo, manter a posição atual. Para isso, incorpora novos aspectos, serviços ou tecnologias nas atividades que já executa.

Para quem defende que a concorrência pode copiar qualquer posição de mercado, o setor de linhas aéreas é um bom exemplo. Em princípio, qualquer concorrente pode copiar quaisquer atividades de empresas aéreas. É possível comprar os mesmos modelos de aeronave, utilizar portões de embarque e adaptar serviços de catering, tarifação e manipulação de bagagem oferecidos por outras linhas aéreas.

A Continental Airlines viu o sucesso da Southwest e decidiu se valer do *straddle*. Mantendo sua posição de empresa aérea de serviço completo, resolveu equiparar-se à Southwest ao passar a operar em várias rotas ponto a ponto. Batizou o novo serviço de Continental Lite; ele eliminava refeições e serviços de primeira classe, aumentava a frequência de partidas, reduzia o preço das passagens e o tempo de embarque e desembarque. Como a Continental permaneceu como uma empresa aérea com serviço completo em outras rotas, continuou a usar agentes de viagem e a frota mista de aeronaves e a fornecer serviços de controle e transferência de bagagem e reserva de assentos.

Mas uma posição estratégica não é sustentável sem trade-offs. Os trade-offs ocorrem quando há atividades incompatíveis – ou seja, quanto mais temos de uma coisa, necessariamente menos temos de outra. Uma empresa aérea pode decidir servir refeições – aumentando custos e atrasando o tempo de embarque e desembarque – ou não servir nada. Mas não conseguirá fazer ambas as coisas sem grande perda de eficiência.

Os trade-offs criam a necessidade de escolha e desestimulam reposicionamentos e *straddle*. Veja o caso do sabonete da Neutrogena. O posicionamento baseado em variedade da Neutrogena Corporation foi construído sobre a ideia de um sabonete "benéfico para a pele", sem resíduos, com pH balanceado. A estratégia de marketing da empresa parecia mais a de um laboratório farmacêutico que a de uma fabricante de sabonetes. A Neutrogena colocava anúncios em revistas especializadas, enviava mala direta aos médicos, participava de congressos e realizava pesquisas no próprio instituto. Para reforçar o posicionamento, originalmente focou a distribuição em drogarias e evitou a prática de preços promocionais. Para produzir esse delicado sabonete, a Neutrogena utiliza um processo de fabricação mais lento e oneroso.

Ao escolher essa posição, a Neutrogena disse "não" aos desodorantes e hidratantes de pele que muitos clientes esperavam encontrar em seu sabonete. Abdicou de um provável grande volume de vendas em supermercados e de aplicar preços promocionais. Sacrificou eficiências de fabricação para obter a qualidade desejada. Em seu posicionamento original, vários trade-offs como esses protegeram a empresa de imitadores.

Os trade-offs surgem por três motivos: o primeiro são inconsistências na imagem ou reputação. Uma empresa conhecida por oferecer um tipo de valor pode perder credibilidade e confundir os clientes – ou até desgastar sua reputação – se entregar outro tipo de valor ou se tentar entregar duas coisas incompatíveis ao mesmo tempo. Por exemplo, o sabonete Ivory tem o posicionamento de um sabonete comum e barato de uso diário, por isso teria enorme dificuldade para reformular sua imagem e se equiparar à reputação "médica" superior do Neutrogena. Esforços para criar uma nova imagem normalmente custam dezenas ou até centenas de milhões de dólares de uma empresa de grande porte – uma barreira poderosa à imitação.

O segundo e mais importante modo como surgem os trade-offs decorre das próprias atividades. Diferentes posições (com suas atividades especificamente moldadas) requerem diferentes equipamentos e configurações de produto, mudanças de comportamento dos funcionários, novas habilidades e novos sistemas de administração. Um grande número de trade-offs reflete uma inflexibilidade de máquinas, pessoas ou sistemas. Quanto mais a Ikea configura suas atividades para baixar custos – fazendo os próprios clientes transportar os móveis e montá-los em casa –, menos é capaz de satisfazer clientes que preferem serviços de alto padrão.

Mas os trade-offs podem ser ainda mais básicos. Em geral, há destruição de valor quando uma atividade é superprojetada ou subprojetada. Mesmo que um vendedor seja capaz, por exemplo, de fornecer um alto nível de atendimento a um cliente e nenhum a outro, o talento desse vendedor (e parte do custo que ele gera para a empresa) seria desperdiçado com o segundo cliente. Além disso, a produtividade pode aumentar quando uma atividade tem uma variação limitada. Ao fornecer continuamente um alto padrão de atendimento, o vendedor e todo o setor de vendas podem atingir a eficiência através do aprendizado e do trabalho em grande escala.

Por fim, os trade-offs nascem de limites na coordenação e no controle internos. Quando a diretoria decide competir para valer, precisa expor claramente suas prioridades organizacionais. Empresas que tentam ser tudo para todos os clientes correm o risco de criar confusão nas trincheiras, pois falta um modelo claro que os funcionários possam usar de base para suas decisões operacionais cotidianas.

Trade-offs de posicionamento são comuns na competição e essenciais para a estratégia. Eles criam a necessidade da escolha e limitam intencionalmente o que uma empresa oferece. Desestimulam o *straddle* ou o reposicionamento, pois competidores que se envolvem nessas abordagens desgastam suas estratégias e degradam o valor de suas atividades.

No fim, os trade-offs afundaram a Continental Lite. A empresa aérea perdeu centenas de milhões de dólares e o CEO foi demitido. Os voos atrasavam porque saíam de cidades-polo congestionadas ou porque havia demora na transferência de bagagem. Voos atrasados e cancelados geravam milhares de reclamações diárias. A Continental Lite não tinha condições de suportar a concorrência de preço e ainda pagar comissões para agentes de viagem, mas também não podia dispensá-los. Concordou, então, em cortar encargos para todos os voos da Continental, sem distinção. Da mesma forma, não tinha condições de continuar oferecendo os mesmos benefícios dos que voavam com frequência aos usuários que pagavam passagens muito mais baratas pelos serviços Lite. Concordou novamente em reduzir os benefícios de todo o programa de milhagem. Resultado: descontentamento dos agentes de viagem e dos clientes de serviço completo.

A Continental tentou competir em duas frentes simultaneamente. Ao tentar baixar os custos em algumas rotas e fornecer serviço completo em outras, arcou com um enorme ônus por seu *straddle*. Se não houvesse trade-offs entre as posições, a empresa poderia ter sido bem-sucedida, mas a ausência de trade-offs é uma perigosa meia verdade que os executivos precisam evitar. Qualidade nem sempre é de graça. A conveniência da Southwest, um tipo de alta qualidade, é consistente com baixos custos porque seu grande número de voos é facilitado por várias práticas de baixo custo – operações de embarque e desembarque mais rápidas e compra automatizada de passagens, por exemplo. No entanto, o custo para fornecer outras dimensões de qualidade de uma companhia aérea – reserva de assentos, refeições ou transferência de bagagens – é alto.

Em geral, os trade-offs falsos entre custo e qualidade surgem quando há esforço redundante ou desperdiçado, falta de controle ou precisão, ou coordenação fraca. Melhorias simultâneas de custo e diferenciação só são possíveis quando a empresa começa bem atrás da fronteira de produtividade ou quando a fronteira avança. Na fronteira, onde empresas apenas aperfeiçoam práticas, o trade-off entre custo e diferenciação é muito real.

Após se beneficiarem por mais de uma década das vantagens da produtividade, a Honda Motor Company e a Toyota Motor Corporation recentemente chegaram à fronteira. Em 1995, enfrentando uma resistência cada vez maior dos clientes aos altos preços dos automóveis, a Honda concluiu que o único jeito de produzir carros mais baratos era abrir mão de alguns itens. Nos Estados Unidos, substituiu os discos de freio traseiros do Civic por freios a tambor, de custo mais baixo, e usou tecido mais barato nos assentos traseiros acreditando que os clientes não perceberiam. No Japão, a Toyota tentou vender uma versão de seu carro-chefe, o Corolla, com para-choque sem pintura e assentos mais baratos. Os clientes se revoltaram e a companhia rapidamente desistiu do novo modelo.

Nas últimas décadas, à medida que executivos se esmeravam em aperfeiçoar a eficiência operacional, internalizavam a ideia de que eliminar trade-offs é algo bom. A verdade, porém, é que sem os trade-offs as empresas nunca atingirão uma vantagem sustentável. Terão de operar cada vez mais rápido para simplesmente permanecer no mesmo lugar.

Então, quando voltamos à questão "O que é estratégia?", percebemos que os trade-offs acrescentam uma nova dimensão à resposta. A estratégia é usá-los na hora de competir. A essência da estratégia é escolher o que *não* fazer. Se não houvesse trade-offs, não seria necessário fazer escolhas, portanto não haveria necessidade de montar uma estratégia. Qualquer boa ideia poderia e deveria ser rapidamente copiada. E, mais uma vez, o desempenho voltaria a depender da eficiência operacional.

IV. Ajustes estimulam a vantagem competitiva e a sustentabilidade

Escolhas de posicionamento determinam não só quais atividades a empresa desempenhará e como configurará as atividades individuais, mas também como essas atividades estarão relacionadas. Enquanto a eficiência operacional busca atingir a excelência em atividades ou funções individuais, a estratégia trata de *combiná-las*.

A agilidade dos procedimentos de embarque e desembarque da Southwest, viabilizando partidas frequentes e maior operacionalidade de aeronaves, é fundamental para seu posicionamento de alta conveniência e baixo custo. Mas como a Southwest conseguiu isso? Uma parte da resposta está nas bem remuneradas equipes de terra da empresa, cuja produtividade no embarque e no desembarque é facilitada por regras sindicais flexíveis. Mas a outra parte, a maior delas, está na forma como a Southwest desempenha suas atividades. Sem refeições a bordo, sem reserva de assentos e sem transferência de bagagem, a empresa evita atividades que provocam lentidão em outras empresas. Ela seleciona aeroportos e rotas para evitar congestionamentos, que geram atrasos. As restrições da Southwest quanto à extensão das rotas permitem o uso de aeronaves padronizadas: todos os aviões são Boeing 737.

Qual é a competência central da Southwest? Quais são seus principais fatores de sucesso? A resposta correta é: tudo é importante. A estratégia da Southwest envolve um sistema completo de atividades, não um conjunto de partes. Sua vantagem competitiva surge da forma como suas atividades se ajustam e se reforçam mutuamente.

Esse ajuste cria uma corrente tão forte quanto seu elo mais forte, impedindo imitações. Como na maioria das empresas com boas estratégias, as atividades da Southwest se complementam para criar valor econômico real. O custo de uma atividade, por exemplo, é reduzido devido à forma como outras atividades são executadas. Do mesmo modo, para os clientes o valor de uma atividade pode ser aumentado por outras atividades da empresa. É assim que o ajuste estratégico cria vantagem competitiva e produz alta lucratividade.

Tipos de ajuste

A importância do ajuste entre políticas funcionais é uma das ideias mais antigas em estratégia. Aos poucos, no entanto, ela vem sendo substituída na agenda dos altos executivos. Em vez de visualizar a empresa como um todo,

---

Mapeando o sistema de atividades

Mapas de sistemas de atividades, como o da Ikea (abaixo), mostram como a posição estratégica da empresa está contida num conjunto de atividades específicas configurado para que tudo funcione. Em companhias com uma posição estratégica clara, alguns temas estratégicos de ordem superior (em cinza-escuro) podem ser identificados e implementados por conjuntos de atividades altamente relacionadas (em cinza-claro).

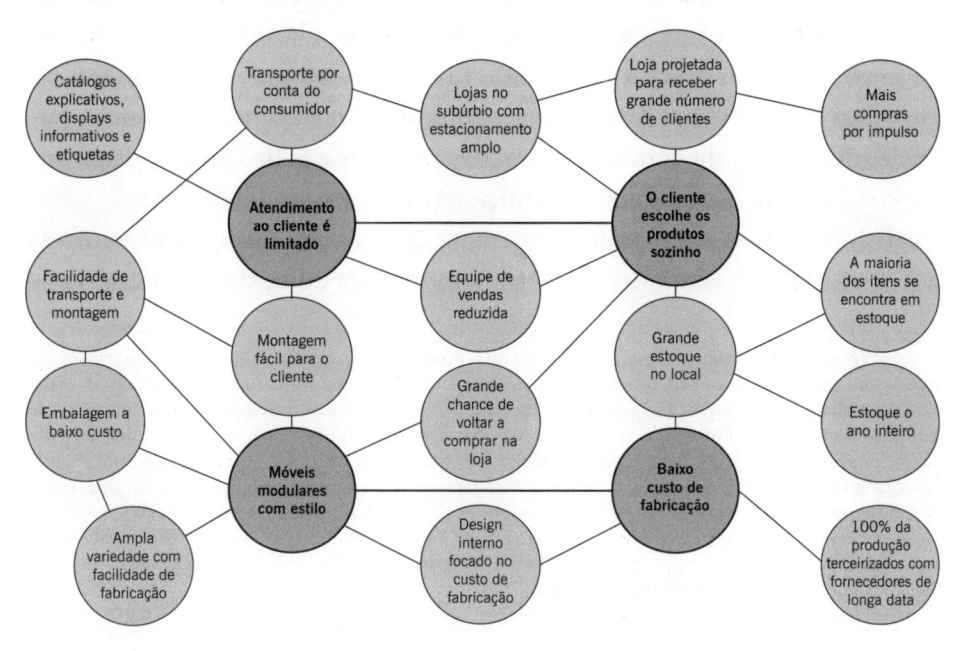

eles focam competências "centrais", recursos "críticos" e fatores de sucesso "essenciais". A verdade, porém, é que esse ajuste é um componente muito mais central de vantagem competitiva do que a maioria das pessoas imagina.

Os ajustes são importantes porque atividades discretas geralmente afetam umas às outras. Uma sofisticada equipe de vendas, por exemplo, confere mais vantagem à empresa quando o produto incorpora tecnologia de primeira linha e sua abordagem de marketing enfatiza assistência e suporte ao cliente. Uma linha de produção com alta variedade de modelos agrega mais valor quando combinada a sistemas de estoque e expedição que minimizem a necessidade de guardar mercadorias prontas, a um processo de vendas equipado para explicar e encorajar a personalização e a um tema de publicidade que reforce as vantagens das variações de um produto para satisfazer as necessidades específicas do cliente. Essas complementaridades são comuns na estratégia. Embora certo nível de ajuste entre atividades seja genérico e se aplique a muitas empresas, o ajuste de maior valor é específico da estratégia porque ressalta a singularidade da posição e amplifica os trade-offs.[2]

Existem três tipos de ajuste que não são mutuamente excludentes. O ajuste de primeira ordem é a *simples consistência* entre cada atividade (função) e a estratégia geral da empresa. A Vanguard, por exemplo, alinha todas as atividades a sua estratégia de baixo custo. Ela minimiza o retorno do portfólio e não precisa de gerentes financeiros altamente remunerados. Distribui os resultados diretamente, evitando corretagens, e faz pouca publicidade, mas conta com fortes relações públicas e propaganda boca a boca. Por fim, vincula o bônus dos funcionários à economia de custos.

A consistência nas políticas garante que as vantagens competitivas das atividades se acumulem e se somem em vez de se desgastarem ou se

---

[2] Paul Milgrom e John Roberts começaram a explorar a economia de sistemas de funções complementares, atividades e funções. O foco está na emergência da "produção moderna" como um novo conjunto de atividades complementares, na tendência das empresas a reagir a mudanças externas com um pacote coerente de respostas internas e na necessidade de coordenação centralizadora – uma estratégia – para alinhar gerentes operacionais. No último caso, eles reconfiguram o que há muito tempo tem sido um princípio fundamental da estratégia. Veja "The Economics of Modern Manufacturing: Technology, Strategy, and Organization", Paul Milgrom e John Roberts, em *American Economic Review*, v. 80, p. 511-528, 1990; "Complementarities, Momentum, and Evolution of Modern Manufacturing", Paul Milgrom, Yingyi Qian e John Roberts, em *American Economic Review*, v. 81, p. 84-88, 1991; e "Complementarities and Fit: Strategy, Structure, and Organizational Changes in Manufacturing", Paul Milgrom e John Roberts, em *Journal of Accounting and Economics*, v. 19, p. 179-208, março-maio de 1995.

Sistema de atividades da Vanguard

Mapas de sistemas de atividades podem servir para examinar e fortalecer um ajuste estratégico. Um conjunto de questões básicas deve guiar o processo. Primeira questão: cada atividade é consistente com o posicionamento geral – variedades produzidas, necessidades atendidas e tipos de cliente acessados? Peça aos responsáveis de cada atividade que identifiquem como outras atividades dentro da empresa melhoram ou prejudicam seu desempenho. Segunda questão: existem maneiras de fortalecer o modo como atividades ou grupos de atividades se reforçam mutuamente? Por fim, mudanças numa atividade podem eliminar a necessidade de realizar outras mudanças?

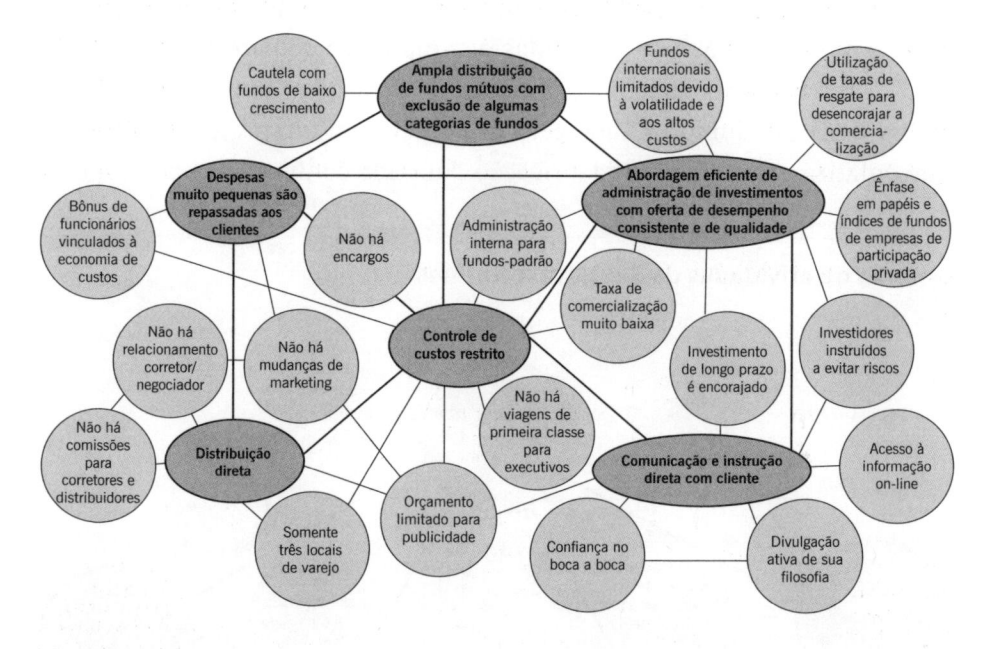

anularem. Com isso, torna-se mais fácil comunicar a estratégia aos clientes, funcionários e acionistas, e um foco firme estimula sua implementação.

Ajustes de segunda ordem ocorrem quando as *atividades são reforçadoras*. A Neutrogena, por exemplo, negocia com hotéis luxuosos que desejam oferecer aos hóspedes um sabonete recomendado por dermatologistas. Os hotéis concedem à Neutrogena o privilégio de usar sua embalagem-padrão, enquanto exigem que sabonetes de outras marcas tenham embalagem com o nome do hotel. Uma vez que os hóspedes experimentam Neutrogena num hotel de luxo, aumenta a probabilidade de adquirirem o sabonete em drogarias ou de pedir a opinião de dermatologistas sobre o produto. Assim, o marketing da Neutrogena via médicos e hotéis é reforçado nas duas frentes, reduzindo o custo total do marketing.

Outro exemplo é o das canetas Bic. A Bic Corporation oferece uma linha limitada de canetas-padrão de baixo preço para quase todos os grandes mercados consumidores (varejo, comercial, promocional e brindes) utilizando praticamente todos os canais disponíveis. Como acontece com qualquer posicionamento baseado em variedade que atende a um grande grupo de consumidores, a Bic enfatiza uma necessidade comum (preço baixo para uma caneta aceitável) e usa abordagens de marketing de amplo alcance (grandes equipes de vendas e campanhas comerciais pesadas na TV). A Bic recebe os benefícios dessa consistência em praticamente todas as atividades, incluindo a vantagem de contar com um projeto de produto que enfatiza a facilidade de fabricação, fábricas configuradas para operar

Sistema de atividades da Southwest Airlines

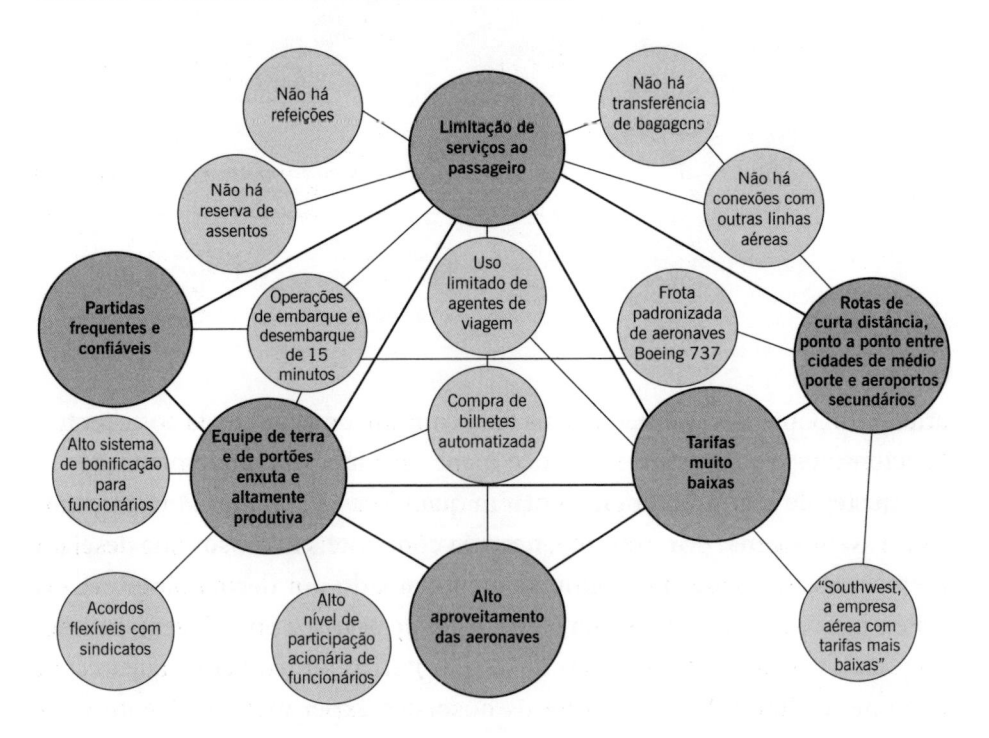

com baixo custo, compra de matéria-prima em grandes quantidades para minimizar custos e produção parcial local sempre que a economia exigir.

A Bic vai além da simples consistência porque suas atividades reforçam umas às outras. Utiliza, por exemplo, expositores em pontos de venda e muda frequentemente a embalagem para estimular a compra por impulso. Para executar as tarefas nos pontos de venda, uma empresa precisa de uma grande equipe de vendas. A da Bic é a maior do segmento, controlando a atividade de pontos de venda com mais eficiência que as concorrentes. Além disso, a combinação de pontos de venda, publicidade maciça na televisão e mudanças de embalagem estimula muito mais a compra por impulso do que qualquer atividade isoladamente.

O ajuste de terceira ordem vai além da atividade de reforço, pois se refere à *otimização de esforços*. A GAP, rede varejista de moda casual, considera a disponibilidade de produtos na loja um elemento crítico de sua estratégia. A empresa poderia oferecer os produtos aumentando o estoque nas lojas ou armazenando-os em grandes depósitos. Ela otimiza os esforços para essa atividade reestocando sua seleção de peças básicas quase diariamente em três depósitos, o que minimiza a necessidade de manter grandes estoques nas lojas. A ênfase está na reestocagem porque a estratégia de comercialização da GAP resume-se a itens básicos em um número relativamente pequeno de cores. Enquanto outros varejistas de mesmo porte repõem os estoques três ou quatro vezes ao ano, a GAP repõe, em média, 7,5 vezes. Além disso, a rápida reposição de estoque reduz o custo de implementação do modelo de ciclo curto da GAP, que dura de seis a oito semanas.[3]

Os tipos mais básicos de otimização de esforços são a coordenação e a troca de informações entre atividades, buscando eliminar redundâncias e minimizar desperdício de esforços. No entanto, existem tipos mais sofisticados. Decisões sobre projeto de produtos, por exemplo, podem eliminar a necessidade de serviços pós-venda ou permitir que os clientes realizem eles mesmos o serviço. Uma boa coordenação com fornecedores ou canais de distribuição pode eliminar a necessidade de certas atividades locais, como o treinamento do usuário final.

---

[3] O material sobre estratégias de varejo foi retirado, em parte, de "The Rise of Retail Category Killers", por Jan Rivkin, artigo inédito de janeiro de 1995. Nicolaj Siggelkow preparou o estudo de caso sobre a GAP.

Nos três tipos de ajuste, o todo é sempre mais importante que qualquer parte isolada. A vantagem competitiva cresce a partir de *todo o sistema* de atividades. Os ajustes entre atividades reduzem substancialmente os custos ou aumentam a diferenciação. Além disso, o valor competitivo de atividades individuais – ou as habilidades, as competências e os recursos associados às atividades – não pode ser desvinculado do sistema ou da estratégia. Assim, em empresas competitivas talvez seja enganoso tentar explicar o sucesso apontando forças individuais, competências centrais ou recursos fundamentais. A lista de pontos fortes passa por várias funções e cada um se funde aos outros. É mais útil pensar em termos de temas que permeiam muitas atividades, como baixo custo, uma noção específica do serviço ao cliente ou uma concepção particular do valor entregue. Esses temas são incorporados a grupos de atividades fortemente conectados.

Ajuste e sustentabilidade

O ajuste estratégico entre várias atividades é fundamental não só para se obter a vantagem competitiva como para mantê-la. A concorrência tem mais dificuldade em ajustar um conjunto de atividades interligadas do que em simplesmente imitar uma abordagem específica de vendas, ajustar um processo tecnológico ou copiar as características de um produto. Posições construídas sobre sistemas de atividades são muito mais sustentáveis que as construídas sobre atividades individuais.

Observe este exercício simples: a probabilidade da concorrência copiar uma abordagem qualquer de determinada empresa é, no máximo, menor que 1/1 (100%). Neste exemplo, vamos supor que seja de 90% – para efeito de cálculo, 0,9. Quanto mais atividades a concorrência precisar copiar, menor será a chance de ser bem-sucedida em tudo. Se forem duas, a conta será $0,9 \times 0,9 = 0,81$ (81% de chance); se forem quatro, $0,9 \times 0,9 \times 0,9 \times 0,9 = 0,66$ (66% de chance). Empresas já existentes que tentam se reposicionar ou causar *straddle* serão forçadas a reconfigurar muitas atividades, e até novos competidores enfrentarão enormes dificuldades para imitar a empresa original, embora não enfrentem os trade-offs encarados por concorrentes tradicionais.

Quanto mais o posicionamento de uma empresa se baseia em sistemas de atividade com ajustes de segunda e terceira ordem, mais sustentável é sua vantagem. Esses sistemas, por natureza, geralmente são difíceis de desemaranhar fora da empresa, por isso, difíceis de copiar. E, mesmo que os concorrentes identifiquem interligações essenciais, terão dificuldade em replicá-las. É difícil chegar ao ajuste porque ele exige integração de decisões e ações de várias subunidades independentes.

Um concorrente que procura copiar um sistema de atividades não obtém muita vantagem imitando apenas parte dele. Em vez de melhorar, o desempenho pode até diminuir, como foi o caso da desastrosa tentativa da Continental Lite de imitar a Southwest.

Por fim, o ajuste entre atividades de uma empresa cria pressões e incentivos para o aumento da eficiência operacional, o que dificulta ainda mais a imitação. Com o ajuste, o mau desempenho de uma atividade implicará a piora no desempenho de outras; portanto, as fragilidades são mais expostas e têm mais chance de chamar a atenção. Por outro lado, melhorias em uma atividade rendem dividendos em outras. Empresas com fortes ajustes entre atividades raramente são alvos convidativos. Sua excelência em estratégia e desempenho só faz aumentar suas vantagens e os obstáculos para os imitadores.

Quando as atividades se complementam, a concorrência só se beneficia da imitação se conseguir copiar todo o sistema com sucesso. Situações como essas costumam promover competições do tipo "o vencedor leva tudo". A empresa que constrói o melhor sistema de atividades – Toys R Us, por exemplo – vence, enquanto as concorrentes com estratégias semelhantes – Child World e Lionel Leisure – ficam para trás. Assim, muitas vezes é preferível encontrar uma nova posição estratégica a ser o segundo ou terceiro imitador de uma posição já ocupada.

As posições mais viáveis são aquelas cujos sistemas de atividades são incompatíveis devido aos trade-offs. O posicionamento estratégico define as regras dos trade-offs que estabelecem como as atividades individuais são configuradas e integradas. Analisar a estratégia em termos de sistemas de atividades mostra por que sistemas, estruturas e processos organizacionais precisam ser específicos da estratégia. Ao configurar a organização para seguir uma estratégia, você recebe os benefícios das complementaridades e contribui para sua sustentabilidade.

Posições estratégicas devem ter um horizonte de pelo menos uma década, e não um único ciclo de planejamento. A continuidade impulsiona melhorias em atividades individuais e o ajuste entre atividades, permitindo que a organização construa capacidades e habilidades únicas moldadas para sua estratégia. Além disso, a continuidade reforça a identidade da empresa.

Por outro lado, mudanças frequentes de posicionamento são onerosas. A empresa precisa não só reconfigurar atividades individuais, mas reajustar sistemas inteiros. Às vezes, algumas atividades nunca se recuperam dessa estratégia inconstante. Os resultados inevitáveis de frequentes mudanças de estratégia ou de falta de uma posição distinta desde o começo são o plágio, restrições nas configurações das atividades, inconsistências nas funções e desarmonia organizacional.

O que é estratégia? Agora estamos em condições de completar a resposta. Estratégia é criar ajuste entre as atividades de uma empresa. O sucesso de uma estratégia depende de a empresa realizar bem várias atividades – não somente algumas – de forma integrada. Sem isso, não há estratégia diferente e a sustentabilidade da empresa será baixa. Com isso, a administração volta à simples condição anterior de fiscalizar funções independentes e a eficiência operacional determina o desempenho da organização.

V. Redescobrindo a estratégia

A incapacidade de escolher

Por que tantas empresas não conseguem criar uma estratégia? Por que executivos evitam fazer escolhas estratégicas – ou, após fazê-las, permitem que se deteriorem e percam força?

Às vezes, as ameaças à estratégia vêm de fora da empresa – mudanças tecnológicas ou comportamentais da concorrência. No entanto, embora mudanças externas possam ser um problema, a maior ameaça à estratégia normalmente tem origem dentro da empresa. Uma estratégia sólida pode ser minada por uma visão equivocada de competição, por falhas organizacionais e, acima de tudo, pela vontade de crescer.

Os executivos têm se mostrado confusos quanto à necessidade de fazer escolhas. Quando muitas empresas operam longe da fronteira de produtividade, os trade-offs parecem desnecessários. A impressão é de que uma companhia bem gerida tem condições de vencer concorrentes ineficientes em todas as dimensões simultaneamente. Executivos que aprenderam, com conhecidos pensadores da gestão, que não precisam de trade-offs adquiriram a visão machista de que aceitar concessões é sinal de fraqueza.

Desanimados diante das previsões de hipercompetição, os executivos imitam a concorrência em tudo e acabam aumentando a probabilidade de ela acontecer. Estimulados a pensar em como fazer uma verdadeira revolução, eles saem à caça de novas tecnologias.

A busca pela eficiência operacional é atraente porque é concreta e praticável. Na última década, executivos sofreram pressões cada vez maiores para produzir melhorias de desempenho tangíveis e mensuráveis. Programas de eficiência operacional produzem um progresso tranquilizador, embora talvez isso não signifique alta lucratividade. Publicações e consultorias inundam o mercado com informações do que outras companhias estão fazendo e isso reforça a mentalidade das boas práticas. Correndo atrás da eficiência operacional, muitos executivos simplesmente não entendem a necessidade de se ter uma estratégia.

As empresas também evitam ou depreciam escolhas estratégicas por outras razões. Em geral, cada setor possui muitas ideias enraizadas, o que homogeneiza a competição. Erroneamente, alguns executivos acham que "foco no cliente" é satisfazer todas as necessidades do cliente ou atender a todas as exigências dos canais de distribuição. Outros afirmam que têm o desejo de preservar a flexibilidade.

A realidade dentro da organização também trabalha contra a estratégia. Trade-offs são assustadores, e é preferível não fazer escolhas a arcar com a culpa de uma escolha errada. As empresas imitam umas às outras como se fossem um rebanho, cada uma pressupondo que a rival saiba de algo a mais. Funcionários que passam a ter poder de decisão são encorajados a buscar todas as fontes de melhorias possíveis, mas geralmente não têm uma visão do todo nem perspectiva para identificar trade-offs. Às vezes, deixam de escolher porque não querem decepcionar gestores ou colegas estimados.

A armadilha do crescimento

Entre todas as outras influências, o desejo de crescer talvez provoque o efeito mais perverso na estratégia. Trade-offs e limites parecem restringir o crescimento. Atender a um grupo de clientes e excluir outros, por exemplo, impõe um limite real ou imaginário ao crescimento da receita.

Visões alternativas de estratégia

Modelo de estratégia implícita da última década

- Uma posição competitiva ideal no setor
- Análise comparativa de todas as atividades e incorporação das melhores práticas
- Terceirização agressiva e parcerias para aumentar a eficiência
- Vantagens assentadas em alguns fatores-chave de sucesso, recursos críticos, competências centrais
- Flexibilidade e respostas rápidas para todas as mudanças competitivas e de mercado

Vantagem competitiva sustentável

- Posição competitiva singular para toda a empresa
- Atividades configuradas de acordo com a estratégia
- Contrapartidas e escolhas claras em relação à concorrência
- A vantagem competitiva surge do ajuste entre atividades
- A sustentabilidade nasce do sistema de atividades, não de suas partes
- A eficiência operacional é fato consumado

Estratégias com metas muito amplas enfatizando o preço baixo resultam em perda de vendas com clientes sensíveis a especificidades ou serviços. Os que se diferenciam perdem vendas para clientes sensíveis a preços.

Os executivos são constantemente tentados a ultrapassar esses limites, mas fazem pouco-caso da posição estratégica da empresa. Em certo momento, a pressão para crescer ou a saturação aparente do mercado-alvo os leva a ampliar o posicionamento, aumentando linhas de produtos, adicionando atributos, copiando os serviços populares da concorrência, imitando processos e até fazendo aquisições. Durante anos a Maytag Corporation foi bem-sucedida graças a seu foco em lavadoras e secadoras confiáveis e duráveis, que posteriormente foi ampliado e passou a incluir lava-louças. No entanto, as ideias enraizadas no setor apoiam a ideia de vender uma linha completa de produtos. Preocupada com o crescimento lento do setor e com a concorrência de fabricantes de grandes linhas de eletrodomésticos, a Maytag foi pressionada pelos fornecedores e encorajada pelos clientes a ampliar a linha. Entrou no mercado de refrigeradores e fogões com a marca Maytag e adquiriu outras – Jenn-Air, HardwickStove, Hoover, Admiral e Magic Chef – com posições muito distintas. A Maytag cresceu substancialmente, passando de uma receita de 684 milhões de dólares em 1985 para um pico de 3,4 bilhões de dólares em 1994, mas o retorno sobre as vendas diminuiu de 8% a 12% nas décadas de 1970 e 1980 para uma média abaixo de 1% entre 1989 e 1995. Um corte de custos poderia melhorar o desempenho, mas produtos de lavanderia e lava-louças ainda sustentam a lucratividade da Maytag.

A Neutrogena pode ter sido vítima da mesma armadilha. No início da década de 1990, ampliou a distribuição nos Estados Unidos e passou a fazer a comercialização em massa em lojas como a Walmart. Usando a marca Neutrogena, a empresa diversificou amplamente seus produtos – xampus e removedores de maquiagem para os olhos, por exemplo –, nos quais não era a única no mercado. Resultado: sua imagem foi diluída. O passo seguinte foi começar a praticar preços promocionais.

Concessões e inconsistências na busca de crescimento corroem a vantagem competitiva de uma empresa com sua variedade ou público-alvo originais. Tentativas de competir em diversas frentes podem criar confusão e minar a motivação e o foco organizacional. Os lucros caem, mas o aumento de receita é visto como a solução. Executivos são incapazes de fazer escolhas, por isso a empresa embarca num novo ciclo de ampliação e concessões. Geralmente, empresas concorrentes estão sempre se igualando umas às outras, até que o desespero rompe o ciclo, resultando numa fusão ou no retorno ao posicionamento original.

Crescimento lucrativo

Após uma década de reestruturação e corte de gastos, muitas empresas estão começando a focar o crescimento. Muitas vezes, esforços de crescimento desvalorizam a singularidade, criam compromissos, reduzem o ajuste e acabam minando a vantagem competitiva. O imperativo do crescimento é perigoso para a estratégia.

Reconectando-se com a estratégia

Muitas empresas devem seu sucesso inicial a uma posição estratégica ímpar envolvendo trade-offs claros. As atividades costumavam se alinhar com essa posição. No entanto, com o passar do tempo as pressões por crescimento levaram a concessões que, de início, eram quase imperceptíveis. Por meio de uma sucessão de mudanças graduais, muitas empresas sólidas comprometeram seu caminho para alcançar a homogeneidade com as rivais.

A questão aqui não é como a posição histórica das empresas deixou de ser viável. Seu desafio é recomeçar, exatamente como faria um novo competidor. O que está em questão é um fenômeno muito mais comum: a empresa tradicional que vem obtendo lucros medíocres e não tem uma estratégia clara. Aumentando aos poucos a variedade de seus produtos, se esforçando cada vez mais para atender a novos grupos de clientes e imitando as atividades da concorrência, a empresa existente perde sua clara posição competitiva, se iguala às outras em vários produtos e práticas e tenta vendê-los para a maioria dos grupos de clientes.

Certas abordagens podem ajudar a empresa a se reconectar com sua estratégia. A primeira é uma análise cuidadosa do que ela já faz. Dentro de muitas empresas tradicionais existe um núcleo de singularidade. Ele é identificado a partir das respostas a questões como:

- Quais produtos ou serviços são os mais diferenciados?
- Quais produtos ou serviços são os mais lucrativos?

Que abordagens de crescimento preservam e reforçam a estratégia? De forma geral, a regra é se concentrar no aprofundamento de uma posição estratégica em vez de ampliá-la e comprometê-la. Uma abordagem é ampliar a estratégia que alavanca o sistema de atividades existente, oferecendo produtos ou serviços que, para os concorrentes, seja impossível ou caro demais imitar de forma independente. Em outras palavras, executivos podem se perguntar que atividades, aspectos ou formas de competição são mais viáveis ou menos onerosos, tendo em vista as atividades complementares que a empresa desempenha.

Para aprofundar uma posição é preciso tornar as atividades da empresa mais exclusivas, fortalecendo o ajuste e comunicando com mais eficiência a estratégia a clientes que a valorizam. Muitas empresas se

- Quais clientes estão mais satisfeitos?
- Quais clientes, canais ou ocasiões de compra são os mais lucrativos?
- Quais atividades de nossa cadeia de valor são as mais diferentes e eficazes?

Em torno do núcleo de singularidade há uma crosta que vai se acumulando ao longo do tempo. Como parasita, ela precisa ser removida para revelar o posicionamento estratégico da empresa. Talvez uma pequena porcentagem de variedades ou clientes seja responsável pela maior parte das vendas da companhia e, sobretudo, de seus lucros. O desafio, então, é reposicionar o foco num núcleo único e realinhar as atividades da empresa a ele. Clientes e variedades de produtos secundários podem ser descartados ou vendidos por meio do aumento de preços ou falta de atenção.

A história de uma empresa também pode ser valiosa. Qual era a visão do fundador? Quais produtos e clientes formaram a empresa? Olhando para trás, é possível reexaminar a estratégia original para descobrir se ela ainda é válida. O posicionamento histórico pode ser implementado de forma moderna, consistente com as tecnologias e práticas atuais? Esse tipo de reflexão pode gerar o comprometimento para renovar a estratégia e desafiar a organização a recuperar sua individualidade. Esse desafio tende a ser inspirador e a injetar confiança para empreender os trade-offs necessários.

entregam à tentação de correr atrás do crescimento fácil simplesmente acrescentando itens, produtos ou serviços que estão na moda, sem examiná-los a fundo ou adaptá-los à estratégia – ou visando novos clientes ou mercados para os quais o diferencial da empresa é insignificante. Uma empresa pode crescer rapidamente e com muito mais lucratividade penetrando necessidades e variedades pelas quais se diferencia do que progredindo lentamente em arenas de crescimento potencialmente mais alto, porém nas quais não se destaca. A Carmike, atualmente a maior cadeia de cinemas nos Estados Unidos, deve seu rápido crescimento a seu foco disciplinado em mercados menores. A empresa vende imediatamente qualquer cinema de grande cidade que obtenha como parte de uma aquisição.

A globalização permite um crescimento consistente com a estratégia, abrindo grandes mercados para uma estratégia focada. Ao contrário da expansão local, a expansão global alavanca e reforça a posição e a identidade únicas de uma companhia.

Empresas que tentam crescer expandindo-se dentro de seu negócio são mais capazes de reduzir os riscos que ameaçam a estratégia, criando unidades independentes, cada uma com marca própria e atividades específicas. A Maytag sofreu com isso. Por um lado, organizou suas marcas de alto padrão e valor em unidades separadas com diferentes posições estratégicas. Por outro, criou uma empresa "guarda-chuva" de eletrodomésticos para que todas as suas marcas ganhassem massa crítica. Quando os projetos, a produção, a distribuição e o atendimento ao cliente são compartilhados, fica difícil evitar homogeneização. Se determinada unidade de negócios tenta competir com diferentes posições por diferentes produtos ou clientes, é praticamente impossível evitar concessões.

O papel da liderança

Geralmente o desafio de desenvolver ou restabelecer uma estratégia clara é organizacional e depende da liderança. Com tantas forças agindo contra as escolhas e os trade-offs nas organizações, um modelo intelectual claro para orientar a estratégia se faz um contrapeso necessário. Além do mais, é fundamental ter na empresa líderes fortes dispostos a fazer escolhas.

Em muitas, a liderança se resume em orquestrar melhorias operacionais e fazer negócios. O papel do líder, porém, vai além disso e é muito mais importante. A administração geral é mais que liderança de funções individuais. Seu núcleo é a estratégia: definir e comunicar a posição única da empresa, propor trade-offs e ajustar atividades. O líder precisa fornecer a disciplina para decidir a que mudanças do setor a empresa responderá e a que necessidades do cliente atenderá, evitando, ao mesmo tempo, distrações organizacionais e mantendo a singularidade da empresa. Executivos de nível mais baixo carecem de perspectiva e de confiança para manter a estratégia. Haverá pressões constantes para que ele faça concessões, escolha contrapartidas mais brandas e imite a concorrência. Uma das tarefas do líder é ensinar à organização o que é estratégia – e dizer não.

No que diz respeito à estratégia, escolher o que não fazer é tão importante quanto escolher o que fazer. Estabelecer limites é outra função da liderança. Decidir a que grupo-alvo de clientes, variedades e necessidades a empresa deve atender é fundamental para o desenvolvimento de uma estratégia. Mas é igualmente importante decidir não atender a outros clientes ou necessidades e não oferecer certos produtos e serviços. Portanto, estratégia requer disciplina constante e comunicação clara. De fato, uma das funções mais importantes de uma estratégia explicitamente comunicada é orientar os funcionários a fazer escolhas decorrentes de trade-offs em suas atividades individuais e nas decisões cotidianas.

Melhorar a eficiência operacional faz parte da gestão, mas não é estratégia. Ao confundir os conceitos, sem querer executivos retrocederam a ideia de competição para uma forma que tem levado muitos negócios na direção da convergência competitiva, que não atende aos interesses de ninguém. Isso, porém, pode ser evitado.

Os executivos precisam distinguir claramente eficiência operacional de estratégia. As duas são essenciais, mas suas agendas são diferentes.

Sempre que não houver trade-off, a agenda operacional deve ser a melhoria contínua. Sem ela, mesmo empresas com boas estratégias tornam-se vulneráveis. A agenda operacional é a forma adequada de obter mudanças constantes, flexibilidade e esforços árduos para atingir as melhores práticas. Por outro lado, a agenda estratégica é o local correto para definir uma posição única, fazer trade-offs claros e ajustes. Para isso é preciso uma busca contínua por meios de fortalecer e ampliar a posição da empresa. A agenda estratégica exige disciplina e continuidade – seus inimigos são a falta de atenção e as concessões.

Continuidade estratégica não implica uma visão estática da competição. Toda empresa precisa aprimorar continuamente sua eficiência operacional e buscar expandir a fronteira de produtividade. É necessário haver um esforço permanente para manter a singularidade e, ao mesmo tempo, fortalecer o ajuste entre suas atividades. Na verdade, a continuidade estratégica deveria aumentar a eficácia da melhoria contínua de uma organização.

Uma empresa talvez precise mudar de estratégia diante de grandes mudanças estruturais no setor. Na verdade, novas posições estratégicas costumam surgir a partir de mudanças no ramo, e novos competidores, sem

Setores e tecnologias emergentes

Desenvolver uma estratégia num setor emergente ou num negócio que está sofrendo mudanças tecnológicas revolucionárias é um desafio assustador. Nessas situações, o executivo enfrenta um alto nível de incerteza sobre quais necessidades, produtos e serviços serão os mais desejados e sobre qual é a melhor configuração de atividades e tecnologias para oferecê-los. Por causa dessas incertezas, as empresas começam a recorrer a imitações e subterfúgios: incapazes de admitir que estão erradas ou para não ser deixadas para trás, as concorrentes imitam todas as características, oferecem todos os novos serviços e exploram todas as tecnologias possíveis.

Durante esses períodos no desenvolvimento de um setor, a fronteira básica de produtividade está sendo estabelecida ou restabelecida. O crescimento explosivo pode gerar lucro para muitas empresas, mas ele será provisório, pois com o tempo a imitação e a convergência estratégica o destruirão. As empresas que resistem são as que começaram desde cedo a definir uma posição competitiva única e a incorporá-la a suas atividades. Em setores emergentes, é inevitável que haja um período de imitação, mas ele reflete o nível de incerteza, não o estado de coisas almejado.

Em setores de alta tecnologia, essa fase de imitação geralmente dura muito mais do que deveria. Encantadas pela mudança tecnológica, as empresas acrescentam mais e mais características – das quais a maioria nunca será usada – a seus produtos, enquanto cortam preços em todos os níveis. Raramente consideram a possibilidade de fazer trade-offs. A busca por crescimento para satisfazer a pressões do mercado as leva a atuar em todas as áreas de produtos. Embora algumas empresas que possuem vantagens básicas prosperem, a maioria está destinada a uma disputa exaustiva que ninguém consegue vencer.

O irônico é que, focada nos setores emergentes e naquilo que está na moda, a imprensa geral apresenta os casos especiais como prova de que entramos numa nova era de competição em que todas as antigas regras deixaram de valer. Na verdade, é exatamente o contrário.

compromisso com a história do setor, geralmente exploram as novas posições com mais facilidade. No entanto, a decisão de uma empresa de adotar uma nova posição estratégica precisa ser guiada pela capacidade de encontrar novos trade-offs e transformar o novo sistema de atividades complementares numa vantagem sustentável.

Publicado originalmente em novembro de 1996.

10

A competência essencial da corporação

C. K. Prahalad e Gary Hamel

A MANEIRA MAIS PODEROSA de triunfar na competição global ainda é invisível para muitas empresas. Durante a década de 1980, os altos executivos eram julgados por sua capacidade de reestruturar, descomplicar e desierarquizar as corporações. Na década de 1990, serão julgados pela capacidade de identificar, cultivar e explorar as competências essenciais que possibilitam o crescimento – terão que repensar o conceito da própria empresa.

Considere os últimos 10 anos da GTE e da NEC. No início da década de 1980, a GTE estava bem posicionada para se tornar uma empresa de peso no setor de tecnologia da informação, em plena evolução. Era ativa em telecomunicações. Suas operações abrangiam vários segmentos, como os de telefonia, sistemas de comutação e transmissão, PABX digital, semicondutores, comutação de pacotes, satélites, sistemas de defesa e produtos de iluminação. E o Entertainment Products Group da GTE, que produzia as TVs em cores Sylvania, tinha uma boa posição em tecnologias de tela. Em 1980, as vendas da GTE foram de 9,98 bilhões de dólares e o fluxo de caixa líquido foi de 1,73 bilhão. A NEC, por outro lado, era uma companhia muito menor, com 3,8 bilhões de dólares em vendas. Sua base tecnológica e seus negócios no ramo dos computadores eram comparáveis aos da GTE, mas sua experiência como operadora de telecomunicações era zero.

No entanto, veja a posição da GTE e a da NEC menos de 10 anos depois. As vendas da GTE em 1988 foram de 16,46 bilhões de dólares, enquanto as da NEC foram consideravelmente maiores – 21,89 bilhões de dólares. A GTE tornou-se uma operadora de telefonia com uma posição em produtos de defesa e iluminação. Os outros negócios da GTE são pequenos em termos globais. A GTE se desfez da Sylvania e da Telenet, colocou os negócios de comutação, transmissão e PABX digital em joint ventures e fechou o de semicondutores. Como resultado, sua posição internacional foi corroída. Entre 1980 e 1988, a participação da receita fora dos Estados Unidos sobre a receita total caiu de 20% para 15%.

A NEC emergiu como líder mundial em semicondutores e como concorrente de primeira linha em produtos de telecomunicação e computadores. Consolidou a posição em computadores de grande porte, os mainframes. E foi além da comutação e transmissão públicas, incluindo produtos de estilo de vida, como celulares, aparelhos de fax e notebooks – preenchendo a lacuna entre telecomunicações e automação de escritórios. A NEC é a única empresa do mundo a figurar entre as cinco de maior receita em telecomunicações, semicondutores e mainframes. Por que essas duas empresas que começaram com portfólios tão semelhantes tiveram desempenhos tão diferentes? Em grande parte, porque a NEC se concebeu como uma empresa focada em "competências essenciais" – e a GTE, não.

Repensando a corporação

Antigamente, a corporação diversificada podia simplesmente apontar suas unidades de negócios para determinados mercados de produtos finais e obrigar que fossem líderes mundiais. Mas, com as fronteiras dos mercados mudando cada vez mais rápido, os alvos são esquivos e a captura é, na melhor das hipóteses, temporária. Algumas empresas se mostraram competentes em criar mercados, entrando rapidamente em mercados emergentes e mudando de forma drástica os padrões de escolha do cliente em mercados tradicionais. Esses são o exemplo a seguir. A tarefa crucial da gestão é criar uma organização capaz de dar funcionalidade irresistível aos produtos – ou, melhor ainda, criar produtos de que os clientes nem imaginavam que precisassem.

Essa é uma tarefa enganosamente difícil. Em última análise, exige uma mudança radical na gestão das grandes empresas. Isso significa, em primeiro lugar, que a alta cúpula das corporações ocidentais deve assumir a responsabilidade pela queda de competitividade. Todo mundo sabe das altas taxas de juros, do protecionismo japonês, das ultrapassadas leis antitruste, dos sindicatos barulhentos e dos investidores impacientes. O que é mais difícil de ver, ou de admitir, é que as empresas obtêm pouco impulso com o "alívio" político ou macroeconômico. Tanto a teoria quanto a prática de gestão no Ocidente criaram obstáculos para nosso avanço. São os princípios de gestão que precisam de reforma.

A comparação entre a NEC e a GTE, mais uma vez, é útil – e esse é apenas um dos muitos casos que analisamos para entender a mudança dos fundamentos da liderança global. No início da década de 1970, a NEC anunciou o objetivo estratégico de explorar a convergência entre computação e comunicações, que chamou de C&C.[1] Segundo a alta cúpula, o sucesso dependeria da aquisição de *competências*, sobretudo na área de semicondutores. Depois, já em meados da década de 1970, a gestão adotou uma "arquitetura estratégica" apropriada, resumida por C&C, e anunciou o objetivo à organização inteira e ao mundo exterior.

A NEC criou um "comitê C&C" de altos executivos para supervisionar o desenvolvimento de produtos essenciais e competências essenciais. Instituiu grupos e comitês de coordenação que transcendiam os interesses dos negócios individuais. Coerente com sua arquitetura estratégica, deslocou enormes recursos para fortalecer sua posição nos setores de componentes e de CPUs. Usando mecanismos de colaboração para multiplicar os recursos internos, acumulou um amplo conjunto de competências essenciais.

A NEC identificou cuidadosamente três fluxos inter-relacionados de evolução tecnológica e de mercado. A diretoria determinou que a computação evoluiria dos grandes mainframes para o processamento distribuído, os componentes evoluiriam dos circuitos integrados simples para os

---

[1] Para uma discussão mais completa, leia o artigo "Strategic Intent" na *HBR* de maio-junho de 1989, p. 62.

> ## Em resumo
>
> A gigante diversificada NEC competiu em negócios aparentemente díspares – semicondutores, telecomunicações, informática e eletrônicos de consumo – e dominou todos.
>
> Como? Ela *não* se considerava um grupo de unidades estratégicas de negócios, mas uma carteira de competências essenciais – o conhecimento coletivo da empresa sobre como coordenar diversas tecnologias e habilidades de produção.
>
> A NEC usou suas competências essenciais para alcançar o que a maioria das empresas apenas tenta: criar mercados, explorar os emergentes e encantar os clientes com produtos que eles nunca haviam imaginado, mas que sem dúvida eram necessários.
>
> Imagine uma empresa diversificada como uma árvore: o tronco e os galhos grossos são os produtos essenciais, os galhos menores são as unidades de negócios, as folhas e os frutos são os produtos finais. Para ficar nutrida e estabilizada, a árvore usa seu sistema de raízes: as competências essenciais.
>
> O foco nas competências essenciais cria sistemas únicos e integrados que reforçam o ajuste entre as diversas habilidades de produção e tecnologia da empresa – uma vantagem sistêmica que seus concorrentes não podem copiar.

circuitos de integração em escala muito grande (VLSI, na sigla em inglês) e as comunicações evoluiriam dos comutadores eletromecânicos de barras cruzadas para os complexos sistemas digitais que hoje chamamos de rede digital de serviços integrados (ISDN, na sigla em inglês). Segundo o raciocínio da NEC, quando as coisas evoluíssem ainda mais, os negócios de computação, comunicações e componentes se sobreporiam de tal forma que seria muito difícil distinguir um do outro – e haveria enormes oportunidades para qualquer empresa que tivesse desenvolvido as competências necessárias para servir a esses três mercados.

A diretoria executiva da NEC determinou que os semicondutores seriam o "produto essencial" mais importante da empresa. Entrou numa miríade

Na prática

Esclareça quais são as competências essenciais
Quando você esclarece quais são as competências essenciais, toda a organização sabe como dar suporte à sua vantagem competitiva e aloca prontamente recursos para criar conexões tecnológicas e de produção entre unidades. Para isso, siga estes passos:

Articule um objetivo estratégico que defina sua empresa e seus mercados (por exemplo, o da NEC é explorar a convergência entre informática e comunicações).

Identifique competências essenciais que apoiem esse objetivo. Pergunte:

- Por quanto tempo poderíamos dominar o setor se não controlássemos determinada competência?
- Quais oportunidades futuras perderíamos sem ela?
- Essa competência proporciona acesso a outros mercados? (A competência essencial da Casio em sistemas de telas lhe permitiu ser bem-sucedida em calculadoras, monitores de notebook e painéis de controle de automóveis.)
- Os benefícios para o cliente dependem dela? (A competência da Honda em motores leves de alta rotação oferece múltiplos benefícios para o consumidor.)

Construa competências essenciais
Depois de identificar as competências essenciais, reforce-as:

Invista nas tecnologias necessárias. A Citicorp superou as rivais adotando um sistema operacional que aproveitou suas competências – e lhe permitiu participar dos mercados mundiais 24 horas por dia.

Injete recursos em todas as unidades de negócios para superar os rivais no desenvolvimento de novos negócios. A 3M e a Honda ganharam disputas pelo domínio global de marca criando uma ampla variedade de produtos a partir de suas competências essenciais. Os resultados? Construíram imagem, lealdade do cliente e acesso a canais de distribuição para todos os seus negócios.

Forme alianças estratégicas. A colaboração da NEC com empresas parceiras, como a Honeywell, lhe proporcionou acesso às tecnologias de mainframes e semicondutores necessárias para construir competências essenciais.

Cultive uma mentalidade voltada para as competências essenciais. Gestores com experiência em competências trabalham bem ignorando as fronteiras organizacionais, compartilham recursos por vontade própria e pensam a longo prazo. Para encorajar essa mentalidade:

Pare de considerar as unidades de negócios algo sagrado. Isso aprisiona os recursos em suas unidades originais e motiva gestores a esconder talentos no momento em que a empresa busca oportunidades promissoras.

Identifique projetos e pessoas que encarnem as competências essenciais da empresa. Isso envia uma mensagem: as competências essenciais são recursos da corporação – não de unidades – e aqueles que as encarnam podem ser realocados. (Quando a Canon percebeu oportunidades em impressoras digitais a laser, permitiu que gestores buscassem talentos em outras unidades.)

Reúna gestores para identificar a próxima geração de competências. Decida de quanto investimento cada um precisa e com quanto capital e pessoal cada divisão deve contribuir.

de alianças estratégicas – em 1987, eram mais de 100 – para desenvolver competências com rapidez e a baixo custo. Em computadores de grande porte, sua relação mais conhecida foi com a Honeywell. Quase todos os acordos de colaboração na área de semicondutores e componentes eram voltados para o acesso à tecnologia. Quando entravam nessas cooperações, os gerentes operacionais da NEC entendiam a lógica por trás dessas alianças e o objetivo de internalizar as habilidades das empresas parceiras. O diretor de pesquisa da NEC resumiu a aquisição de competências durante as décadas de 1970 e 1980 da seguinte forma: "Do ponto de vista do investimento, era muito mais rápido e barato usar tecnologia estrangeira. Não havia necessidade de desenvolver novas ideias."

A GTE parecia não ter essa clareza de objetivo estratégico e arquitetura estratégica. Embora sua alta cúpula discutisse as implicações da evolução do setor de tecnologia da informação, em momento algum ela divulgou uma visão de quais características seriam necessárias para competir nesse setor. Embora tenha havido um forte trabalho de equipe para identificar tecnologias-chave, os gerentes de linha continuaram agindo como se dirigissem unidades de negócios independentes. A descentralização dificultava o foco nas competências essenciais. Em vez disso, os negócios individuais ficaram cada vez mais dependentes de pessoas de fora para obter as habilidades cruciais e a colaboração passou a ser uma rota para saídas progressivas de mercados. Hoje, com uma nova equipe de gestão, a GTE se reposicionou para aplicar suas competências em serviços de telecomunicações em mercados emergentes.

As raízes da vantagem competitiva

A diferença de concepção que a NEC e a GTE criaram de si mesmas – uma carteira de competências, no primeiro caso, em comparação com uma carteira de negócios, no segundo – repetiu-se em muitos setores. De 1980 a 1988, a Canon cresceu 264% e a Honda, 200%. Compare-as com a Xerox e a Chrysler. Se antes os executivos ocidentais estavam preocupados com o baixo custo e a alta qualidade dos importados japoneses, hoje estão atordoados com o ritmo em que os rivais asiáticos inventam novos mercados, criando produtos e melhorando-os. A Canon nos deu fotocopiadoras pessoais. A Honda passou das motos para os buggies off-road. A Sony desenvolveu a câmera de vídeo de 8 milímetros. A Yamaha, o piano digital. A Komatsu desenvolveu um buldôzer subaquático controlado remotamente, enquanto a jogada mais recente da Casio é uma pequena TV LCD em cores. Quem teria previsto a evolução desses mercados de vanguarda?

Em mercados mais tradicionais, o desafio japonês tem sido igualmente inquietante. As empresas japonesas estão criando uma avalanche de recursos e melhorias funcionais que trazem sofisticação tecnológica a produtos do cotidiano. Os fabricantes de automóveis japoneses foram pioneiros na tração nas quatro rodas, nos motores de quatro válvulas por cilindro, nos sistemas de navegação automotivos e nos sofisticados sistemas de gerenciamento eletrônico do motor. Graças à força dos recursos de seus produtos, hoje a Canon atua nos mercados de aparelhos de fax, impressoras de mesa a laser e até equipamentos para a fabricação de semicondutores.

A curto prazo, a competitividade de uma empresa deriva dos atributos preço/desempenho dos produtos atuais. Mas os sobreviventes da primeira onda de competição global, tanto ocidentais quanto japoneses, estão convergindo para padrões similares e formidáveis de custo e qualidade de produto – obstáculos mínimos para a continuidade da concorrência, porém cada vez menos importantes como fontes de vantagem diferencial. A longo prazo, a competitividade deriva da capacidade de desenvolver, com custo menor e mais rapidez que os concorrentes, as competências essenciais que geram produtos imprevistos. A verdadeira fonte de vantagem está na capacidade dos gestores de consolidar as tecnologias e habilidades de produção de toda a corporação em competências que permitam que os negócios individuais se adaptem rapidamente às novas oportunidades.

Os altos executivos que alegam não poder construir capacidades essenciais porque consideram sagrada a autonomia das unidades de negócios ou porque estão pressionados pelo orçamento trimestral deveriam rever sua posição. O problema de muitas empresas ocidentais não é que seus altos executivos sejam menos capazes que os do Japão nem que as empresas japonesas tenham mais capacidades técnicas, mas seu apego a um conceito de corporação que desnecessariamente impede as unidades de negócios individuais de explorar plenamente o profundo reservatório de capacidade tecnológica de muitas empresas americanas e europeias.

A corporação diversificada é uma grande árvore. O tronco e os galhos grandes são os produtos essenciais. Os galhos menores são as unidades de negócios. As folhas, flores e frutos são os produtos finais. O sistema de raízes que fornece nutrição, sustento e estabilidade são as competências essenciais. Talvez você não perceba a força dos concorrentes olhando apenas para seus produtos finais, da mesma forma que talvez não perceba a força de uma árvore olhando apenas para suas folhas (veja o diagrama Competências: as raízes da competitividade).

As competências essenciais são o aprendizado coletivo sobre a organização, principalmente sobre como coordenar as diversas habilidades de produção e integrar múltiplas correntes de tecnologia. Pense na capacidade de miniaturização da Sony ou na expertise em mídia óptica da Philips. O conhecimento teórico para colocar um rádio em um chip não garante por si só, a uma empresa, a capacidade de produzir um rádio em miniatura do tamanho de um cartão de visita. Para realizar esse feito, a Casio precisa combinar seu know-how em miniaturização com projeto de microprocessadores, ciência de materiais e embalagem de precisão ultrafina – as mesmas capacidades que aplica em minicalculadoras do tamanho de um cartão, TVs de bolso e relógios digitais.

Se as competências essenciais são fruto da harmonização de correntes de tecnologia, elas estão ligadas também à organização do trabalho e ao oferecimento de algo de valor. Uma das competências da Sony é a miniaturização. Para aplicá-la a seus produtos, a Sony precisa garantir que os tecnólogos, engenheiros e profissionais de marketing compreendam as necessidades do cliente e as possibilidades tecnológicas. A força da competência essencial é sentida de forma decisiva tanto nos serviços quanto na fabricação. A Citicorp saltou na frente da concorrência investindo em um sistema operacional que lhe permitiu participar dos mercados mundiais 24 horas por dia. Sua competência em sistemas lhe forneceu os meios para se diferenciar de muitas instituições de serviços financeiros.

Competência essencial é comunicação, envolvimento e um forte compromisso de trabalhar além das fronteiras organizacionais. Requer muitos níveis de pessoal e todas as funções. Pesquisas de altíssimo nível sobre lasers ou cerâmica, por exemplo, podem ser realizadas em laboratórios corporativos sem exercer nenhum impacto sobre qualquer negócio da empresa. As capacidades que, somadas, constituem as competências essenciais da empresa devem se aglutinar em torno de indivíduos cujos esforços não tenham um foco tão estreito a ponto de não conseguirem reconhecer as oportunidades de mesclar sua expertise profissional à de outros de maneiras novas e interessantes.

Competências: as raízes da competitividade

Assim como uma árvore, uma corporação cresce a partir das raízes. Produtos essenciais são nutridos por competências e geram unidades de negócios, cujos frutos são os produtos finais.

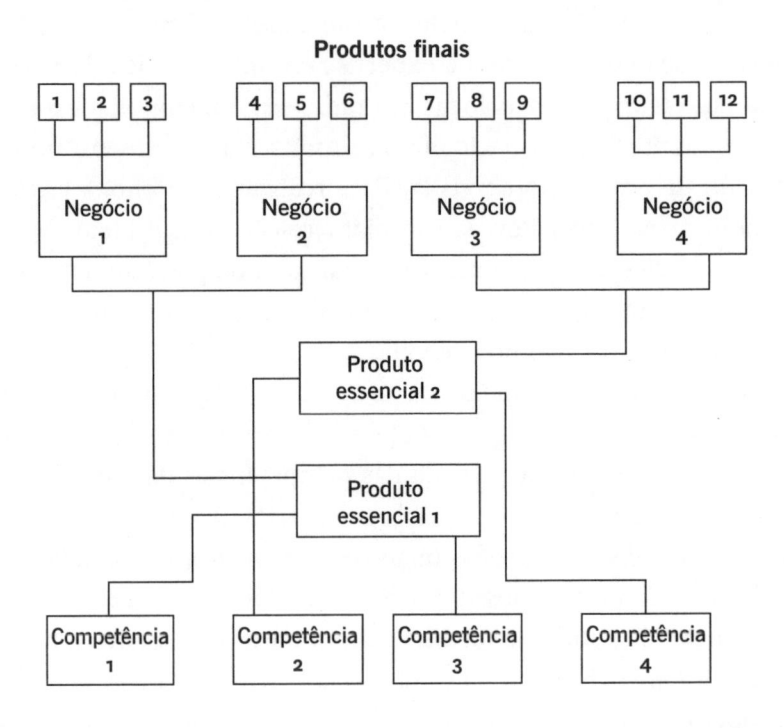

Produtos finais

```
   1 2 3      4 5 6      7 8 9     10 11 12
    └┬┘        └┬┘        └┬┘        └┬┘
  Negócio    Negócio    Negócio    Negócio
     1          2          3          4
```

```
        Produto
       essencial 2

        Produto
       essencial 1
```

```
Competência  Competência  Competência  Competência
     1            2            3            4
```

As competências essenciais não diminuem com o uso. Ao contrário dos bens físicos, que se desgastam com o tempo, as competências melhoram à medida que são aplicadas e compartilhadas. Mas mesmo assim elas ainda precisam ser alimentadas e protegidas – o conhecimento desaparece se não for usado. As competências são a cola que une os negócios que já existem e o motor para o desenvolvimento de novos. Os padrões de diversificação e entrada no mercado podem ser guiados pelas próprias empresas, não só pela atratividade dos mercados.

Reflita sobre a competência da 3M em fitas adesivas. Para desenvolver negócios tão diversos como blocos de notas Post-it, fitas magnéticas, filmes fotográficos, fitas sensíveis à pressão e lixas, a empresa usou competências amplamente compartilhadas em substratos, revestimentos e adesivos e inventou várias formas de combiná-las – tem investido constantemente nelas. O que parece ser uma carteira extremamente diversificada de negócios tem como base algumas poucas competências essenciais compartilhadas.

Por outro lado, grandes empresas com potencial para construir competências essenciais não conseguiram porque a alta diretoria foi incapaz de conceber a empresa como algo além de um conjunto de negócios separados. A GE vendeu grande parte do negócio de eletrônicos de consumo para a francesa Thomson alegando que não estava conseguindo manter a competitividade no setor. Claro que isso é verdade, mas é irônico que ela tenha vendido vários negócios-chave para concorrentes que já eram líderes de competência – a Black & Decker, em pequenos motores elétricos, e a Thomson, que estava ansiosa para construir sua competência em microeletrônica e tinha aprendido com os japoneses que, para alcançar esse objetivo, precisava ter uma posição de destaque em eletrônicos de consumo.

A gestão presa à mentalidade da unidade estratégica de negócios (UEN) quase inevitavelmente verá seus negócios individuais se tornarem dependentes de fontes externas em componentes cruciais, como motores ou compressores. A questão é que esses exemplos não são apenas componentes, mas produtos essenciais que contribuem para a competitividade de uma ampla gama de produtos finais. São a materialização das competências essenciais.

Como não pensar em competência

Como as empresas estão numa corrida para construir as competências que determinam a liderança global, as companhias de sucesso deixaram de se imaginar como simples conjuntos de negócios fazendo produtos. A impressão é de que a Canon, a Honda, a Casio e a NEC lideram setores em que não há relação entre clientes, canais de distribuição e estratégias de merchandising. E a verdade é que por vezes esses setores podem parecer idiossincráticos: a NEC é a única empresa global que está entre as líderes em computação, telecomunicações e semicondutores *e* tem um negócio próspero de eletrônicos de consumo.

Mas as aparências enganam. Na NEC, a tecnologia digital – principalmente os circuitos VLSI e as habilidades de integração de sistemas – é fundamental. Nas competências essenciais subjacentes, esses negócios distintos se tornam coerentes. É a competência essencial da Honda em motores e em sistemas de transmissão que confere à empresa uma vantagem nos ramos de carros, motos, cortadores de grama e geradores. As competências essenciais da Canon em óptica, imagem e controles microprocessados lhe permitiram penetrar – e até dominar – mercados aparentemente tão diferentes como os de copiadoras, impressoras a laser, câmeras e scanners. A Philips trabalhou mais de 15 anos para aperfeiçoar sua competência em mídia óptica (laserdisc), assim como fez a JVC para construir uma posição de liderança em gravação de vídeo. Entre outros exemplos de competências essenciais estão a mecatrônica (a integração da engenharia mecânica com a engenharia eletrônica), telas de vídeo, bioengenharia e microeletrônica. Nos estágios iniciais do desenvolvimento de competências, a Philips não poderia ter imaginado todos os produtos que seriam gerados por sua competência em mídia óptica, assim como a JVC não poderia ter previsto as câmeras portáteis de vídeo quando começou a explorar as tecnologias de fita de vídeo.

Ao contrário da batalha pelo domínio mundial de marca, que é veiculada nas mídias impressa e televisiva e busca criar um *share of mind* (participação da marca na memória do consumidor) global, a batalha para construir competências de alto nível é invisível para as pessoas que não a acompanham. A diretoria executiva geralmente monitora o custo e a qualidade dos produtos dos concorrentes, mas quantos gestores são capazes de desembaraçar a teia de alianças que seus concorrentes japoneses formaram para adquirir competências a baixo custo? Em quantos conselhos corporativos ocidentais existe a compreensão explícita e compartilhada das competências que a empresa precisa construir para alcançar a liderança mundial? Quantos altos executivos discutem a diferença crucial entre a estratégia competitiva de um negócio e a estratégia competitiva de uma empresa inteira?

Sejamos claros: cultivar competências essenciais não significa gastar mais que os rivais em pesquisa e desenvolvimento. Em 1983, quando a Canon superou a Xerox na participação no mercado mundial de copiadoras em percentual de unidades vendidas, seu orçamento de pesquisa e desenvolvimento em reprografia era uma fração ínfima do da Xerox. Nos últimos

20 anos, a NEC tem gastado menos em pesquisa e desenvolvimento como porcentagem de vendas do que quase todos os concorrentes americanos e europeus.

Competência essencial também não significa compartilhar custos, como acontece quando duas ou mais unidades estratégicas de negócios utilizam um mesmo recurso – seja ele uma fábrica, uma instalação de serviço ou uma força de vendas – ou componente. Os ganhos do compartilhamento podem ser substanciais, mas a busca de custos compartilhados é normalmente um esforço *post hoc* para racionalizar a produção entre os negócios existentes, não um esforço premeditado para construir as competências que servem de base para o crescimento dos negócios.

Além disso, construir competências essenciais não só é algo diferente de fazer uma integração vertical da empresa, mas uma meta mais ambiciosa. Gestores que precisam decidir se é melhor produzir ou comprar um produto começam pelo produto final e olham para trás (para as eficiências da cadeia de suprimento) e para a frente (para a distribuição e para os clientes). Não fazem um inventário de suas competências buscando aplicá-las de formas não tradicionais. (Claro que as decisões sobre competências *fornecem* uma lógica para a integração vertical. A Canon, por exemplo, não está particularmente integrada em seu negócio de copiadoras, exceto nos aspectos da cadeia vertical que dão suporte às competências que ela considera fundamentais.)

Identificação – e perda – de competências essenciais

Podemos realizar pelo menos três testes para identificar as competências essenciais de uma empresa. Em primeiro lugar, uma competência essencial oferece possibilidade de acesso a uma ampla variedade de mercados. A competência em sistemas de telas, por exemplo, permite que uma empresa participe de negócios tão diversos quanto calculadoras, TVs portáteis, monitores para laptops e painéis de controle automotivos – razão pela qual a entrada da Casio no mercado de TVs portáteis era previsível. Em segundo lugar, uma competência essencial deve contribuir significativamente para os benefícios do produto final percebidos pelo cliente. Claramente, a expertise da Honda em motores preenche esse requisito.

Por fim, uma competência essencial deve ser difícil de ser imitada pelos concorrentes – e *será*, caso se trate de uma harmonização complexa de tecnologias individuais e capacidades de produção. Um rival pode até adquirir algumas das tecnologias que compõem a competência essencial, mas encontrará muita dificuldade para reproduzir o padrão mais amplo de aprendizagem e coordenação interna. A decisão da JVC, no início da década de 1960, de buscar o desenvolvimento de uma competência em fitas de vídeo passou nos três testes. Já a decisão da RCA, no fim da década de 1970, de desenvolver um toca-discos de vídeo mecânico, não.

Poucas empresas têm probabilidade de construir uma liderança mundial em mais que cinco ou seis competências essenciais. Empresas que compilam uma lista de 20 ou 30 capacidades provavelmente não produziram uma lista de competências essenciais. Ainda assim, gerar uma lista dessas talvez seja um bom exercício para ver as capacidades agregadas como blocos de construção. Isso tende a estimular a busca de alianças e acordos de licenciamento pelos quais a empresa possa adquirir, a baixo custo, os componentes que faltam.

A maioria das empresas ocidentais dificilmente pensa em competitividade sob esse prisma, mas é hora de fazer uma análise objetiva dos riscos que elas estão correndo. As empresas que julgam a competitividade, delas ou de seus concorrentes, acima de tudo em termos de preço/desempenho de produtos finais estão provocando a erosão das competências essenciais – ou fazendo pouco esforço para melhorá-las. As capacidades incorporadas que dão origem à próxima geração de produtos competitivos não podem ser "alugadas" por meio de terceirizações e relacionamentos com fabricantes originais de equipamentos (OEMs, na sigla em inglês). Na nossa opinião, sem querer, muitas empresas entregaram competências essenciais ao contratar fornecedores externos e cortar investimentos internos no que pensavam equivocadamente ser apenas "centros de custo".

Veja o caso da Chrysler. Ao contrário da Honda, ela tende a ver os motores e sistemas de transmissão como um simples componente do automóvel. Resultado: está se tornando cada vez mais dependente da Mitsubishi e da Hyundai: entre 1985 e 1987, seu número de motores terceirizados aumentou de 252 mil para 382 mil. É difícil imaginar a Honda entregando a outra empresa a responsabilidade pela fabricação, muito menos pelo projeto, de um componente tão fundamental de um carro. Foi por isso que a multinacional japonesa estabeleceu um enorme compromisso com as corridas de Fórmula l. A Honda foi capaz de reunir suas tecnologias relacionadas a motores e transformá-las em uma competência de abrangência corporativa, a partir da qual desenvolve produtos de alto nível internacional, apesar de seus orçamentos de pesquisa e desenvolvimento serem menores que os da GM e os da Toyota.

Claro que é perfeitamente possível uma empresa ter uma linha de produtos competitivos mas ser retardatária no desenvolvimento de competências essenciais – pelo menos por algum tempo. Se uma empresa quisesse entrar hoje no ramo de copiadoras, encontraria várias companhias japonesas dispostas a lhe fornecer copiadoras como fabricantes originais de equipamentos. Mas, quando as tecnologias fundamentais do negócio mudassem – ou quando o fornecedor decidisse entrar no mercado e tornar-se um concorrente –, a linha de produtos da empresa contratante, juntamente com todos os seus investimentos em marketing e distribuição, poderia ficar vulnerável. A terceirização às vezes serve de atalho para um produto mais competitivo, mas em geral pouco contribui para construir as capacidades – encarnadas nas pessoas – necessárias para sustentar a liderança do produto.

A empresa também não consegue ter uma aliança ou estratégia de fornecimento inteligente sem decidir onde construirá sua liderança de competência. As empresas japonesas beneficiam-se claramente de alianças. Elas usam esses pactos para aprender com parceiros ocidentais que não estavam empenhados em preservar as próprias competências essenciais. Como já argumentamos, aprender dentro de uma aliança exige um comprometimento positivo de recursos – viagens, um grupo de pessoas dedicadas, instalações para experimentos, tempo para internalizar e testar o que foi aprendido.[2] A empresa pode não fazer esse esforço se não tiver objetivos claros para a construção de competências.

Outra forma de perder é renunciar a oportunidades de estabelecer competências que estejam evoluindo em negócios existentes. Nas décadas de 1970 e 1980, muitas empresas americanas e europeias – como GE, Motorola, GTE, Thorn e GEC – optaram por sair do negócio de TVs em cores,

---

[2] "Collaborate with Your Competitors and Win", *HBR*, janeiro-fevereiro de 1989, p. 133, com Yves L. Doz.

que consideravam já maduro. Se "maduro" significava que as ideias de novos produtos haviam se esgotado precisamente no momento em que rivais globais decidiram entrar no negócio de TVs, então, sim, o setor estava maduro. Certamente, porém, não estava maduro no sentido de que todas as oportunidades de melhorar e aplicar as competências baseadas em vídeo estivessem esgotadas.

Ao se livrarem de seus negócios no ramo das TVs, essas empresas não conseguiram fazer a distinção entre apenas alienar o negócio e destruir completamente suas competências baseadas em mídia de vídeo. Elas não só saíram do negócio de TVs como fecharam a porta para toda uma corrente de oportunidades futuras dependentes de competências baseadas em vídeo. A indústria da televisão, que muitas empresas dos Estados Unidos não consideravam atraente na década de 1970, é hoje foco de um acirrado debate de políticas públicas com foco na incapacidade das corporações do país de se beneficiarem do negócio de 20 bilhões de dólares por ano que a TV de alta definição representará na segunda metade da década de 1990. O irônico é que o governo americano está sendo instado a financiar um enorme projeto de pesquisa nessa área para compensar as empresas americanas que não conservaram as competências essenciais cruciais quando tiveram a chance.

Por outro lado, uma empresa como a Sony reduz a ênfase nos videocassetes (setor em que não teve muito sucesso e onde as empresas sul-coreanas hoje representam uma ameaça) sem reduzir o compromisso com competências relacionadas a vídeo. O Betamax da Sony foi um desastre, mas a empresa emergiu desse fracasso com suas competências de gravação de vídeo intactas e atualmente desafia a Matsushita no mercado de câmeras portáteis de 8 milímetros.

Há duas lições claras aqui. A primeira é que os custos de perder uma competência essencial só podem ser parcialmente calculados de forma antecipada. Ao decidir deixar de investir em um setor, a empresa pode acabar jogando o bebê fora junto com a água do banho. A segunda é que, como as competências essenciais são construídas por meio de um processo de melhoria e aperfeiçoamento contínuo que pode se estender por uma década ou mais, a empresa que deixa de investir na construção de competências essenciais encontrará muita dificuldade para entrar num mercado emergente, a não ser, claro, que se contente em servir apenas como canal de distribuição.

Empresas americanas de semicondutores, como a Motorola, aprenderam essa dolorosa lição quando decidiram renunciar à participação direta na geração de chips de memória DRAM de 256 KB. Com isso, ela e a maioria de seus concorrentes americanos precisaram de uma grande ajuda técnica de seus parceiros japoneses para voltar à batalha na geração de memórias de 1 MB. Quando se trata de competências essenciais, é difícil sair do trem, caminhar até a próxima estação e voltar para bordo.

Das competências essenciais aos produtos essenciais

A ligação tangível entre as competências essenciais e os produtos finais é o que chamamos de produtos essenciais – a materialização de uma ou mais competências essenciais. Os motores da Honda, por exemplo, são produtos essenciais, um elo-chave entre as capacidades de design e desenvolvimento que leva a uma proliferação de produtos finais. Os produtos essenciais são os componentes ou subagregações que de fato contribuem para o valor dos produtos finais. Pensar em termos de produtos essenciais força a empresa a distinguir entre a participação de marca que alcança em mercados de produtos finais (por exemplo, 40% do mercado de refrigeradores dos Estados Unidos) e a participação de produção que alcança em algum produto essencial específico (por exemplo, 5% da produção mundial de compressores).

Calcula-se que a Canon tenha participação de 84% na produção mundial de "motores" de impressoras a laser, embora sua participação de marca no negócio de impressoras a laser seja minúscula. Da mesma forma, a Matsushita tem participação de 45% na produção mundial de componentes-chave de videocassetes, muito mais que sua participação de marca (Panasonic, JVC e outras), de 20%. E a Matsushita tem participação dominante, estimada em 40%, em um produto essencial, os compressores, embora sua participação de marca tanto no ramo de aparelhos de ar condicionado quanto no de refrigeradores seja bem pequena.

É fundamental fazer essa distinção entre competências essenciais, produtos essenciais e produtos finais, pois a competição global é travada com diferentes regras e apostas em cada um desses níveis. Para construir ou preservar a liderança a longo prazo, uma corporação provavelmente terá de ser vitoriosa em todos os níveis. No nível da competência essencial, o objetivo é obter a liderança mundial no projeto e desenvolvimento de um tipo particular de funcionalidade de produto – seja o armazenamento e a recuperação de dados compactados (como é o caso da Philips em mídia óptica) ou a capacidade de compactação e a facilidade de uso, como é o caso dos micromotores e controles de microprocessadores da Sony.

Para manter a liderança nas áreas de competência essencial, essas empresas buscam maximizar sua participação na fabricação mundial de produtos essenciais para uma ampla variedade de clientes externos (e internos), o que gera a receita e o feedback de mercado que, pelo menos em parte, determinam o ritmo no qual as competências essenciais podem ser reforçadas e ampliadas. Foi esse pensamento que influenciou a decisão da JVC de estabelecer, em meados da década de 1970, relações de fornecimento de videocassetes a empresas de eletrônicos de consumo que eram líderes na Europa e nos Estados Unidos. Como fornecedora da Thomson, da Thorn e da Telefunken (todas independentes na época), assim como de parceiras americanas, a JVC foi capaz de ganhar o dinheiro e a diversidade de experiências de mercado que lhe permitiram ultrapassar a Philips e a Sony. (A Philips desenvolveu competências em fita de vídeo paralelamente à JVC, mas não foi capaz de construir uma rede mundial de relacionamentos como fabricante original de equipamentos, o que lhe teria permitido acelerar o aperfeiçoamento de sua competência em fita de vídeo por meio da venda de produtos essenciais.)

O sucesso da JVC não foi perdido para empresas sul-coreanas como Goldstar, Samsung, KIA e Daewoo, que estão construindo liderança em produtos essenciais de áreas tão diferentes como telas, semicondutores e motores automotivos por meio de contratos de fornecimento, como fabricantes de equipamento para empresas ocidentais. Seu objetivo declarado é captar iniciativas de investimento de concorrentes em potencial, geralmente empresas americanas. Com isso, aceleram seus esforços de construção de competências ao mesmo tempo que "esvaziam" a concorrência. Concentrando-se na competência e incorporando-a a produtos essenciais, os concorrentes asiáticos construíram, antes de tudo, vantagens em mercados de componentes e depois aproveitaram seus produtos superiores para construir participação de marca. E é improvável que continuem sendo eternamente fornecedores de baixo custo. Quando sua reputação de marca líder se consolidar, poderão obter liderança de preço. A Honda já provou isso com sua linha Acura e outras fabricantes japonesas de automóveis estão seguindo o exemplo.

O controle sobre os produtos essenciais é fundamental por outros motivos. Ao alcançar uma posição dominante em produtos essenciais, a empresa pode moldar a evolução das aplicações e dos mercados finais. Produtos essenciais relacionados a CDs de áudio, como unidades de dados e lasers, permitiram que a Sony e a Philips influenciassem a evolução do negócio de periféricos de computador para o armazenamento em mídia óptica. À medida que uma empresa multiplica o número de áreas de aplicação para seus produtos essenciais, é possível reduzir constantemente o custo, o tempo e o risco no desenvolvimento de novos produtos. Resumindo: produtos essenciais bem direcionados podem levar a economias de escala e escopo.

A tirania da UEN

As novas condições de competição não podem ser compreendidas por meio de ferramentas analíticas concebidas para gerir a corporação diversificada de 20 anos atrás, quando a concorrência era basicamente doméstica (GE x Westinghouse, General Motors x Ford) e todos os atores principais falavam a língua das mesmas escolas de negócios e consultorias. Velhas receitas têm efeitos colaterais potencialmente tóxicos. A necessidade de novos princípios é mais óbvia em empresas organizadas conforme a lógica das unidades estratégicas de negócios (UENs). As implicações dos dois conceitos alternativos de corporação estão resumidas no quadro Dois conceitos de corporação: UEN ou competência essencial, na página seguinte.

É óbvio que corporações diversificadas têm um portfólio de produtos e outro de negócios. Mas acreditamos na visão da empresa como um portfólio de competências também. As empresas dos Estados Unidos não carecem de recursos técnicos para construir competências, mas suas diretorias muitas vezes não têm a visão para construí-las e os meios administrativos para juntar recursos espalhados por diversos negócios. Uma mudança de compromisso influenciará padrões de diversificação, uso de capacidades, prioridades de alocação de recursos e abordagens para alianças e terceirizações.

Dois conceitos de corporação: UEN ou competência essencial

	UEN	Competência essencial
Base para competição	Competitividade dos produtos atuais	Concorrência entre empresas para construir competências
Estrutura corporativa	Porfólio de negócios relacionados em termos de produto e mercado	Porfólio de competências, produtos essenciais e negócios
Status da unidade de negócios	A autonomia é sagrada; a UEN "possui" todos os recursos, exceto o dinheiro	A UEN é uma reserva potencial de competências essenciais
Alocação de recursos	Negócios separados são a unidade de análise; o capital é alocado negócio a negócio	Negócios e competências são a unidade de análise; a diretoria executiva aloca capital e talento
Valor agregado pela diretoria executiva	Otimização dos retornos corporativos por meio da alocação de capital entre negócios	Enunciação da arquitetura estratégica e construção de competências para garantir o futuro

Já descrevemos os três planos nos quais são travadas as batalhas pela liderança global: competências essenciais, produtos essenciais e produtos finais. A corporação precisa saber se está ganhando ou perdendo em cada um desses planos. Mesmo com um investimento de peso, uma empresa pode bater as rivais em tecnologias inovadoras e ainda assim perder a corrida pela liderança em competências essenciais. Se uma empresa ganha a corrida para construir competências essenciais (em contraposição à construção de liderança em algumas poucas tecnologias), é quase certo que também superará as rivais no desenvolvimento de novos negócios. Se uma empresa está ganhando a corrida pela participação na fabricação mundial de produtos essenciais, provavelmente superará as rivais na melhoria das características dos produtos e na relação preço/desempenho.

É mais difícil determinar se a empresa está ganhando ou perdendo a batalha pelos produtos finais, pois as medidas da participação de mercado do produto não necessariamente refletem a competitividade subjacente das empresas. Na verdade, as empresas que tentam ganhar participação de mercado com base na competitividade das outras em vez de investir em competências essenciais e na liderança mundial em produtos essenciais talvez estejam pisando em areia movediça. Na corrida pelo domínio global de marca, empresas como 3M, Black & Decker, Canon, Honda, NEC e Citicorp criaram guarda-chuvas de marcas globais multiplicando produtos baseados em competências essenciais. Isso permitiu que os negócios individuais construíssem imagem, lealdade do cliente e acesso a canais de distribuição.

Quando se pensa nessa reconceituação da corporação, a primazia da UEN – um dogma organizacional para uma geração – passa a ser um claro anacronismo. Nas empresas onde a UEN é um preceito, a resistência às seduções da descentralização pode parecer heresia. Em muitas empresas, o prisma da UEN faz com que apenas um plano da batalha competitiva global – a batalha para colocar produtos competitivos nas prateleiras *hoje* – seja visível para a diretoria executiva. Quais são os custos dessa distorção?

Investimento insuficiente no desenvolvimento de competências essenciais e produtos essenciais. Quando a organização é concebida como uma multiplicidade de UENs, nenhum negócio individual pode se sentir responsável por manter uma posição viável em produtos essenciais ou ser capaz de justificar o investimento necessário para construir liderança mundial em alguma competência essencial. Na ausência de uma visão mais ampla imposta pela gestão corporativa, os gestores de UENs tendem a investir menos. Recentemente, empresas como a Kodak e a Philips reconheceram isso como um possível problema e começaram a buscar novas formas de organização que lhes permitam desenvolver e fabricar produtos essenciais para clientes internos e externos.

Tradicionalmente, os gestores de UENs veem os concorrentes da mesma forma que a si mesmos. Em geral, não perceberam a ênfase dos concorrentes asiáticos na construção de liderança em produtos essenciais nem compreenderam a relação crucial entre a liderança mundial em fabricação e a capacidade de sustentar o ritmo de desenvolvimento de competências essenciais. Não buscaram oportunidades de se tornarem fornecedores como fabricantes originais de equipamento e não analisaram suas várias divisões de produtos em busca de oportunidades de iniciativas coordenadas.

Recursos aprisionados. À medida que uma UEN evolui, muitas vezes desenvolve competências únicas. Em geral, as pessoas que encarnam essas competências são vistas como propriedade exclusiva da unidade de negócios em que cresceram. O gestor de outra UEN que pedir pessoas talentosas emprestadas provavelmente receberá uma fria resposta negativa. Os gestores de UENs não só não estão dispostos a emprestar seus funcionários competentes como podem até esconder talentos para impedir sua transferência em busca de novas oportunidades. É como esconder dinheiro debaixo do colchão. Assim como os benefícios proporcionados pelo dinheiro, os benefícios que nascem das competências dependem da velocidade de sua circulação e do tamanho de seu estoque na empresa.

Empresas ocidentais têm tradicionalmente uma vantagem no estoque de capacidades, mas será que conseguem reconfigurá-las rápido para reagir e aproveitar novas oportunidades? Canon, NEC e Honda tinham estoque menor de pessoas e tecnologias que compõem competências essenciais, mas foram capazes de realocá-las com mais presteza de uma unidade de negócios para outra. O gasto corporativo com pesquisa e desenvolvimento na Canon não traduz bem o tamanho do estoque de competências essenciais da empresa e não revela a velocidade com que ela é capaz de realocar competências essenciais para aproveitar oportunidades.

Quando as competências são aprisionadas, os profissionais que as carregam não são designados para as oportunidades mais interessantes e suas habilidades começam a atrofiar. Só aproveitando completamente as competências essenciais é que pequenas empresas como a Canon são capazes de competir com gigantes industriais, como a Xerox. É estranho que gestores de UENs dispostos a competir por dinheiro no processo de orçamento de capital não estejam dispostos a competir por pessoas – o bem mais precioso de uma empresa. É irônico que a diretoria dedique tanta atenção ao processo de orçamento de capital e não tenha nenhum mecanismo comparável para a distribuição das capacidades humanas que encarnam competências essenciais. Altos executivos raramente são capazes de olhar quatro ou cinco níveis abaixo na organização, identificar as pessoas que encarnem competências fundamentais e realocá-las através das fronteiras organizacionais.

Inovação limitada. Se as competências essenciais não forem reconhecidas, as UENs buscarão apenas as oportunidades de inovação mais acessíveis – extensões da linha de produtos ou expansões geográficas. Oportunidades híbridas, como aparelhos de fax, notebooks, TVs portáteis ou teclados musicais portáteis, surgirão apenas quando os gestores removerem os antolhos. Lembre-se de que a Canon parecia estar no negócio de câmeras quando, na verdade, estava se preparando para se tornar líder mundial em copiadoras. Conceber a corporação em termos de competências essenciais amplia o campo de inovação.

Desenvolvendo a arquitetura estratégica

A fragmentação das competências essenciais torna-se inevitável quando sistemas de informação, padrões de comunicação, planos de carreira, recompensas de gestão e processos de desenvolvimento de estratégias de uma empresa diversificada não transcendem as linhas da UEN. Acreditamos que a alta cúpula deveria dedicar boa parte do tempo ao desenvolvimento de uma arquitetura estratégica corporativa que estabeleça objetivos para a construção de competências. Uma arquitetura estratégica é um roteiro para o futuro. Identifica as competências essenciais que devem ser construídas e as tecnologias que as constituem.

Ao estimular o aprendizado por meio de alianças e um foco para os esforços internos de desenvolvimento, uma arquitetura estratégica como a C&C da NEC tem a capacidade de reduzir acentuadamente o investimento necessário para assegurar a futura liderança de mercado. Como uma empresa pode fazer parcerias de forma inteligente sem uma compreensão clara das competências essenciais que tenta construir e das que tenta impedir que sejam transferidas involuntariamente?

É claro que tudo isso suscita esta questão: como deve ser uma arquitetura estratégica? A resposta será diferente para cada empresa, mas é útil pensar novamente naquela árvore que mostra a corporação organizada em torno de produtos essenciais e, em última análise, de competências essenciais. Para criar raízes fortes, a empresa precisa responder a algumas questões fundamentais. Por quanto tempo podemos preservar a competitividade nesse negócio se não controlarmos determinada competência essencial? Até que ponto essa competência essencial é importante para os benefícios percebidos pelo cliente? Que oportunidades futuras deixaríamos de aproveitar se perdêssemos essa competência específica?

A Vickers descobre o valor da arquitetura estratégica

A ideia de que a alta gestão deve desenvolver uma estratégia corporativa para adquirir e expandir competências essenciais é relativamente recente na maioria das empresas americanas. Mas há exceções. Uma das primeiras adeptas foi a Trinova (anteriormente Libbey Owens Ford), empresa sediada em Toledo que ocupa posição mundial de destaque em sistemas de energia e controles de movimentos e plásticos de engenharia. Uma de suas maiores divisões é a Vickers, conceituada fornecedora de componentes hidráulicos como válvulas, bombas, acionadores e dispositivos de filtragem para os mercados aeroespacial, náutico, de defesa, automotivo, de terraplanagem e industriais.

A Vickers vislumbrou o potencial para uma transformação de seu negócio tradicional por meio da aplicação de disciplinas eletrônicas em associação com suas tecnologias clássicas. O objetivo era "assegurar que a mudança na tecnologia não afastasse a Vickers de seus clientes". Inicialmente, esse era, sem dúvida, um movimento defensivo. A Vickers reconheceu que, se não adquirisse novas habilidades, não seria capaz de proteger seus mercados ou tirar melhor proveito de novas oportunidades de crescimento. Os gestores da empresa buscaram conceituar a provável evolução de (a) tecnologias relevantes para os negócios de energia e engrenagens; (b) funcionalidades que atenderiam às necessidades emergentes de clientes; e (c) novas competências necessárias para gerir de forma criativa o casamento entre tecnologias e necessidades dos consumidores.

Apesar da pressão por retornos a curto prazo, a alta gestão contemplou um horizonte de 10 a 15 anos ao desenvolver um mapa das necessidades emergentes de consumidores, das mudanças de tecnologias e das competências essenciais que seriam necessárias para fazer a ponte entre os dois primeiros fatores. Seu slogan era "Rumo ao século XXI" (uma versão simplificada da arquitetura é mostrada ao lado). Atualmente a Vickers se dedica a componentes de energia de fluidos. A arquitetura identifica duas competências adicionais: componentes de energia elétrica e controles eletrônicos. Também se almejou o desenvolvimento de uma capacidade de integração de sistemas que unisse hardware, software e serviços.

A arquitetura estratégica, conforme ilustrada pelo exemplo da Vickers, não constitui um prognóstico de produtos ou tecnologias específicos, mas um mapa abrangente das conexões progressivas entre as necessidades dos consumidores por funcionalidades, as tecnologias potenciais e as competências essenciais. Pressupõe

(continua)

Mapa de competências de Vickers

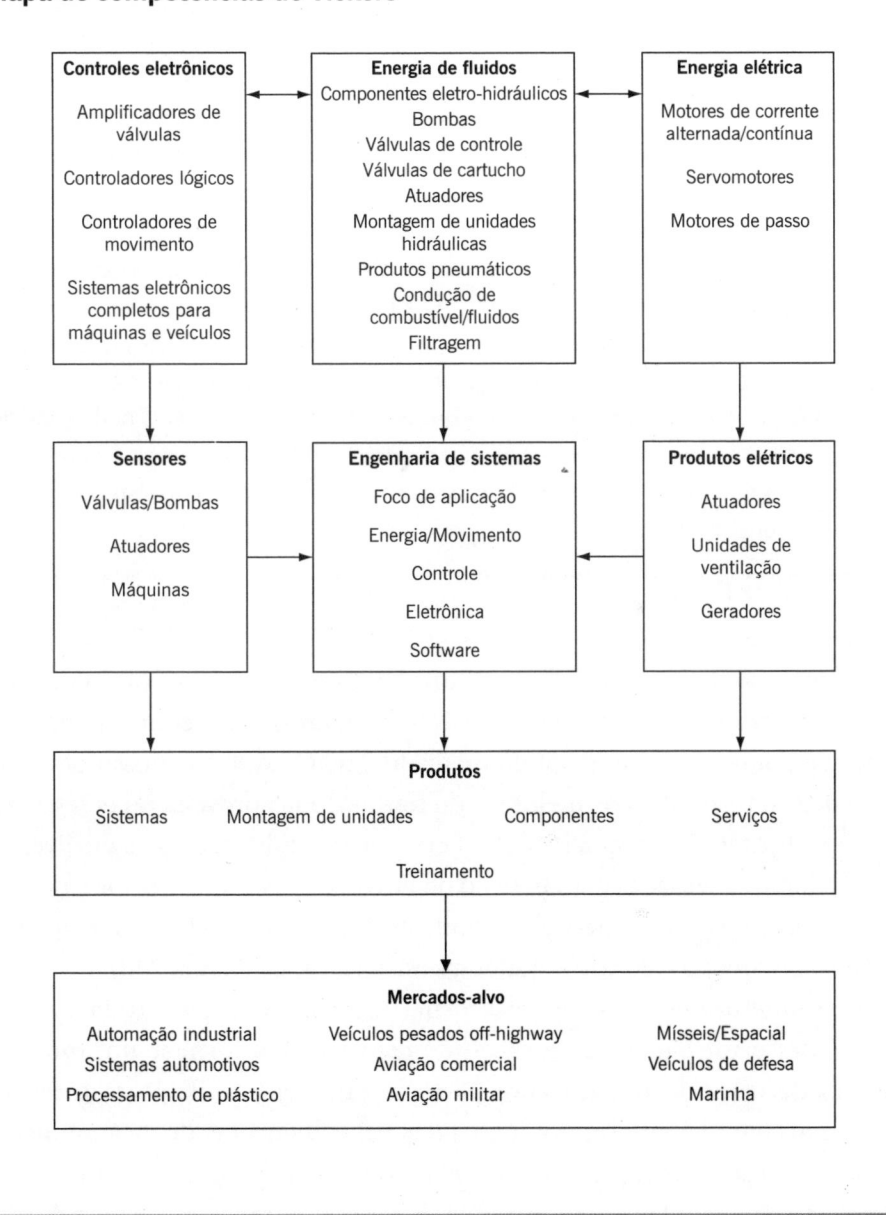

Controles eletrônicos
- Amplificadores de válvulas
- Controladores lógicos
- Controladores de movimento
- Sistemas eletrônicos completos para máquinas e veículos

Energia de fluidos
- Componentes eletro-hidráulicos
- Bombas
- Válvulas de controle
- Válvulas de cartucho
- Atuadores
- Montagem de unidades hidráulicas
- Produtos pneumáticos
- Condução de combustível/fluidos
- Filtragem

Energia elétrica
- Motores de corrente alternada/contínua
- Servomotores
- Motores de passo

Sensores
- Válvulas/Bombas
- Atuadores
- Máquinas

Engenharia de sistemas
- Foco de aplicação
- Energia/Movimento
- Controle
- Eletrônica
- Software

Produtos elétricos
- Atuadores
- Unidades de ventilação
- Geradores

Produtos
Sistemas   Montagem de unidades   Componentes   Serviços

Treinamento

Mercados-alvo
- Automação industrial
- Sistemas automotivos
- Processamento de plástico
- Veículos pesados off-highway
- Aviação comercial
- Aviação militar
- Mísseis/Espacial
- Veículos de defesa
- Marinha

(*continuação*)

que produtos e sistemas não podem ser definidos com certeza para o futuro, mas que é preciso começar cedo na construção de competências essenciais para se antecipar à concorrência no desenvolvimento de novos mercados. Ao mesmo tempo que descreve o futuro em termos de competência, a arquitetura estratégica desenvolvida pela Vickers fornece a base para decisões imediatas sobre a prioridade de produtos, aquisições, alianças e recrutamento.

Desde 1986, a Vickers efetuou mais de 10 aquisições de empresas, cada uma focada em um componente específico ou lacuna de tecnologia identificados na arquitetura geral. A arquitetura também constitui a base para o desenvolvimento interno de competências. Em paralelo, a Vickers se reorganizou de forma a possibilitar a integração de capacidades eletrônicas e elétricas com competências de mecânica. Acreditamos que em dois ou três anos a empresa colherá a soma dos benefícios de ter desenvolvido uma arquitetura estratégica, de tê-la divulgado amplamente entre todos os seus funcionários, clientes e investidores e de ter construído sistemas administrativos consistentes com a arquitetura.

Além disso, a arquitetura fornece uma lógica para a diversificação de produtos e mercados. Um gestor de UEN seria confrontado com a pergunta: será que a nova oportunidade de mercado ajuda a alcançar nosso objetivo geral de nos tornarmos os melhores do mundo? Ela aproveita ou acrescenta algo à competência essencial? Na Vickers, por exemplo, as opções de diversificação foram analisadas com base no objetivo de se tornar a melhor empresa do mundo em sistemas elétricos e controle de movimento (veja o quadro A Vickers descobre o valor da arquitetura estratégica, na página 248).

A arquitetura estratégica deve tornar transparentes para toda a organização as prioridades de alocação de recursos. Ela fornece um modelo para as decisões de alocação por parte da diretoria, ajuda os gestores de nível mais baixo a entender a lógica das prioridades de alocação e disciplina a diretoria a manter a consistência. Em suma, gera uma definição da empresa e dos mercados em que atua. Empresas como 3M, Vickers, NEC,

Canon e Honda passam nesses quesitos. Quando entrou no ramo de automóveis, a Honda *sabia* que estava aproveitando o que aprendera com a fabricação de motos – a fazer motores de alta rotação leves e suaves. A tarefa de criar uma arquitetura estratégica força a organização a identificar e se comprometer com os vínculos técnicos e de produção entre as UENs, que proporcionarão à empresa um diferencial competitivo.

São a consistência da alocação de recursos e o desenvolvimento de uma infraestrutura administrativa apropriada que dão vida a uma arquitetura estratégica e criam uma cultura de gestão, trabalho em equipe e capacidade de mudança, assim como a disposição de compartilhar recursos, proteger habilidades próprias e pensar a longo prazo. É por isso que a concorrência não consegue copiar uma arquitetura específica com facilidade e rapidez. A

As competências essenciais da Canon

	Mecânica de precisão	Óptica de precisão	Microeletrônica
Câmera básica	■	☐	
Câmera compacta	■	☐	
Câmera eletrônica	■	☐	
Câmera EOS com foco automático	■	☐	■
Câmera de vídeo	■	☐	■
Impressora a laser	■	☐	■
Impressora colorida video printer	■		■
Impressora a jato de tinta	■		■
Fax básico	■		■
Fax a laser	■		■
Calculadora			■
Copiadora de papel liso	■	☐	■
Bateria para Pocket PC	■	☐	■
Copiadora colorida	■	☐	■
Copiadora a laser	■	☐	■
Copiadora a laser colorida	■	☐	■
NAVI	■	☐	■
Câmera de fotovídeo	■	☐	■
Impressora laser imager	■	☐	■
Analisador de células	■	☐	■
Alinhador de máscara	■		■
Alinhador deslizante	■		■
Alinhador a laser de excímero	■	☐	■

Cada produto Canon é resultado de pelo menos uma competência essencial.

arquitetura estratégica é uma ferramenta para a comunicação com os clientes e outros envolvidos. Ela mostra a direção, mas não detalha cada passo.

Realocando para aproveitar competências

Se as competências essenciais da empresa são seu recurso crítico e se a alta gestão deve garantir que seus funcionários competentes não sejam mantidos reféns por algum negócio em particular, então as UENs precisam disputar para ter competências essenciais da mesma forma como disputam por investimento de capital. Esse ponto é fundamental e merece uma reflexão mais profunda.

Após identificar as competências gerais com a ajuda dos gestores de divisões e de UENs, a cúpula executiva deve pedir aos gestores de negócios que identifiquem os projetos e profissionais estreitamente conectados a elas. Os executivos devem fazer uma auditoria sobre a localização, o número e as características das pessoas que encarnam essas competências.

Isso envia um sinal importante aos gestores de nível médio: as competências essenciais são recursos corporativos e podem ser realocadas pela gestão corporativa. Um negócio individual não é dono de ninguém. Uma UEN tem direito aos serviços de funcionários específicos desde que sua gestão demonstre que a oportunidade visada gera o maior retorno possível sobre o investimento em suas habilidades. Essa mensagem será reforçada se a cada ano, no planejamento estratégico ou no processo orçamentário, os gestores de unidades precisarem justificar a manutenção de pessoas que possuem competências essenciais da empresa.

Os elementos que possuem a competência essencial da Canon em óptica estão espalhados por negócios distintos – câmeras, copiadoras e equipamento litográfico de semicondutores –, conforme mostra o quadro As competências essenciais da Canon, na página anterior. Quando a Canon identificou uma oportunidade em impressoras digitais a laser, deu aos gestores dessa UEN o direito de "invadir" outras UENs para reunir os talentos necessários. Quando a divisão de produtos reprográficos da Canon se encarregou de desenvolver copiadoras controladas por microprocessadores, recorreu ao grupo de produtos fotográficos, que tinha desenvolvido a primeira câmera do mundo controlada por microprocessador.

Sistemas de recompensa que se concentram apenas em resultados da linha de produto e planos de carreira que raramente cruzam as fronteiras da UEN desenvolvem, nos gestores das unidades, padrões de comportamento destrutivamente competitivos. Na NEC, os chefes de divisão se reúnem para identificar a próxima geração de competências. Juntos, decidem quanto se deve investir para desenvolver cada competência futura. Decidem também a contribuição, em capital e pessoal, que cada divisão terá de fazer. Há também um senso de troca equitativa: uma divisão pode fazer uma contribuição desproporcional ou se beneficiar menos com o progresso alcançado, mas essas desigualdades de curto prazo serão equilibradas a longo prazo.

A contribuição positiva do gestor de UEN deve ser visível para toda a empresa. É improvável que ele ceda pessoas-chave de sua equipe caso só outra UEN (ou o gestor dela, que pode ser seu concorrente para uma promoção) se beneficie da realocação. Gestores de UEN cooperativos devem ser valorizados, considerados pessoas que colaboram com o todo. Onde as prioridades são claras há menos chances de as transferências serem consideradas idiossincráticas e motivadas por politicagem. As transferências em prol da construção de competências essenciais devem ser registradas e apreciadas na memória corporativa. É razoável esperar que um negócio que cedeu habilidades essenciais em nome de oportunidades corporativas em outras áreas perca, por algum tempo, parte de sua competitividade. Caso a perda de desempenho seja imediatamente criticada, dificilmente a UEN aceitará abrir mão de habilidades da próxima vez.

Por fim, há formas de dissuadir funcionários importantes da ideia de que pertencem perpetuamente a determinado negócio. No início da carreira, eles podem ser expostos a vários negócios da empresa por meio de um programa de rotação cuidadosamente planejado. Na Canon, eles são transferidos regularmente entre os negócios de câmeras, copiadoras e produtos ópticos profissionais. No meio da carreira, podem ser designados periodicamente para equipes de projetos que abrangem diferentes divisões, tanto para difundir competências essenciais quanto para afrouxar os laços que podem amarrá-los à sua UEN, mesmo quando surgem oportunidades mais promissoras. Aqueles que encarnam competências essenciais críticas devem saber que sua carreira é acompanhada e orientada por profissionais de RH. No início da década de 1980, todos os engenheiros da Canon com menos de 30 anos foram convidados a se inscrever para concorrer a um lugar num comitê de sete pessoas que passaria dois anos planejando o rumo da empresa, incluindo sua arquitetura estratégica.

Os profissionais que possuem as competências valorizadas pela empresa devem se reunir regularmente para trocar observações e ideias. O objetivo é criar um forte senso de comunidade. Em grande medida, eles devem ser leais à totalidade da área de competência essencial que representam, não só a determinados negócios. Viajando com regularidade, conversando com clientes e reunindo-se com colegas, podem se sentir encorajados a descobrir novas oportunidades de mercado.

As competências essenciais são a fonte de desenvolvimento de novos negócios. Devem ser o foco da estratégia no nível corporativo. Os gestores precisam alcançar a liderança na fabricação de produtos essenciais e conquistar participação global por meio de programas de construção de marca que visem explorar as economias de escopo. A empresa só estará apta a lutar quando for concebida como uma hierarquia de competências essenciais, produtos essenciais e unidades de negócios voltadas para o mercado.

A alta gestão também não pode ser apenas mais uma camada de consolidação contábil, como ocorre com frequência num regime de descentralização radical. Ela precisa agregar valor enunciando a arquitetura estratégica que orienta o processo de aquisição de competências. Acreditamos que a obsessão pela construção de competências vai caracterizar os vencedores globais da década de 1990. Como a década já começou, está mais do que na hora de repensar o conceito de corporação.

Publicado originalmente em maio de 1990.

Autores

CLAYTON M. CHRISTENSEN é professor de Administração na Harvard Business School e autor de *The Innovator's Dilemma: When New Technologies Cause Great Firms to Fail*.

MICHAEL OVERDORF é pesquisador da Harvard Business School.

THOMAS H. DAVENPORT é titular da cátedra President's Distinguished Professor of Information Technology and Management na Babson College.

PETER F. DRUCKER foi escritor, professor e consultor. Seus 34 livros foram publicados em mais de 70 idiomas. Fundou a Peter F. Drucker Foundation for Nonprofit Management.

DANIEL GOLEMAN é autor de *Inteligência emocional*, *Foco* e *Foco triplo*, entre outros títulos. É também codiretor do Consórcio para Pesquisa em Inteligência Emocional em Organizações, na Rutgers University, em Nova Jersey.

ROBERT S. KAPLAN é coautor, com David P. Norton, de *A estratégia em ação* e *Alinhamento*, e titular da cátedra Baker Foundation na Harvard Business School.

DAVID P. NORTON é coautor, com Robert S. Kaplan, de *A estratégia em ação* e *Alinhamento*, fundador do The Balanced Scorecard Collaborative e diretor do Palladium Group.

ROSABETH MOSS KANTER é titular da cátedra Ernst L. Arbuckle na Harvard Business School; escreve com frequência para a *HBR* sobre os temas estratégia, inovação e liderança focada na mudança; e foi editora da revista de 1989 a 1992.

JOHN P. KOTTER é autor de *Nosso iceberg está derretendo*, *Sentido de urgência* e *O coração da mudança*, e professor emérito de liderança, na cátedra Konosuke Matsushita, na Harvard Business School.

THEODORE LEVITT foi autor de *A imaginação de marketing*, professor emérito da cátedra Edward W. Carter de Administração na Harvard Business School e editor da *Harvard Business Review*.

MICHAEL E. PORTER é coautor de *Estratégia e execução*, titular da cátedra Bishop William Lawrence University na Harvard Business School e líder do Institute for Strategy and Competitiveness da Harvard Business School.

C. K. PRAHALAD foi coautor, com Gary Hamel, de *Competindo pelo futuro* e titular da cátedra Paul and Ruth McCracken de Estratégia Corporativa na Ross School of Business da Universidade de Michigan até sua morte, em abril de 2010.

GARY HAMEL é coautor, com C. K. Prahalad, de *Competindo pelo futuro*; professor visitante de Gestão Estratégica e Internacional na London Business School; cofundador da Strategos, multinacional de consultoria; e diretor do Management Innovation Lab.

CONHEÇA OS TÍTULOS DA *HARVARD BUSINESS REVIEW*

10 LEITURAS ESSENCIAIS

Desafios da gestão
Gerenciando pessoas
Gerenciando a si mesmo
Para novos gerentes
Inteligência emocional
Desafios da liderança
Lições de estratégia
Gerenciando vendas
Força mental
Alto desempenho

UM GUIA ACIMA DA MÉDIA

Negociações eficazes
Apresentações convincentes
Como lidar com a política no trabalho
A arte de dar feedback
Faça o trabalho que precisa ser feito
A arte de escrever bem no trabalho
Como lidar com o trabalho flexível

SUA CARREIRA EM 20 MINUTOS

Conversas desafiadoras
Gestão do tempo
Reuniões objetivas
Feedbacks produtivos
Produtividade no trabalho
Finanças para iniciantes

sextante.com.br